息子のアレックとノーランへ
この本を読んで、君たちの父親を大切にしてほしい

ジ・アルジブラ・オブ・ウェルス

THE ALGEBRA OF WEALTH

一生「お金」を吸い寄せる
富の方程式

スコット・ギャロウェイ＝著　児島 修＝訳

ダイヤモンド社

本書は米国の読者を対象に英語で書かれた書籍を日本語に訳したものであり、
投資についての説明における前提や制度、法律は日本のものとは異なる場合があります。
本書の記述に従って投資をされる場合には、
日本の状況に応じた行動が必要になる場合があることをご了承ください。
本書に記載した情報によって読者に発生した損害や損失については、
著者、訳者、発行者、発行所は一切責任を負いません。
投資における最終決定は、ご自身の判断で行ってください。
本文内に記載されている参考文献からの引用箇所は、
邦訳書の訳文を引用したものではなく、すべて今回新規に訳出したものです。

「**本質を深く突いている**と同時に、**楽しく読める。**
スコット・ギャロウェイほど、
複雑な話題をうまく説明できる人はいない」

モーガン・ハウセル
全世界600万部、日本でも21万部突破
『サイコロジー・オブ・マネー』著者

「経済的自立を実現するための重要なステップと、
人格を磨いて人間関係を豊かにし、
刺激的で充実した人生を築く方法についても
説得力のあるアドバイスをしてくれる」

――デイヴィッド・ソロモン
ゴールドマン・サックスCEO

「**投資と富**というテーマをはるかに超えた良書。
人生の選択が経済的地位や富にどう影響するかを、
威勢よく、ユーモアを交えて教えてくれる。
これ以上ないほどお勧め！」

――アスワス・ダモダラン
ニューヨーク大学スターン経営大学院教授

プロローグ
一生「お金」を吸い寄せる「富の方程式」とは？

富は爆発的にではなく地道に増えていく

資本主義は人類史上、最も生産的な経済システムだ。同時に、これは強欲な獣のようなシステムでもある。

資本主義は改革者より既得権益者を、貧しい者より富める者を、労働より資本を優遇し、喜びや苦しみを不公平な方法で分配する。

だからこそ私たち現代人には、資本主義と投資を理解し、うまくつき合っていくことが求められている。経済的な不安から解放され、自分の考えを軸に人生をコントロールし、望ましい人間関係を手に入れられるからだ。

本書は、世の中のあるべき姿を提案するのではなく、**現実の世の中の仕組みに関する真実を説き、そのシステムの中で成功するための最善策**を提供する。

「富《ウェルス》」に至る道はたくさんある。

ブルックリンの公営住宅で育ち、高校を中退したショーン・カーターは、抒情的な言葉と天賦の音楽の才能を活かしてラッパーの「ジェイ・Z」を名乗って大成功を収め、ヒップホップスターとして初めて億万長者になった。

貧しい家庭で育ち、一族の中で最初に高校を卒業したロナルド・リードは、清掃員として働きながら質素に暮らし、優良株に投資し続け、92歳で亡くなったときには800万ドルの資産を保有していた。

この2人よりも裕福な環境で育ったウォーレン・バフェットは、子どもの頃にネブラスカ州オマハで証券会社を営む父から学んだ教訓を活かして投資家となり、1000億ドル以上の個人資産を築いた。

読者への最初のアドバイスは、「自分はジェイ・Zでもロナルド・リードでもウォーレン・バフェットでもないと思ったほうがいい」ということだ。

この3人は全員、才能だけでなく、幸運に恵まれたという意味でも例外的な存在だからだ。

彼らの人生について注目すべきなのは、ロマンチックに語られることは少ないが、倹約家の清掃員であるリードや、賢明な投資家であるバフェットの資産が、特にその初期においては、爆発的にではなく、地道に増えていったところだろう。

この3人のような例外的な資産家は、私たちに素晴らしいインスピレーションを与えてくれる。だが、彼らと同じような桁違いの人生を目指そうとするのは得策ではない。

私も20代の頃は、例外的な存在になることを目指していた。

資本家としての成功の印がほしくて、そのための努力は厭《いと》わないと考えていた。

あるとき、親友のリーとお金の話をした。彼はその若さにして、個人退職口座〔訳注：IRA：米国の個人年金制度。拠出金と運用金が非課税になるなど税制上優遇されているが、一定以上の年齢になるまで引き出せないなどの制限がある〕に2000ドルを入れたと言った。

当時の私には、老後資金を蓄えるという発想など皆無だった。私はリーに、

「65歳になったときに2000ドルが大金だと思えるくらい貧乏だったら、俺は銃口をくわえるよ」

と言った。その考えは傲慢であり、間違っていた。

私が選んだ「一発大当たり狙い」の戦略は、リーの戦略よりリスクが高く、楽しくもなく、ストレスが多いものだった。最終的にはうまくいった。だが、それは運に恵まれた面が大きい。

私は9つの会社を起業し、そのうち何社かを成功させた。それは現在の私に経済的にも精神的にも大きな報酬をもたらしているメディアビジネスの活動にもつながった。

「経済的自立《エコノミックセキュリティ》」、すなわちこれ以上働かなくても生涯生活していけるだけの資産を手にするこ

とは、人生の大切な目的を達成する一手段にすぎない。ただし経済的自立によって、お金のストレスを感じることなく、充実した人間関係に集中するための時間とリソースが生まれる。リーが目指した経済的自立への道は、私のものに比べて不確定要素やストレスが少ないものだった。私も経済的自立を手に入れたが、いくつかの重要な原則にもっと早く気づいていれば、これほどの不安を感じることなく同じ場所にたどり着けていただろう。

「富の方程式」とは？

では、どのようにして経済的自立を手に入れればいいのだろうか？

ありがたいことに、実現するには時間がかかるものの、明確な答えはある。

本書ではその答えとして、「投資市場」と「富の創造」に関する豊富な情報を、**4つの実践的な法則**に分けて説明していく（詳細は後述）。

富＝フォーカス＋（ストイシズム×時間×分散投資）

もう少し具体的に言うと、「富＝仕事に集中して収入を高める＋（無駄遣いをしない節度ある生活×複利の力を活かした長期的な投資×分散投資でリスクを減らす）」となる。

詳しくはこれからたっぷり説明しよう。

本書は、よくあるパーソナル・ファイナンスの本ではない。数字を書き込む計算表もなければ、何種類もの老後計画や投資信託手数料の詳細を比較する表もない。

私は、節約のために「クレジットカードを今すぐ捨てろ」とか、「貯蓄への意欲を高める言葉を書いた紙を冷蔵庫に貼れ」とは言わない。

それは、このようなアドバイスに価値がないからでも、表計算シートで資産を管理しなくても経済的自立を得られると考えているからでもない。こうした教訓を与え、苦境から抜け出し、経済を立て直すためのアドバイスを与えてくれる書籍やウェブサイト、YouTube動画、TikTokアカウントは山ほどあるからだ。

つまり、私は短期的にどうお金を貯めて増やせばいいかだけに特化したマネー本を書こうとしているのではない。もしあなたが、来月の支払いに困っていて、手っ取り早い問題解決のヒントを探しているなら、それにふさわしい本（たとえば、パーソナル・ファイナンスの専門家のスーズ・オーマンが何冊も書いている本）を手に取ってほしい。

本書は、資産を増やすために、しっかりした準備をして、時間をかけて最大限の成果を上げたいと思っている人のためのものだ。

たとえば、現時点では収入が同じ2人でも、キャリアとお金に対するアプローチの違いによって、将来的には大きく異なる場所に行きついている可能性が高い。

「フォーカス＋（ストイシズム×時間×分散投資）」という富の方程式にあるように、富の基盤はどんな仕事に集中して収入を増やすかだ。以降の章で貯蓄や投資の話に進む前に、まず第2章で資産形成におけるキャリアの価値について理解を深めていただきたい。

本書のテーマは、**長期的な視点に立ち、人生を豊かにし、大きな資産を手にする方法**を読者に提示することだ。

本書では、富だけでなく、**人生に役立つスキルや人間関係、習慣、優先順位の土台を築く方法**についても説明する。

これらはいずれも科学的な裏づけのある、あなた自身の生活に効果をもたらす法則になる。

本書の後半では、ファイナンスと投資市場についての基本をわかりやすく説明しよう。

これらは現代社会で働く多くの人にとって重要なテーマだが、学校ではほとんど教えられていないし、パーソナル・ファイナンス関連書籍でも表面的にしか触れられていない。ファイナンスと投資市場のツボだけ押さえておくと、痛い目に遭わずに、賢明な投資家になれる。

本書に書いたことはすべて、私自身の浮き沈みの激しいキャリアの中で学んだことに基づいている。

私は何社もの会社を創業し、大勢の人間を雇ってともに仕事をしてきた。その中には、大成功を収めた人たちも大勢いる。

また、大学院教授として20年以上、大勢の若者たちを指導する中で、卒業後に幅広い人生を歩んでいった彼らの様々な成功や失敗をじっくり観察してきた。本書には、こうした経験から培ったあらゆる知見や知識を惜しみなくつぎ込んである。

なぜ、「富」を得ることが重要なのか？

富とは、経済的自立という目的を実現するための手段である。

換言すれば、富とは「経済的な不安がないこと」だ。

「稼がなければ！」というプレッシャーから解放されれば、思いどおりの生き方を選べる。お金のストレスが人間関係に影を落とすこともない。

こう言うと、当たり前で、簡単なことのように思えるかもしれない。

だが、そうではない。私たちが住むグローバルな競争市場は、絶えず「もっと大きくて、もっと良いモノ」にお金を使わせようとしてくる。「それらを手に入れなければ、良い生活ができない」と思わせる状況を巧みにつくり出すのだ。そんな中で、資産を増やしていくのは容易なことではない。

「経済的自立は、どれくらい多く稼ぐかではなく、
どれくらいの資産を保有し、
〝自分は何があれば満足した人生を送れるか〟を知ることによってもたらされる」

――これが、本書の最初の教訓だ。

シンガーソングライターのシェリル・クロウの曲の歌詞には、彼女の優れた哲学的な考えが散りばめられている。

名曲『Soak Up The Sun』には、「幸せは、ほしいものを手に入れることではなく、すでに持っているもののありがたみを知ることで得られる」[1]という歌詞がある。

そう、「もっと多く」を求めれば幸せになれるのではない。

自分にとって何が必要かを見極め、そこに至るまでの正しい計画を立て、お金以外の人生の側面に目を向けられるようになることで、人は幸せになれるのだ。

本書が読者に提案する目標は単純だ。

経済的自立を得るとは、十分な「収入」ではなく、十分な「資産」を手に入れること。

この資産によって生み出される年間の「受動的所得（パッシブインカム）」が、自分にとって望ましい「消費支出（訳注：バーンレート：資金燃焼率。スタートアップでよく用いられる用語で、企業が1か月あたりどれくらいの資金を使うかを意味する）」を超えていることが、本書での経済的自立の定義であり、目指すべき目標となる。

「受動的所得」とは、自分のお金が生み出すお金、すなわち株式の配当金や、保有する不動産の値上がり益や家賃収入、誰かに貸したお金の利子などだ。

詳しくは後述するが、簡単に言えば、受動的所得とは、労働の対価として得た以外の収入を指す。

一方、消費支出とは、生きていくために支出するお金のことだ。

受動的所得が消費支出より多ければ、働く必要はなくなる（働きたいと思うかもしれないが）。働いて報酬を得なくても、日々の支出を賄《まかな》えるからだ。

これが「富」だ。そこに至る道は無数にある。

なかでも信頼できる方法は時間と労力を要するが、ほとんどの人にとって手に届くところにある。

重要なのは、できるだけ早く着手することだ。

経済的自立とは、自分の人生をコントロールすること。

それは、**「将来の計画を立て、それに沿って自分の時間を適切に配分し、自分の大切な人とくらすためのお金を手に入れることは可能だと知る」**ことなのである。

経済的自立＝受動的所得＞消費支出

お金は増えるにつれて口調を変える

世間的に、富を求めることは必ずしも好ましく思われているわけではない。たとえば、所得格差が広がることを懸念する人たちには、富は不正なシステムが生み出す不公平な配分のように見えるだろう。そこでは、「億万長者は政策の失敗の産物である」と言われたりする。

こうした批判には当たっている部分もあるだろうし、的外れな部分もあるだろう。とはいえ、本書では社会的に何が正しいかという問題には深入りしない。あなたが直面しているのは自身の経済的な問題であり、他人の価値観についてとやかく言うことではないからだ。

英語には、「金がモノを言う」（Money talks）ということわざがあるが、ミュージシャンのボブ・ディランは『イッツ・オールライト・マ』という曲の中で、「金はモノを言わない。それは悪態をつく」（Money doesn't talk, it swears）と歌っている。[2]

私の経験では、**お金は増えるにつれて口調を変える**。足りないと罵声を浴びせてくるし、貯まると慰めてくれる。

しかし、大多数の人たちが耳にする悪口はますます大きくなってきている。現在、米国の住宅価格の中央値は、年収の中央値の6倍だ（50年前は2倍だった）[3]。初めて住宅を購入する人の割合は過去最低で、過去平均の半分しかない[4]。医療費債務は、消費者破産の大きな原因になっている[5]。米国の成人の半数は、借金をしなければ500ドルの医療費を賄えない。最も裕福な層を除くすべての層の婚姻率は1980年以来15％低下している[6]。つまり多くの人は結婚する余裕がなく、ましてや子どもを持つ余裕もない。

社会は繁栄し、記録的な成長を続けているにもかかわらず、1980年代に生まれた米国人のうち、親が同じ年齢だったときよりも収入が多い割合は50％。これは過去最低の数字である[7]（図表1）。Z世代〔訳注：1990年代後半から2010年代前半頃に生まれた世代〕の25％は、死ぬまで働き続けなければならないと考えている[8]。加えて、離婚や抑うつ、障害などが、経済的な負担をさらに悪化させている。

図表1　30歳当時の親を上回る所得を得ている30歳の人の割合

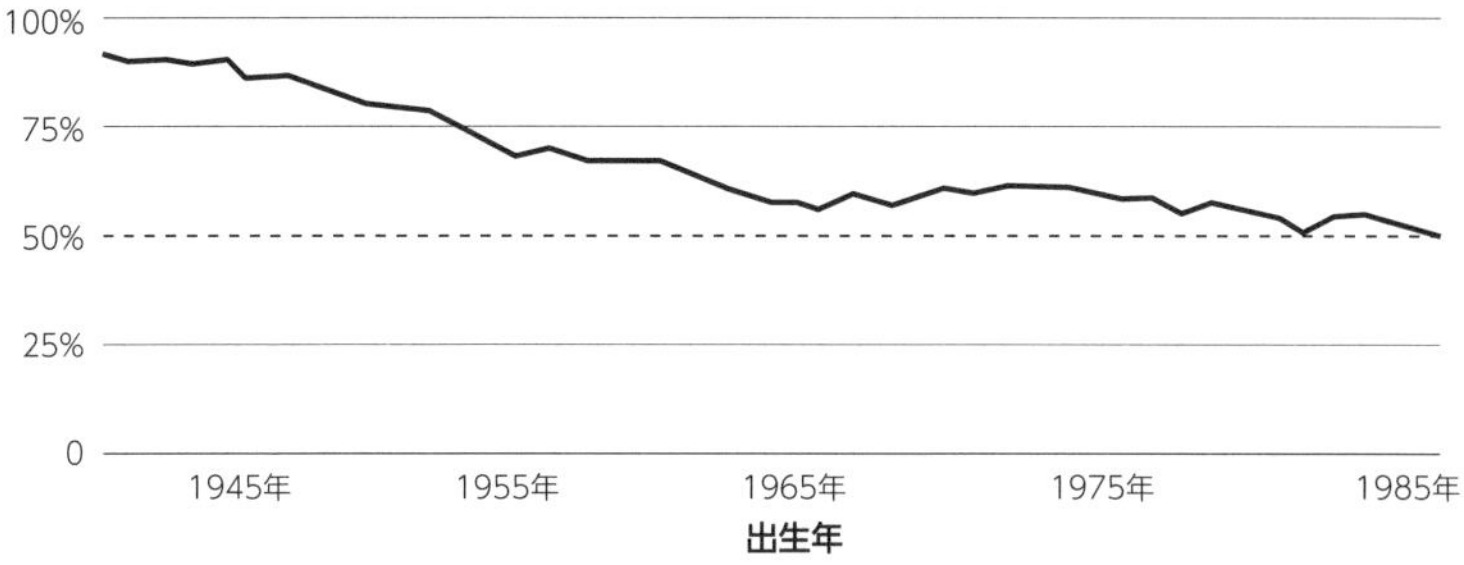

出典：The Equality of Opportunity Project（機会均等プロジェクト）

銀行口座に多くのお金を残して死なないために

2020年、ボブ・ディランは、自らの全楽曲の著作権を4億ドルで売却した。

これで、もうお金が彼に悪態をつくことはないだろう。

ボブ・ディランが『イッツ・オールライト・マ』の歌詞を書いた1965年当時、いわゆる「中の上」の層に属する人たちでも、富裕層が持っていたうちの9割の豊かさを手に入れられていた（富裕層の家庭は大きな家に住み、ワンランク上のワードローブを持ち、ゴルフは公営コースではなくプライベートクラブでプレーしていた）。

それからの60年間、富裕層向けの産業が興隆した。

今日の富裕層は、休暇をすごす際、高級ホテルに泊まるだけではない。彼らは一般客とは別の飛行機に乗り（ボブ・ディランはジェット機の「ガルフストリームⅣ」に乗る）、別のリゾート地に滞在し、別の景色を見る（一般客の入場が終わった時間外に）。

上位1％の富裕層は、通う病院も、食事をするレストランも、買い物をする店も、一般客とは違う。一昔前の「富」とは、同じ会場にいて、良い席に座る程度のことを指していた。それが今は、別世界のような場所で生活することを意味するようになっている。

幸福のカギは、人生に何を期待するかである。

非現実的な期待を抱いていれば、幸福は実現しないだろう。しかし、あなたが家を出たり、携帯電話を手にしたりするたびに、社会や企業が裕福なくらしの素晴らしさをささやきかけてきたり、そうしたくらしができないことを責めたりしてくる。

1％のお金持ちと99％の残りの人たちの生活格差が、毎日、目の前に投げかけられる。疑似的な富を見せびらかす業界が、「インフルエンサー」を中心に発展している。

私たちは絶えず、自分が手に入れたものではなく、まだ手に入れていないものばかりを見るように仕向けられる。これは、まさに「富のポルノ」と呼ぶべきものだ。

このようなシステムは、いつか改善されるかもしれない。

だが、そのときがくるまで、私たちは耐え忍ばなければならないのだろうか？

決してそんなことはない。社会が変わるのを待つのではなく、現状のシステムの中でうまくやっていくための**スキルと戦略**を身につけるほうが、はるかに賢明だ。

英国の元首相ウィンストン・チャーチル（1874～1965）は、「民主主義は最悪の政治体制である。これまで試みられてきた民主主義以外のすべての政治体制を除けば」という名言を残している。同じことは資本主義にも当てはまる。

つまり資本主義は最悪かもしれないが、他に比べればマシな経済的・社会的システムだと言えるのだ。

不平等は、持たざる者たちの野心を刺激する。インセンティブは、結果に影響を生じさせる。それが、社会を動かす原動力になっている。

社会のシステムが自分に合っているなら、それを最大限に活用すればいい。そうでないなら、できる限りのことをすればいい。どれも、あなたの責任ではない。

あなたが億万長者になるためにはリスクを抱えなければならないが、社会はそれよりも大きなリスクのある様々な問題を抱えている。

そして、経済的自立を得るまでは、あなたの時間は本当の自分の時間にはならず、ストレスの多くは非生産的なものになるだろう（そう、お金はあなたに悪態をつく）。

富を追求することは、あなたが不道徳で、貪欲で、利己的な人間であることを意味しないし、またそうであることを要求するものでもない。

むしろ、そうした資質は経済的自立への妨げになり、達成後の幸福を損なうだけだ。あなたと富の間にある障壁を乗り越えるには、味方が必要だ。

「貯蓄や投資は早く始めたほうがいい」とアドバイスされたことがある人は多いだろう。同じように、仲間やあなたのファンをつくることも早く始めたほうがいい。そうすることで、人生のあらゆる場面で、本拠地で試合をするスポーツチームのような有利な立場が得られるようになる。

「この仕事、この投資、この取締役に誰が向いているだろうか？」と考えたときに、真っ先に彼らの頭に浮かぶ人になるべきだ（そして、それは可能だ）。

私たちの究極の目標は、**豊かな人間関係に恵まれた人生を楽しむことであり、銀行口座に多くのお金を残して死ぬことではない。**

仕事を引退する「前」に経済的自立を達成するには？

一般的に、パーソナル・ファイナンスに関するアドバイスは「リタイア」（仕事を引退していること）を前提にしていることが多い。

だが、こうした考えはもはや時代遅れだ。本書で言う「富」は、この前提に立たない。

私はみなさんに、仕事を引退する「**前**」に経済的自立を達成してほしいと思っている。

それは、早ければ早いほどいい。経済的自立を手に入れたら、仕事を通して達成したいことに取り組み続けるかどうかを自分の意志で決めればいい。

私の場合、経済的自立を達成した後も働き続けることを選んだ。だが、仕事に対するスタンスは変わる。経済的自立を達成すれば、仕事は「それがなくては生きていけない救命用具」ではなく、「サーフボードのような楽しみの道具」になるからだ。仕事を取り巻くストレスは劇的に減る。

経済的自立を達成すれば、お金に関する不安が減り、**自信**が持てるようになる。この自信は、仕事上での高パフォーマンスにつながる。仕事は恋愛と同じで、こちらが余裕を見せれば見せるほど、相手から求められるようになるものなのだ。

本書の法則を早めに実践すれば、運と努力次第で、40歳前後で経済的自立を達成し、カリブ海のハウスボートでくらすことも可能だ。もう稼ぐために働く必要はない。あるいは、同じようにお金を稼ぐ必要はなくても、70代になっても企業の役員として仕事を続け、1時間に数千ドルの報酬をもらってCEOを指導することもできる。

経済的自立は人生の選択肢を与えてくれる。そして、経済的自立は1つの数字に集約できる。それは、あなたにとっての「**働かなくても、自分が望むライフスタイルを維持できる資産額**」だ。

経済的自立を達成した後も、働くことを選択してもいい。多くの研究が、働くことが寿命を延ばし、幸福度を高めることを示している。

人を死に至らしめるのはストレスだ。

そしてこのストレスの多くは、経済的自立が確保されていないことから生じる。仕事からお金のストレスがなくなれば、生活費を稼ぐためではなく、意義ある目的のために働けるようになる。

「経済的自立」を実現するシンプルなかけ算

では、経済的自立を達成するには、銀行口座にどのくらいのお金が必要なのだろう？答えは人によって違うが、あなたにとっての答えはある。ただし、経済的自立は厳密な正解となる数字があるわけではないので、正確にはこれは答えというより目標になる。この目標をほぼ達成することで、人生はラクになり、実りあるものになる。

『となりの億万長者』（早川書房）などの著書で知られる富裕層マーケティングの専門家トマス・J・スタンリーは、「富は知性の問題ではなく、**算数**の問題である」と述べている。つまり、富は簡単な計算式で導ける。そう、前述したように、「受動的所得∨消費支出」だ。

では、あなたの消費支出はどれくらいだろうか？　もっと正確に言うと、あなたが生涯維持したい消費支出はどれくらいなのか。

これは、年齢が高くなるほど答えやすい。老後の生活を想像しやすいからだ。

しかし、仕事を始めてまもない人や学生でも、生活費の予算を立ててみたり、家族に支出について尋ねたり、住居費や食費などの一般的な費用を調べたりすることで、ある程度の見当はつけられる。

40年後の支出を1ドル単位で予測する必要はない。そもそもそれは不可能である。現時点で予測できる範囲の、大まかな数字で十分だ。年齢が上がるにつれ、そのときの状況に応じて微調整していけばいい。

この作業にはファイナンスの側面もあるが、自分はこれからの人生をどう生きていきたいかという個人的な問題とも深く関わっている。消費支出を見積もる経験を積むにつれ、自分のことがよくわかるようになり、何が必要かがわかるようになっていく。

必要な消費支出は人それぞれ違う。私の年老いた父の場合、その額は特に多くはない。必要最低限の生活費と、高齢者用施設「ウェスリーパーム」の入居費、アイスホッケーチーム「トロント・メープルリーフス」の試合をネットで見る通信費、メキシコ料理とミチェラーダ（メキシコのビールカクテル）を楽しむための夜の外出費（19時前には帰宅）などだ。私とはまったく違う。私の生活費はもっと多い（私の消費支出は超新星《バーンレート》みたいに熱く燃《バーン》えている）。

とにかく、あなたが好きなのが大衆ビールのパブストであれ、高級ブランドのプラダであれ、予想される年間消費支出を大まかに計算しよう。

これに加え、住んでいる国の税金を加算する。米国の場合なら2割（カリフォルニア州やニューヨーク州など税率の高い州の場合は3割）をプラスする。これがあなたの年間消費支出になる。

次に、算出した消費支出を25倍にする。これがあなたの（おおよその）数字――つまり、支出以上の受動的所得を生み出すために必要な資産基盤の額になる。

なぜ25倍にするのか？

年間数％のインフレ率を差し引いたうえで、資産を4％の利回りで運用すると仮定しているからだ。この利回りの数字の妥当性に関してはファイナンシャルプランナーによっても多少の意見の違いはあるが、4％はおおよその目安になる。

それに4％の場合、年間消費支出を25倍すれば必要な資産を導けるので計算しやすい。とはいえ、これはあくまでも概算。税金の試算は単純化している。

また、消費支出は子どもと同居していると上がり、子どもが家を出ると下がる。それに、今から30年後に存在するかわからない社会保障についても考慮していない（私は存在し続けると思う。大勢の高齢者が長生きして、社会保障を存続させることを主張する政治家に投票すると思うからだ。社会保障が成り立たなくなる可能性は、学校制度や宇宙計画、それから海軍の半分が廃止される可能性より低いだろう）。とはいえ、どんな芸術作品もラフスケッチから始まる。まず概算を見積もっておくことが大切だ。

あなたが消費支出を年間8万ドルと見積もったとすると、その場合に必要な、経済的自立を達成するために必要な資産額は200万ドル（8万ドル×25）となる。

その額を達成すれば、あなたは資本主義に打ち勝ったことになる（ただし資本主義にはいくつかのトリックがある。200万ドルは現時点の数字だが、今から25年後にそれを達成しようとすると、インフレのためにその額は500万ドル前後に膨れ上がってしまう。この問題については後で詳しく説明する）。

経済的なストレスが経済的な不安に変わる瞬間

数年前、家族でフランスのアルプス山中にあるリゾート地、クールシュヴェルにスキーに行った。スキーは、2人の息子たちを山に閉じ込め、父親と一緒にすごさなければならないようにするために私が我慢して続けている趣味だ。

ある日の午後、私はホテルの部屋で、仕事を口実にゲレンデから離れてすごしていた。すると、当時11歳だった長男が部屋に入ってきた。何か様子がおかしい。通常なら、息子たちは何か要件があると、部屋に入ると同時にそれを口にする（「テレビ見てもいい？」「ママはどこ？」）。あるいは、ゲップをしたりする）。

だが、長男は何も言わずに泣いていた。私は彼に歩み寄った。

「どうしたんだ？」

「手袋を片方なくしちゃったんだ」

息子の目から、さらに大粒の涙がこぼれた。

「そんなのどうってことないさ。ただの手袋じゃないか」

「違うんだ。ママが買ってくれた大切な手袋なんだ。80ユーロもしたのに。ママはきっと怒るよ」

「ママはわかってくれるさ。パパだってしょっちゅうモノをなくしてる」

「でも、ママに新しいのを買ってもらいたくないよ。80ユーロもしたんだから」

息子の気持ちはよくわかった。モノをすぐになくしてしまうのは父親から遺伝したのだ。

私はカギを持ち歩かない。どうせすぐになくしてしまうからだ。

私は長男と一緒に彼の足跡をたどることにした。道中、私の心はざわついた。これは、息子に人生の教訓を与えているということになるのだろうか？　新しい手袋を買ってあげるのは、甘やかしになるのか？

見下ろすと、彼は泣いていた。その瞬間、時空が歪み、私は9歳の頃の自分に戻っていた。

両親が離婚した後、経済的なストレスは経済的な不安に変わった。

不安は母と私を悩ませ、おまえたちは無価値な人間だ、人生の落伍者だと耳元でささやいた。秘書として働いていた母は、賢く、勤勉な人だった。だが、収入は月８００ドルしかなかった。

9歳のとき、私は母に「ベビーシッターはいらない」と言った。そうすれば、週に8ドルのお金を浮かせられるのを知っていたからだ。それに、アイスクリームの販売車がくると、そのシッターが自分の子どもたちに30セント渡し、私には15セントしか渡さないのも知っていた。これもベビーシッター代に上乗せされていた。

あるとき、「冬だからジャケットがいるわね」と母が言った。2人で百貨店の「シアーズ」に行った。母はかなり大きなサイズのジャケットを選んだ。2年、できれば3年使えるようにするためだ。値段は33ドル。2週間後、私はボーイスカウトの集まりでそのジャケットを置き忘れてしまった。母には「次の集まりで必ず見つけるから」と約束した。

でも、結局見つからなかった。

だから、新しいジャケットを買うことにした。このときは「JCペニー」に行った。母は、「もう一着ジャケットを買ったらお金がなくなるから、これはクリスマスプレゼント兼用にさせてね」と言った。

本当にお金がなくなるのか、それとも私に教訓を与えようとしていたのかはわからない。おそらくその両方だったのだろう。ともかく、私は早めのクリスマスプレゼントをもらって喜んでいるふりをしようとした。偶然、このジャケットも33ドルだった。

そして数週間後……。私はこの2着目のジャケットをなくしてしまった。

学校を終えて帰宅した私は、怯《おび》えながら母が帰ってくるのを待った。

すでにお金に困っている家計に、さらなる打撃を加えてしまったことを後悔しながら。ドアのカギを回す音が聞こえ、母が入ってきた。私は神経質になって口走った。

「またジャケットをなくしちゃったんだ。でも、もう新しいのはいらないから。絶対に――」

泣きたかった。わめきたかった。けれども、もっと悪いことが起こった。母が泣き出したのだ。

しばらくして、彼女は落ち着きを取り戻し、私のほうに歩み寄ると、こぶしを握りしめて、私の太ももを何度も叩いた。まるで会議室で意見を主張している人がこぶしでテーブルを叩くみたいに、私の太ももを叩き続けた。私は、自分の心が動揺しているのか、気まずさを感じているのかわからなかった。彼女は2階の自室に行き、1時間後に下りてきた。私たちは二度とその話をしなかった。

経済的な不安は高血圧のようなものだ。常にそこにいて、些細な病気が命を脅かす病気になるのを待っている。これは比喩ではない。低所得世帯で育った子どもは、裕福な世帯で育った子どもより血圧が高いことがわかっている。[9]

貧しさへの恐怖とモチベーションの関係

時計の針を元に戻そう。アルプスでは、マイナス13度の極寒の中、父親である私が、手袋を片方だけはめた息子と、もう一方の手袋を探して30分も歩き続けていた。

私は彼が弱っているのをいいことに、大切なのはモノではなく、人間関係であることを伝えるべく、ヘタな歌と踊りを披露しようとした。

私が家族向けのケーブルテレビ局「ホールマーク・チャンネル」の番組のよくあるシーンのマネごとをしている最中に息子は急に立ち止まり、アパレルメーカーの「フィリップ・プレイン」の店舗の前に飾られていた小さなクリスマスツリーに向かって全力で走り出した。

前日に彼の8歳の弟が、私にせがんで背中にドクロマークのついた250ユーロのパーカーを買ってもらったのと同じ店だ。ツリーのてっぺんには、星の代わりに、エレクトリックブルーの男の子用の手袋が載せられていた。

どこかの善良な（かつ創造的な）人が道端に落ちていた子どもの手袋を見つけ、後で探しにくるかもしれない少年が見つけやすいよう、目立つ場所に置いてくれたのだ。息子は手に取った手袋を胸に当ててため息をつき、安堵と報酬が入り混じった表情をした。

私たちはファイナンスのイノベーションの時代に生きている。

だが、どんな暗号通貨や決済アプリも、私が一番望んでいる機能を提供してはくれない。

それは過去に戻って、貧しさに苦しんでいた私の愛する人にお金を渡すことだ。

私が子どもの頃に家庭内にあった不安と恥は、いつまでもそこにある。

でも、それはそれでいい。私のモチベーションにもなるからだ。

富を追求する理由は人それぞれだ。世の中から認められたいという思いや、何らかの具体的な目的に突き動かされている人もいるだろう。

豊かな生活や、贅沢、お金でしか得られない経験を手に入れたいという情熱や、世の中の悪に対して何かをしたい強い想いが原動力になることもある。

私の経験では、富を手に入れるために崇高な目的を持つことは、大きな努力を支えるモチベーションになる。欲望もまた強力な動機になる。

だが、貧しさへの恐怖はそのどちらにも勝る。いずれにしても、何に駆り立てられるかは、各個人の問題だ。自分なりに動機を見つけ、育み、常にそれを忘れないようにすればいい。モチベーションは必要になる。これからハードワークが待っているからだ。

「富の方程式」の4大ファクター

では、どうすれば経済的自立に到達できるのか？

その方法は大きく2つしかない。

1つは遺産を相続すること。これは賢い方法だ。

だが、私たちのほとんどはもう1つの困難な道を進まなければならない。ただし、その実践法はシンプルだ。懸命に働いてお金を稼ぎ、収入のいくらかを貯蓄し、それを投資するのだ。収入をできる限り増やし、支出を最小限に抑えて差額を賢く投資すれば、経済的自立は達成できる。

とはいえ、この計画を実行するのは簡単ではない。ファイナンスの枠を超え、表計算シートで管理できる範囲を超えた取り組みになるからだ。

富は勤勉や倹約、知恵といった、より良く生きることの結果として生まれるものだが、修行僧のような生活をしなければいけないというわけではない。そこには喜びや誤り、人間らしい人生を生きる余地がある。ただし、ある程度のハードワークと規律は求められる。そして、そうするだけの価値がある。

「富の方程式」には4つの要素がある。章ごとに順を追って説明していきたい。

①**ストイシズム**（第1章）——公私ともに、意図的かつ節度のある生活を送る。倹約するのはもちろん、人格を磨き、コミュニティとつながることも大切にする。これはとても重要である。

②**フォーカス**（第2章）——熱心に働き、十分な収入が得られる能力を身につける。そのために、最も大切なことにリソースを集中させる。収入だけでは裕福にはなれない。だが、それは必要な第一歩だ。しかも、それなりの額が必要になる。そこで本書では、あなたがキャ

リアを計画・実現し、できる限り多くの収入を生み出す方法をサポートする。

③時間（第3章）——最も重要な資産。時間については、この宇宙で最も強力な力である「複利」を理解することに尽きる。本書では、この複利の力を活かす方法を説明する。時間こそが真の通貨であり、誰もが生まれながらにして与えられている資産である。富の基盤は時間である。

④分散投資（第4章）——従来型のパーソナル・ファイナンスの疑問に対して本書が提示する答え。分散投資は、健全な投資判断を下し、金融市場に賢く参加するためのロードマップになる。

では、キャンドルに火をつけよう。

目次

第2章

フォーカスの法則

第3章

お金と時間の法則

第4章 分散投資の法則

第1章

お金とストイシズム

フォーカス

＋

（

☞ ストイシズム

×

時間

×

分散投資

）

金融リテラシーより自制心より大切なもの

私の人生の大半を経済的自立から遠ざけていたのは、自分は特別な人間だという傲慢な考えだった。ビジネスの世界で華々しい成果を上げていたことが、その考えを助長していた。私は何社も会社を立ち上げ、雑誌で紹介されるほど世間の注目を浴び、自らが興したスタートアップのために何千万ドルもの資金を調達していた。

「自分は（どう考えても）並外れた存在だ」と思えた。いずれＩＰＯ（新規株式公開）や企業買収によって、数億ドルとは言わないまでも、数千万ドルを手にできると（どう考えても）思えた。

それが実現しそうなチャンスを実際に何度か経験したことで、その確信は深まった。もうすぐ莫大な金を手にできる！　光速へとジャンプするのは間近だ――そう確信していた私には、収入の範囲内で節度ある生活や貯蓄・投資をするという考えはさらさらなかった。20代、30代のとき、年間1万ドルから10万ドルの貯蓄をすることは簡単だった。だが、それをはるかに超えるお金が手に入るチャンスがすぐそこにあるのに、なぜ今の生活を犠牲にしてまでチマチマと蓄財しなければならないのか？　そう信じ込んでいた。

でも、その考えは間違っていた。

その後、私は２０００年のドットコム・バブルの崩壊や、離婚、２０００年代後半の金融恐慌などに見舞われた。私がおもいきり打ったボールは、フェンスに向かっているように見えても、ことごとくファウルになり、決してホームランにならなかった。

そして42歳のとき、長男が生まれた。

その瞬間、天使の歌声が聞こえただろうか？

私の人生に、家族向けのテレビ番組のような幸せな世界が訪れたのだろうか？

それとは正反対だった。

私は吐き気がして、まっすぐ立てなかった。出産に立ち会い、血や叫び声を見聞きしたから気分が悪くなったのではない。生まれてきたばかりの息子を見て、大きな後悔に襲われたのだ。私はしくじった。本当なら、数百万ドルのお金が銀行口座に入っていてもおかしくなかった。なのに、まったく貯蓄をしてこなかった。私は失敗したのだ。

息子が生まれてくる数分前までは、その事実を受け止められていた。なぜなら、自分自身が失敗しただけだったからだ。

だが、私は息子に申し訳ないことをしてしまったと気づいた。それに耐えるのは難しかった。

私の失敗は選択ミスから生じたものであり、知識が足りなかったわけではない。

私はMBAを取得し、自社のために何百万ドルもの資金を調達し、社員にきちんと給料を支払い、四半期ごとに利益を出していた。つまり私はお金のことを「理解」していた。

だが、それを扱うのが「ヘタ」だったのだ。これは私だけの問題ではない。多くの人が多額の借金を抱えてしまう背景には、金融リテラシーの欠如と自制心の欠如の両方がある。

しかし、イギリスの消費者を対象とした調査によれば、「消費者の過剰債務を説明するうえで、金融リテラシーの欠如よりも**自制心の欠如**のほうが大きな役割を果たしている」[10]という。

経済的自立は頭の中での計算から生じるものではない。それは行動パターンの結果なのだ。過剰な借金につながる行動を避け、富につながる行動パターンを身につけるにはどうすればいいのか？　つまり、どうすれば自分の意図に沿った行動ができるようになるのか？

表面的には、そのためのカギは自制心であるように見える。

だが、何としても計画にしがみつこうとする意志の強さがあれば、経済的自立を達成できるのか？

常に衝動を抑えようとして自分と戦っていると、疲れてしまう。何年にもわたって自分の意図と行動を一致させるには、自制心よりもっと深いところにある何かが必要なはずだ。

その答えは、端的に言えば「**人格**」になる。

資本主義社会の誘惑や、人間としての弱さ、挫折、不運などに直面したとき、意図したとおりの行動を取るには、忍耐力が求められる。その忍耐力は、私たちが人格に根差した行動を取っている場合にのみ実現する。

もし、意図するだけで何の苦労もなく行動を続けられるなら、誰もが新年の誓いを守り続けられるだろう。行動には、その人の人間性が表れる。よくいわれているのとは違い、頭で考えればそのとおりに行動できるわけではないのだ。

本章では、人格を磨く方法について、3つのパートに分けて考察していく。

まず、人格を磨くための本質的な仕組みと原則を探る。

次に、私がこれらの原則を自分自身の生活にどう活かしているかを述べ、あなたが優れた人格を築くためにどのような心構えを持つべきかを提案する。

最後に、視野を広げて、コミュニティ全体の中でどう人格を高めるかについて考えてみる。人間は社会的な生き物であり、潜在能力を最大限に発揮するためには、他者との協力（時には競争）が不可欠だからだ。

ストイシズムが人生に与える影響

太古の昔から、人々は自らの人格を高めようとしてきた。ありがたいことに、その方法はよく知られている。簡単ではないが、神秘的でも特に複雑でもない。

人格と行動は互いを補強し合う関係にある。行動がその人の人格を反映するように、突き詰めれば、人格もまたその人の行動の産物なのだ。この補強のサイクルは、好循環になるこ

図表2　人格と行動のサイクル

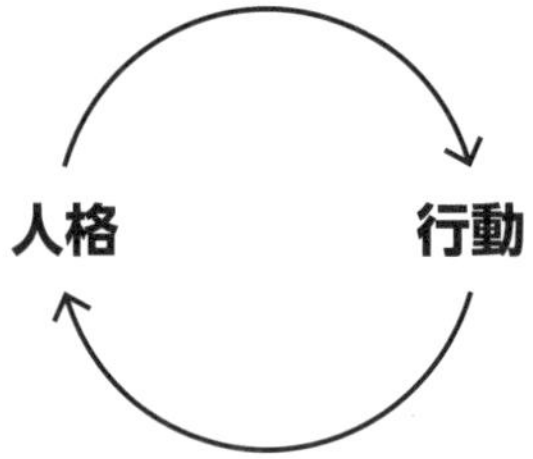

ともあれば、悪循環になることもある。どちらになるかは、自分次第だ（図表2）。

これは単なる経済的成功以上のことにも当てはまる。意義のある目的を持ち、それに沿った行動をしていくことは、本物の人生を生きるということだ。

たとえうまくいかなかったとしても、それは自分に正直に、真剣に生きることにほかならない。富の追求は、そのいとこのような存在である幸福の追求と同様、**全人格をかけたプロジェクト**なのである。

人類はこのことを、ストイシズム（ストア派哲学）の教えなどを通じて長年にわたって学んできた。

ストイシズムは、古代ギリシャで創始された哲学の一派で、ローマ帝国で花開き、現代の識者たちによって再び脚光を浴びている。

人格を高めることを最高の美徳としたストア派の哲学者たちは、多くの著書を残している。

私が第1章のタイトルを「お金とストイシズム」としたのは、ストア派の哲学者や、その現代の識者たちの言葉が私の心に響き、仕事面でも生活面でもその教えの影響を受けてきたからだ。とはいえ、本章の目的はストイシズムの教義を細かく解説することではない。また、必ずしもすべての内容がストイシズムの教えに沿っているわけでもない。

たとえば、著書『自省録』で知られる古代ローマの皇帝・哲学者マルクス・アウレリウス・アントニヌス（121～180）は、この章で私が提案する「お金持ちの友達をつくる」ことを推奨してはいない。とはいえ、彼はこの章のほとんどの内容に賛同してくれるとは思う。

初期のストア派哲学者たちがギリシャで美徳について考えていたのと同じ頃、ゴータマ・シッダールタの弟子たちは、師が説いた仏教の教義の核となる正しい考え・行動・心構えをさらに深め、体系化する仕事に取り組んでいた。

その数世紀後、イエス・キリストは正しい心を持つこと、誘惑に抗うことの重要性を説き、「肉体的な欲望に溺れてしまえば、心が貧しくなる」と警告した。

19世紀のアメリカの思想家ヘンリー・デイヴィッド・ソロー（1817～1862）は、哲学の目的は単に「高尚な考えを持つこと」ではなく、「人生の問題を、理論的にだけでなく、実践的に解決すること」であると述べた。

同じような教えは、どんな文化や哲学にもあるのではないだろうか。

こうした伝統的な教えから、自分の人生に役立つ知恵を見つけていくことは極めて大切だ。

ハンガ（グ）リーで気づいた資本主義の真実

今から数十年前、ＵＣＬＡを卒業後、ヨーロッパ中を旅していたときのこと。ウィーンの空港で、アメリカン・エキスプレスのトラベラーズチェックを３００ドル分購入した。次の目的地である、当時社会主義国だったハンガリーに向かうため、アメリカン・エキスプレスの旅行代理店でこのトラベラーズチェックを同国の通貨であるフォリントに換金した（今にして思うと、ずいぶん手間のかかることをしていた）。手数料を差し引き、1ドルあたり96セントをフォリントに両替すると、かなりの札束になった。私はちょっとした小金持ち気分になり、買い物をする気満々でブダペストの中心地に向かう列車に乗った。

街につくと、ショーウィンドウに美しい革の旅行バッグを飾っている店があった。中に入ってみると、店内には、買い物客がいた。だが、その人たちが買っていたのは、糸と針だけだった。私が旅行バッグについて尋ねようとする前に、カウンターの後ろにいた店員の女性がそれを指差して「売り物ではありません」と言った。

結局、私はブダペストで買い物らしいものは何もできず、わずかに減ったフォリントの札束を持って旅行会社に戻り、為替とビッド・アスク・スプレッド（買値と売値の差）の難しさについての教訓を学んだのだった。

それから35年後、資本主義化が進み、ハンガリーのブダペストにいても、ジョージアのブダペスト（そう、実際にこの都市は存在する）にいても、敏感歯用のオリーブオイルが練り込まれた歯磨き粉であれ、フレンチトースト味のシリアルであれ（これらの商品は実在する）、何でも手に入るようになった。

ネットで注文すれば、その日の午後には商品が玄関先に届く。共産主義について誰が何と言おうと、数十年前は倹約が容易だったのは確かだ。

「1ドルを稼ぐ最も簡単な方法は、1ドルを節約することである」というのは良いアドバイスだ。けれども私たちは、「お金を使うこと」を促すメッセージや宣伝文句に1日に何百回もさらされている。

資本主義は、「人々を消費に向かわせる」という唯一の目的のために、社会全体の知見やエネルギーをつぎ込ませようとする。

これが、私たちが生きている社会の仕組みなのだ。誘惑は至るところにある。

だから、スーパーのレジ付近に置いてあるガムを衝動買いしたくなり、アマゾンのショッピングカートにアイテムを追加したくなり、航空券を優先搭乗と無料ドリンクつきのエコノミープラスにアップグレードしたくなるのだ。

ネットで航空券を予約するときも、「私はこの旅行を安全なものにします」か「私はこの旅行を安全なものにしたくありません」のどちらかのチェックボックスにチェックを入れるよう求められる。つまり何かあったときのために旅行保険に入るかどうかということだ。

こう尋ねられると、後者を選ぼうと考えたら、「自分は無責任で怠慢な人間なのかもしれない」という気持ちになる。

アメリカン航空（あるいはその保険パートナー）に39ドル95セント払って保険に入れば、その嫌な気分にならなくてすむ。

私たちの身の回りには、こうした巧妙な仕掛けが糸のように張り巡らされている。

私たちのDNAには「渇望」が宿っている

資本主義の世界には、やるべきことがたくさんある。

人類史の99％では、人々の大部分は35歳になる前に死んでいた。一番の死因は飢餓、つまり「食べ物」の不足だった。

私たちの先祖の頭の中にあったメッセージは、現代風の「YOLO」（You only live once／人生は一度きり）ではなく、「YNSN」（You need stuff now／今すぐ食べ物が必要）だった。食料を見つけなければ、死んでしまうからだ。

人間は生物学的に、糖質や脂質、塩分を含む食べ物を求めるようプログラムされている。

なぜなら、これまで人類が存在してきたほとんどの期間、それらの栄養を含む食物が不足していたからだ。

こうした物質が私たちの舌の表面にある味蕾《みらい》に触れるだけで、化学反応の連鎖が引き起こされ、意識の中で快楽として読み取られる。

脳は快楽の記憶をあらゆるもの――チョコレートのパッケージの色からお気に入りのハンバーガーショップがある交差点まで――と結びつける。

脳がこうするのは、究極の報酬である「生存」という最高の感覚に戻る道筋を示そうとするからだ。

人間にとって、さらに都合の悪いことがある。「生存」のチェックボックスをオンにすると、今度は「生殖」という別の本能的な声が叫び始めることだ。

若い人たちに貯金や投資を勧めるのは簡単だ。だが彼らは、恋人や結婚相手を見つけるという人生の大仕事を抱えている。

パートナーを見つけるには、自分をアピールする必要があるし、お金もかかる。

パネライの腕時計やマノロ・ブラニクの靴は、自分より力が強く、速く走り、賢い配偶者を見つけ、互いの遺伝子をかけ合わせて永遠に生き続けるという、生物の進化上の責務を手助けするものなのだ。

モルガン・スタンレーに入社して1年目、23歳だった私は3万ドルのボーナスをもらった。

銀行口座に1000ドル以上の大金が入っている状態を体験したのは生まれて初めてだった。

これで、私は人生の基盤をつくれる。基盤《base》？　そう、たしかにそれは卑しい《base》ものだった。

私はこのボーナスで、BMWの320iを（女性にモテたい一心で）買った。

車体の色はネイビーブルー。バックミラーのつけ根には、水泳用のゴーグルをぶら下げた。なぜかというと、その頃、週に一回、水泳をしていたからだ。高級車に乗らなくても移動はできるし、水泳をしているからといってこれ見よがしにゴーグルを見せつける必要なんてない。だが私は、自分が強くて価値のある男であることを示そうとしていた。女性たちに、私と寝るべきだ、とアピールしていたのだ——実際には、そううまくはいかなかったけれど。

とはいえ、こうした派手なアピールも、状況によっては正当化される。見映えの良さを訴えたり、異性と出会う機会に身を置いたりする場合（たとえば、コーチェラ・フェスティバルやナイトクラブ、カンクンのビーチ等）だ。

現代人は、二重の意味で不利な立場にある。

私たちはモノが過剰な世界に住んでいる。だが、脳や身体は、モノが少ない環境に合わせて進化してきた。そして、経済はこのギャップを利用して構築されている。だから、このジレンマから抜け出す方法を考える気が起こりにくい。

『7つの習慣』でスティーブン・コヴィーが発見したこと

現代社会では、キャリアや家計管理、投資に関するアドバイスに事欠かない。書店でもネットでも社交の場でも親戚の集まりでも、お金に関する助言や忠告があふれている。だが、それが行動に結びついていなければ意味がない。

考えと行動がどれくらい一致しているかは、その人が将来、精神的にも経済的にもどれくらい成功しているかを予測する良い指標になる。

多くの人は尊敬する人を、「勇敢」「起業家精神がある」「革新的」といった言葉で称賛する。これらはどれも行動と結びついている。特に、自らの価値観や言葉、計画に基づき行動する人を表すときに使われる。

心理学者のカール・ユング（1875〜1961）が言うように、「何を言うかではなく、何をしたかが本当のその人を表している」のだ。

けれども現代人は、思考と行動のギャップを埋める近道があるというメッセージにさらされている。

作家のスティーブン・コヴィー（1932〜2012）は、自己啓発の決定的名著『7つの習慣』（キングベアー出版）の執筆にあたり、単に現代の成功者について調べるのではなく、成功法を説いた古今東西の書物や文献を徹底的に分析した。[11]

そして第二次世界大戦以降、主流の考えが「人格主義」から「個性主義」へと移行していることを指摘した。

コヴィーによれば、戦前の古典的な書籍は、読者に人格形成を奨励していた。つまり、原則や価値観を育み、自制や勤勉、忍耐などの美徳に基づいて成功を築くことを促していた。一方、近年の自己啓発書のアドバイスは、単に自分の性格を変える方法、つまり他人に自分をどう見せるかを重視するようになっていた。

これらの自己啓発書の元祖とでも言うべきデール・カーネギー〔1888〜1955〕の著作タイトルが、『友を得て、他人に影響を与える方法』（How to Win Friends and Influence People）〔訳注：邦題『人を動かす』〕というのは象徴的だ。

コヴィーが同書を書いたのは1980年代だが、ネットを少しでも覗いてみれば、現在もこの傾向がますます加速していることがわかる。

SNSには、「ライフハック」〔マッシュルームコーヒーを飲むことが勧められたりもする〕や、デートでの最高の会話の切り出し方、その他の「あっと驚く生活の裏技」などがあふれている。人生のあらゆるシーンに、「流行のダイエット法」のようなものがあると喧伝されている。

こうした個性主義のアドバイスがあとを絶たないのは、それらの効果はたいてい短期的で、問題解決にもあまり役立たないからだ〔たとえば121件の研究を対象にした調査によれば、様々な人気のダイエット法は、どんな理論に基づいていると謳っているか、どんな有名人が宣伝しているかにかかわらず、それを試した人たちの1年後の体重に何の変化ももたらさなかったことがわかっている)[12]。

流行のダイエットの信奉者が結局はダイエット前の体重に戻ってしまうのと同じように、どんな成功術も、表面的な行動のみを変えることに頼っている限り、長続きしない。

もし私が「成功の秘訣は朝5時半に起きて冷たいシャワーを浴び、5マイル走ることだ」と言えば、それは悪くないアドバイスになるだろう。そのとおりに実践すれば、その日は集中力も高まるし、生産的になれるかもしれない。そのまま数日、特に規律正しい人なら数週間、このアドバイスに従い続けられるかもしれない。

だが、最初の頃にあった目新しさは次第に薄れていくし、早朝の暗く寒い中で毎日起き続けるのは並大抵のことではない。

私は職業柄、裕福な人々を大勢見てきた。その中には、たしかに朝5時半に起きて冷たいシャワーを浴びることから1日を始める人もいる。だが、それだけが彼らが成功している理由ではない。

こうした習慣は、成功者たちが勤勉で規律ある人格の持ち主であることの証《あかし》でもあるからだ。

人格と行動を、切り離すことはできない。

現代の誘惑に打ち勝つ「4つの美徳」とは？

ストイシズムでは、**勇気**、**知恵**、**正義**、**自制**という4つの美徳が重んじられている。

私は、これらは現代人が誘惑に打ち勝つためのカギであり、同時にそれ以上の価値をもたらすものだと考えている。

①**勇気**――粘り強さのこと。現代では「グリット」とも呼ばれる。貧しさや恥ずかしさ、失敗への恐れなど、恐怖に行動を支配されないとき、人は勇気を持てる。

このとき、私たちは勤勉で、前向きで、自信に満ちている。マーケティングのプロは、人々の恐怖や不安につけ込む術に長けている。だからこそ、勇気の価値は高い。それに、勇気はブランド品のように高い金を払わなくても手に入れられる。

②**知恵**――ストア派の哲学者エピクテトス（50頃～135頃）は、知恵とは「自分の力の及ばない外的なものと、自分のコントロール下にあり選択できるものに問題を切り分けられる能力のことだ」と述べている。

小説家のアニー・プルーは、著書『ブロークバック・マウンテン』（集英社）の中で、同じことを「直せないものは、耐えなければならない」と表現している。

③正義——公共の利益にコミットし、人間は互いに支え合っているという認識を持つこと。
マルクス・アウレリウス・アントニヌスは、正義は「他のすべての美徳の源」であると信じていた。

正義に基づいて行動するとき、私たちは正直になり、自らの行動の結果を十分に考慮する。私たちは一人では良い習慣を身につけられない。本章の後半では、人格とはコミュニティ全体で育むものでもあることを詳しく取り上げる。

④自制——私はこれを最も重要な美徳だと考えている。
現代人が最も試されているものだからだ。

資本主義は、私たちの自制心の欠如、地位や消費への渇望を燃料にしている。

それは、特大サイズのフライドポテトや高級ハンドバッグといったわかりやすい形の消費だけではない。欧米では、消費だけでなく、感情を爆発させたり、人を貶《おとし》めたり、被害者意識を持ったりすることにはまり込むことが奨励されている。

自制は、こうしたあらゆる浪費や不摂生への対処策になる。

凡人でも少しずつ人格を高める方法

では、4つの美徳を実践するにはどうすればいいのだろう?

常に衝動に抗うのではなく、自然かつ直観的に自制心が働く人格を築くにはどうすればいいのだろうか?

まずは、衝動的に判断を下さず、一呼吸置くことを意識してみよう。

「朝食を何にするか」「今日ジムに行くかどうか」「同僚から送られてきたトゲのあるチャットメッセージにどう返事を書くか」「1日の終わりにようやく手に入れた自由時間に何をするか」など、私たちは24時間の中で、それなりに重要な決断を100回程度は下しているはずだ。

人はこうした決断を、本能や感情に任せ、あまり深く考えずに反射的に行う。それが一番手っ取り早い方法だからだ。そして、後から振り返ったとき、状況のせいにしがちだ。「朝食を抜いたのは、遅刻しそうだったから」「辛辣な返信を書いたのは同僚のチャットメッセージが理不尽だったから」というふうに。

ここで、ストイシズムの知恵の美徳を思い出そう。

そう、自分がコントロールできることが何かを知るのだ。その境界線を引くのは簡単だ。

マルクス・アウレリウス・アントニヌスは、「外界で起こる出来事はコントロールできないが、自分の心はコントロールできる」と明言している。

心理学者のヴィクトール・フランクル（1905〜1997）は、「刺激と反応の間には空間がある。私たちはその空間の中で、その刺激に対してどんな反応をするかを選択できる。この反応の中に私たちの成長と自由がある」と述べている。

私たちは環境をコントロールできない。

だが、それにどう反応するかはコントロールできるのだ。

1日100回下す決断のうちほんの数回でも、フランクルが言う刺激と反応の間にある空間を見つけ、自分の価値観や計画を思い出せれば、次の機会により良い判断を下す力になる。

1日に1回でも、「私はこれをコントロールしている。この反応は自分の選択だ」と心の中でつぶやき、その瞬間に感じた衝動に任せた行動ではなく、正しいと信じる考えに基づく行動を選ぶことが、ストイシズムの道への一歩になる。

これは、決して怒りを感じてはいけないという意味ではない。私もしょっちゅう怒っている。ガッカリしたり、苛立ったり、恥ずかしい気持ちになったりしてはいけないというのではない。それらは、挫折や失敗に対する人間の正常な反応である。

大切なのは、**自分の怒りや恐れ、欲に目を向け、それらに振り回されない**ようにすること。人格と行動は好循環をつくり出せる。まずはいくつかの行動から始め、人格を鍛えていこう。結果として、多くの場面で適切な行動ができるようになっていくはずだ。

この好循環を加速するのが、習慣の力だ。

健康的な習慣は、反射的な脳に手綱をかけ、私たちを望ましい反応に向かわせる。過去数十年、科学や社会は習慣に大きな関心を寄せてきた。このテーマで書かれた多くの書籍が人気を呼び、「習慣の力」の重要性が広く知られるようになった。

人間の行動の多くが、習慣的なものであることがわかっている。そして、それは基本的に良いことだ。判断を下すたびに毎回考え込んでいたら、朝食を食べ終えることすらできなくなるだろう。

重要なのは、刺激に対しての自動的、反射的な反応と、ゆっくり時間をかけて判断できる場合に下せる適切な反応が一致するよう、習慣を訓練することだ。

習慣的に望ましい反応ができるようになると、重要な判断や反応、難しい判断や反応をコントロールするための認知的・感情的エネルギーは増えていく。

意図的に習慣を形成する方法はいくつかある。

チャールズ・デュヒッグは著書『習慣の力』（早川書房）の中で、「きっかけ（キュー）―ルーチン―報酬」というサイクルで習慣をつくる方法について説明している。

また、全世界で約2000万部も売れた『ジェームズ・クリアー式 複利で伸びる1つの習慣』（パンローリング）の中で著者のジェームズ・クリアーは「きっかけ―欲求―反応―報酬」というサイクルを提唱している。他にも様々な方法がある。ストイシズムと仏教がそうであるように、どれも道は違っても、目指す場所は同じである。

習慣がアイデンティティになる瞬間

2016年後半のある木曜の夜、私は初めてブログの記事を書いた。

当時、私にとって最新のスタートアップだったL2社のチームは、自分たちのビジネスを宣伝する良い方法はないか思案していた。

そして、すでに一般的になってから20年も経っていた「ブログ」という画期的なアイデアを思いついた。

日々の仕事を通して大量に文章を書いていた私は（投資家への手紙、顧客への売り込み等）、面白い切り口や特色のある文章を目指した。

とはいえ最初は、自分のことをライターだとは思っていなかったし、毎週きちんと予定どおりのことができるタイプの人間とも思ってはいなかった。私はどちらかというと、「思いついたらやる」タイプだからだ。

ともかく、最初の記事を書いた。内容は、マーク・ザッカーバーグを批判し、シリコンバレーのCEOたちのデートの習慣を揶揄する単純なものだった。

チームが図やチャートを加えてくれた。私たちはこれを「No Mercy/No Malice」（情けは無用、悪意なし）と名づけ、数千人の顧客リストにメールで送った。

するとと好意的な反応も返ってきた。

そして毎週、また木曜がやってきた。つまり、私は新しい記事を書かなければならなかった。徐々に新鮮味が薄れ、ブログの執筆が「やらなければならない仕事」のように感じられた。

それでも書き続け、記事を送信した。翌週、再び木曜になり、記事を書いた。

3回目の木曜夜の私の気分は、「日々、自己嫌悪の感覚が減ってきた」という記事のタイトルから察せられる。

最初の頃のワクワクした感覚はなくなっていった。だが、週を追うごとにブログへの注目や価値が高まり、まともな内容のものを発表できるようになると、やりがいが増してきた。

私の脳は、執筆行為を、記事の読者が反応してくれたときに得られる満足感と結びつけた。

すると、木曜夜は私にとって「きっかけ」（キュー）になった。

執筆そのものはラクではなかったが、コンピュータの前に座って最初の一文を書き始めることが習慣になったのだ。

それから1年がすぎ、2年がすぎた。私は締切を守り、安定した質の記事を書けるようになっていた。習慣は、私のアイデンティティになった。私はいつのまにかライターになっていた。

現在、「No Mercy/No Malice」の記事は当初に比べてボリュームが増え、分析的になり、より良いものになった。毎週50万人以上に送信され、2022年には優れたネット記事に贈られるウェビー賞を受賞している。

このブログは、「他人の力を借りなければ、偉大な何かは実現できない」という私の重要な信条を活用して制作されている。

私が代表を務めるProf G Media社には、「No Mercy/No Malice」を含む、私たちが管理するあらゆるチャネルに対応するチームがある。

それでも、毎週木曜の夜、私は愛犬たちのそばで、ラム酒のロン・サカパを飲みながら執筆している。私はライターだからだ。

私にとって5冊目の著書となる本書は、それまでの自分にとっての**不可能を可能にしたような本**だ。

今回は、初経験のことばかりだった。これまでの著書とは違い、自分で企画を考え、執筆し、編集し、出版したからだ。

それまでの私なら、概要を書くことも、それを出版エージェントに売り込むことも、週末や夜遅くまで執筆することもできなかっただろう。

たしかに、本書の企画は素晴らしいものだと自負している。だが、それはこの企画を本にできた力の1割でしかない。残りの9割は、毎週木曜の夜に培ってきた習慣の力のおかげだ。

「自分にとって、今すべき一番大切なことは何か？」

「今日から始めるべきことは何だろう？」

これらは、誰もが自問すべき問題だ。

前述した『ジェームズ・クリアー式 複利で伸びる1つの習慣』の著者ジェームズ・クリアーもこう述べている。

「あなたのアイデンティティは、あなたの習慣から現れる[13]」

「強い人格」がなぜ成功に直結するのか？

強い人格を築くことは、成功に必要な仕組みや基本原則をつくることだ。

それをどう人生に応用していくかは個人的な問題ではあるが、それだけには留まらない。

私は（今のところ）人の模範となるような善人ではないが、それでもこの15年で自分に合った方法で人格を磨き、それを豊かで有意義な人生を送るために活かしてきた。

この15年間が私にとって最も経済的に潤い、最も人間関係が充実していたのは偶然ではない。

ただ、私は若い頃から人格の大切さを意識していたわけではない。30代までは、欧米の物質主義的な価値観に従い、ドーパミンを刺激するようなことばかり追い求めてきた。

前述のように、私は特別な人間だった（と自分では信じていた）し、常に「もっと」を求めていたが、同時にいつも不満を抱えていた。

当時、最初の結婚後に起業した2社のスタートアップの経営に全精力を投じていた。だが、33歳のときに離婚し、2社の経営から身を引いた。

会社と距離を置いただけではない、すべてが嫌になった。結婚生活からも、業界からも、友人からも離れたいと思った。

この衝動を覚えたとき、「今の自分が手にしているものには、明らかに何かが欠けている」という直感があった。しかしそれ以上に、もっと自分勝手に生きたいという思いが強かった。私はただ自分のためにニューヨークに引っ越した。大都市で、少しだけ仕事し、うわべだけの友人（というよりパーティのパートナー）をつくり、好きなように生きた。

誰にも頼らず、誰にも頼られなかった。離れ小島に一人で住んでいるようなものだった。

作家のトム・ウルフは、「どんな人でも、ニューヨークではすぐに居場所を見つけられる」と言った。私も、すぐに一人でいることに慣れた。それは一人っ子だったからかもしれないし、知らない土地にきて、元々の内向的な地の性格が出てきたということかもしれない。何日も誰とも話をしなくても問題はなかった。

ニューヨーク大学で教鞭を執り、ロータスやパンゲアといった派手な場所でパーティを楽しみ、カリブ海のセントバーツ島で休暇をすごし、時にはヘッジファンドのアドバイザーを務めた。そんな生活をしていると、自分がますます利己的になっていくのがわかった。

私は毎日洞窟から出て、食べ物と、セックスと、狩り（お金を稼ぐ）のためだけに生きる原始人のようだった。空しさはあったが、それ以上の快楽が味わえた。

当時の自分に何が欠けていたかは、今になってはっきりわかる。

私は内なる羅針盤に従って意義ある目標を追い求めるのではなく、目に飛び込んでくる手っ取り早い刺激に反応していただけだった。最も私の注意を引いた刺激物は「お金」だった。

それは経済的自立を確立する手段としてではなく、人から認められるという、当時の私が中毒になっていたものを満たすために必要なものだった。

私は良い人間でありたいと思っていたし、母の世話もしたいと思っていたが、自分の価値を他人の目を通して見ていた。どうすれば経済的な成功者と見られるかについて、他人の基準を信じていたのだ。そして、私はステータスと快楽を手に入れた。

しかし、真の経済的自立と永続的な幸福からは遠ざかっていた。それ以外の生き方を知らなかったのだ。何が私を変えたのか？

きっかけは第一子の出産だった。とはいえ、あくまでもそれは自分の外側の世界で起きた出来事にすぎない。私が変わるためには、何らかの自発性が必要だった。

自分が父親になったことで、それまでの生き方に恥ずかしさを覚え、後悔を感じた。

そして自分を変えようと決意した。それが、私の旅の始まりだった。

これから述べることは、その過程で私が得た洞察である。

まずは失敗から学んだことについて、次に成功から学んだことについて触れたい。

「ハードワーク＝人格者」を信じた人の末路

「長時間働いている人は自制心があり、高潔で、強い」というのは、ウォール街からシリコンバレーに至るビジネス界に蔓延している、大きなウソである。

私も長年、この俗説を信じ、真面目に働いていた。

富は築いていなかったが、一生懸命働いた。だからこそ、自分は人格者なのだと思い込んでいた。

モルガン・スタンレーで働いていた20代の頃、徹夜は美徳とみなされていた。

「昨夜、どれくらい遅くまで残業していたか？」を合言葉に、エルメスのサスペンダーをつけたオスのゴリラのような猛々しいエリートビジネスパーソンが、胸を叩きながら互いに競い合っていた。エナジージェルを食事代わりに、ターキーサンドイッチをつくる3分の手間を節約しながら長時間働いた。

次章では、ハードに働くことをお勧めする。それは経済的自立のためだけでなく、人生を充実させるためにも欠かせないものだ。

「困難に率先して取り組め（Do hard things）」というのは、最高のアドバイスだ。ハードに働くことは個人的にも職業的にも成功に欠かせない。ただし、それだけでは十分ではない。さらに言えば、**それは最も重要なポイントではない**。

ただ一生懸命働くだけでは、資本主義という空虚なシステムにエネルギーを費やすだけだ。愛する人を養うために強くなり、正義を貫けるように力を手に入れなければならない。ただ仕事のためだけに働くのは、経済的な自慰行為にすぎない。

一生懸命働いていることを言い訳にする人が多すぎる。パートナーを軽んじたり、健康をないがしろにしたり、他人に対して無礼で残酷で搾取的であることを、ハードに働いているから許されると思っているのだ。

富の追求は、あくまでも建前のようなものだ。努力をすることと人格を磨くことを同一視するのは、耳に指を突っ込んでポリスの『ロクサーヌ』を大声で歌い、自分を本当に突き動かしているもの、本当に取り組むべきものの声をかき消すことに等しい。

ハードワークは必要だが、大きな代償を伴う。そのコストを最小限に抑えようとするか、無視しようとするかで、大きな違いが生じる。その良い例は出費だ。

20〜30代の頃を振り返ってみると、私にはお金を使うことに対する分別が欠けていた。「一生懸命働いたから、いいものを買って当然」「こんなに懸命に働いているから、貯金など必要ない。もっと稼げるようになる」と自分に言い聞かせていた。

次章の「フォーカスの法則」で触れるアドバイスは、第3章の「お金と時間の法則」で説明する支出と節約に関するアドバイスに従わない限り、意味をなさなくなる。

ハードワークと人格を誤って同一視すると、浪費癖より重大な問題を見えなくしてしまう。**私のキャリアの最初の20年間における最大の失敗は、他人や人間関係に投資しなかったこと**だ。

ハードワークはそのための都合のいい言い訳だった。すべて自業自得だった。うわべだけの友人関係やパーティだけでのつき合いは、責任を伴わなかった。誰も、金遣いの荒さを改めるように助言してはくれなかった。

だからこそ、**富を築くことは、全人格的なプロジェクト**でなければならないのだ。

幸福研究に関する衝撃の事実
――宝くじ高額当選者と下半身不随になった人のその後

1970年代、幸福について研究していた心理学者のドナルド・キャンベルとフィリップ・ブリックマンは、驚きの事実を発見した。

それは、「人生に大きな変化が起きても、人は新しい現実に適応するため、幸福度にはほとんど影響が生じない」ということだ。

彼らはある実験で、宝くじの高額当選者と下半身不随になった人たちを比較した。意外にも、宝くじの当選者の幸福度は、対照群の被験者と同程度だった。[14]下半身不随になった人たちの幸福度は、対照群よりもやや低いだけだった。

さらに、これらのグループの中で、将来について最も楽観的な見通しを持っていたのは下半身不随になった人たちであることもわかった。

宝くじの当選者をグループや賞金額を変えて調査した後続の研究では、幸福度がはっきり上昇していることが確認されているが、それは多くの人が「突然大金を手に入れた人」に対して想像するような飛躍的な上昇ではない。[15]

キャンベルとブリックマンは、この研究結果が示す現象を、「ヘドニック・トレッドミル（快楽順応）」という言葉で表現している。

人は目標に向かってどれだけ前進しても、その状況にすぐに慣れてしまうため、トレッドミルで同じ場所を走り続けるように、幸福度も一定の水準に留まるというのだ（図表3）。

『サピエンス全史』（河出書房新社）の著者である歴史家のユヴァル・ノア・ハラリは、「歴史上の数少ない鉄則の1つは、贅沢品は新たな必需品になり、新たな義務を生じさせることである」と述べている。

図表3　ヘドニック・トレッドミル（快楽順応）の仕組み

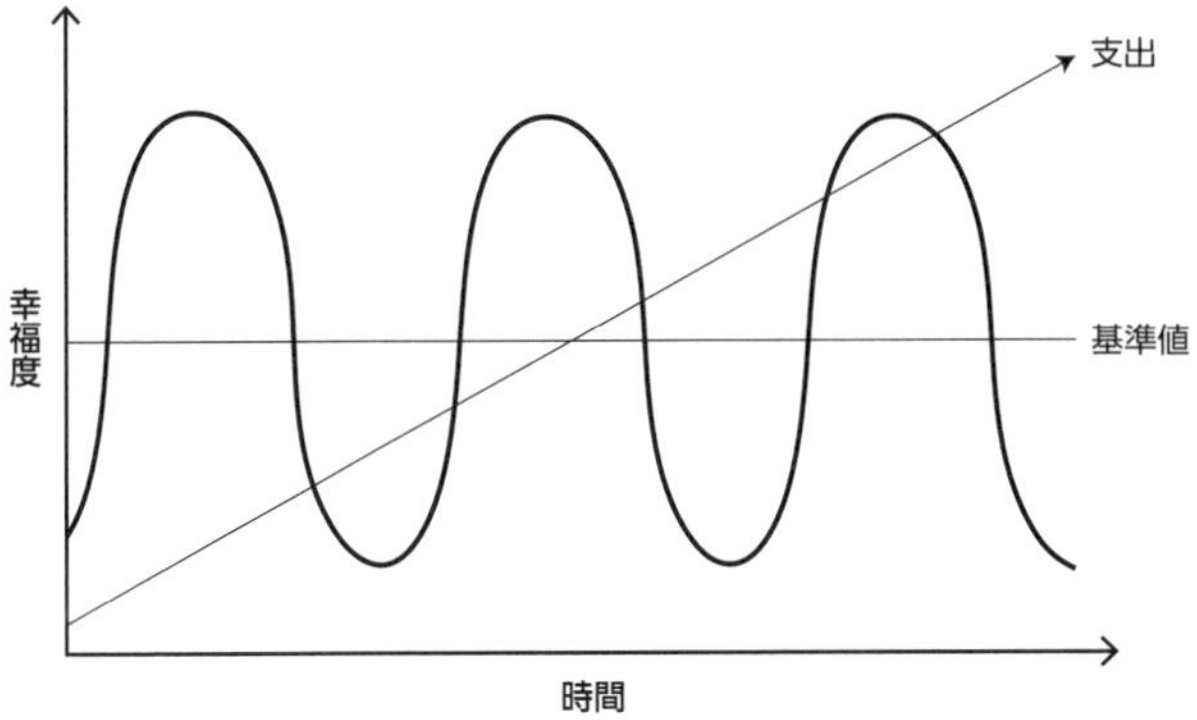

図表提供：TicTocLife

人は豊かになればなるほど、さらに贅沢な生活を求めようとする。それはいたちごっこのように終わりがない。同僚がブランド服を着ていると、自分の身なりがみすぼらしく思えてしまうことや（自宅で仕事をすればそのようなことがないので、被服費を抑えられるかもしれない）、よその家の子どもに負けないよう小学1年の子どものために家庭教師を雇うことまで（子どもがいると、収入レベルにかかわらず大きな出費を覚悟しなければならない）。

ある領域で生活レベルを少し高めるたびに、その他の領域をみすぼらしく感じてしまい、あらゆる領域の生活レベルを上げたくなる。

そうするたびに、さらに上のレベルが視野に入ってきて、生活レベルを上げるのは無理なことではないように思えてくる。

これは、単に少しだけいい生活用品に買い替えるというレベルの話に留まらない。

結婚して子どもができると、最高の医療を受け、できる限り健康的なものを食べ、安全な車に乗りたくなる。だが、もっといいくらしがしたいと思っても、収入のほうが先に増えていくことはめったにない。

シュミットのボートか？　ジョブズのボートか？

私はバートン&グレイという、ボートを共同所有するクラブの会員になっている。かといってボート好きではないので、個人でボートを所有することはないだろう。ボートを所有している私の知り合いはみんな、お金や手間がかかるといつもボヤいている。それでも、このクラブの会員になって予約すれば、物腰のやわらかいEQの高そうなサービスのプロが、高級ラム酒のサカパと氷とカシューナッツを積んだ素晴らしいボートに乗って目の前に現れてくれる。

そして、家族でボートに乗り、素晴らしい午後をすごせる。何と言っても、乗船を終えたら私たちを港に下ろしてどこかに去ってくれる。面倒なことは一切しなくていい。

先日、バートン&グレイのボートに乗ってパームビーチの港を出たとき、素晴らしいボートを見かけた。

私は基本的に船が好きではないが、そのときは「あのボートを所有したい」と思った。

私たちの（もはやその時点で安っぽく見えるようになっていた）ボートに乗っていたある友人によ

れば、そのボートのオーナーはエリック・シュミット（グーグル元CEO）なのだという。見事なものだ。

だが、シュミットのボートの横を通りすぎたとき、向こう側にスティーブ・ジョブズ（1955～2011）が発注したというボートが見えた（彼はそのボートが完成する前に亡くなっている）。シュミットのボートのほうが大きいが、ジョブズのボートのほうがカッコよかった。ひょっとしたらシュミットも、自分のボートの上に立ち、ジョブズが設計したボートを眺めながら、「あのボートを所有したい」と思ったかもしれない。

もっと豪華なボート、もっと速い車、もっと良い家は常にある。それでも、こうした物欲には物理的な限界がある。一個人がボートを所有できる数には限りがあるのだ。

お金の不幸な性質──持てば持つほど価値が下がる

一番たちが悪いのは抽象的な報酬だ。

私の大好きなテレビの人気コメディドラマ『そりゃないぜ!? フレイジャー』のエピソードに、主人公のフレイジャーと弟のナイルズが高級スパに入り、次から次へと上のVIPレベルがあることに気づく面白いシーンがある。

彼らがついに最高レベルのエリアに入ったと思って満足していると、さらに上のレベルに通じるプラチナのドアを発見。それまでの経験の価値がたちまち下がってしまう。

「ここは、本物の天国に行けない人のための天国だ」とナイルズは叫ぶ。

抽象的な報酬の王様は？　お金だ。お金はただの数字であり、数字は無限だからだ。

お金はどれだけあっても十分とは思えない。

映画『スター・ウォーズ』で、ルーク・スカイウォーカーはハン・ソロに、レイア姫を救出する見返りとして、「想像できないほどの報酬がもらえるぞ」と約束する。ハンは「俺はとてつもない額を想像できるぞ」と答える。お金を中心にして回る社会のやっかいな点は、誰もが「もっと多く」を想像できることだ。

お金には、常に「もっと」多くをほしくなるということではなく、**持てば持つほど価値が下がるという不幸な性質**がある。これは経済学で「限界効用逓減の法則」と呼ばれている。

銀行口座に100ドルしかなければ、1ドル増えることに意味があり、1000ドルあれば人生が変わるかもしれない。しかし、銀行口座に1000万ドルあれば、1000ドル増えても誤差の範囲でしかない。

幸福度と所得水準に関する研究もこれを裏づけている。

以前の研究とは違い、最新研究（2023年時点）では、所得が高いほど幸福度が高くなることがわかっている。[16] しかし、幸福度は所得の増加と同様のペースで上がるわけではなく、所得が高くなると相関関係がなくなる人もいる。

たとえば、収入が6万ドルから12万ドルに倍増した場合（金額的には6万ドルのアップ）の幸福度の増加は、収入が12万ドルから24万ドルに倍増した場合（金額的には12万ドルのアップ）と同じである。

収入が24万ドルの人が、再びこれと同じ幸福度の増加を得るには、収入が48万ドルに倍増（金額的には24万ドルのアップ）しなければならない。

これは、まさに限界効用逓減の法則だ。何かを多く持てば持つほど、そこから得られる単位あたりの利益は少なくなる。つまり、**稼げば稼ぐほど損**するのだ。

お金はあくまでも**ペンのインク**であり、あなたの人生の物語そのものではない。

そのインクを使って新しい章を書いたり、展開を華やかなものにしたりすることはできる。

つまり、その物語をどう描くかは、あなた次第なのだ。

お金とキャリアにまつわるセネカの名言

とはいえこのトレッドミル（快楽順応）は、罠だとは限らない。

あなたはそこから抜け出せないが、仕組みを理解すれば、奴隷にならなくてすむ。

研究によれば、幸福度の50%は遺伝によって決定されるという。これはみんな経験的に感じているだろう。あなたのまわりにも、いつも浮かれたように陽気で楽しそうにしている人と、いつも落ち込んでいるように見える人がいるはずだ（正直、そばにいる身としてはどちらもかなり迷惑だ）。しかし、遺伝的要因が50％ということは、残りの50％は自分でコントロールできるということ。[17]幸福かどうかは、状況や運に任せるのではなく、自分の力である程度変えられるのだ。

このトレッドミルを動かしているのは私たちの「努力」である。

努力できるかどうかも、ある程度先天的に決まっている。

努力できると「有益」だ。良い努力をするために大切なのは、精神的な充足感を得られるよう、外的な報酬を目標にすることだ。

若いうちはお金に目がくらむだろうが、お金はあくまでも目的を達成する一手段と自覚し、一定の経済的自立を目標にすべきだ。

それ以上のお金を得ようとするかどうかは個人的な問題だ。お金を得れば得るほど幸せになり、新しい人生の機会も得られるかもしれないが、リターンはある時点でマイナスになる可能性もある。

キャリアや（使いきれないほどの）お金に執着すると、本当の満足感の源である人間関係が失われていくからだ。

ローマの偉大なストア派の哲学者セネカは、「いくら価値あるものを所有していても、分かち合う人がいなければ、それを楽しむことはできない」と述べている。

成功者の多くは、価値あるものを手にするようになったとき、初めてこのことに気づく。

運を味方につけられる人、つけられない人

私自身、それなりにうまくいった要因を振り返ってみると、2つに集約される。

1つは1960年代にアメリカ人として生まれたこと、もう1つは私の成功に対して理不尽なほど情熱的だった母がいたことだ。

母は愛情の薄い家庭で育ったが、私に対してはこれ以上ないほどの愛情を注ぎ込んでくれた。常に私を素晴らしい存在とみなし、価値のある人間だと思ってくれた。それは私にとってまぎれもない愛情だった。

成功するかどうかは、その人がいつ、どこで生まれたかに大きく左右される。

だが、欧米社会では独立や自立がもてはやされ、良い結果も悪い結果も個人の努力の結果という暗黙のメッセージが広まっている。

運（自分にはコントロールできない力）が結果に果たす大きな役割を理解していないと、間違った教訓を得て、将来の成功のチャンスを減らしてしまうことになる。

成功者は、自らの成功に運が果たした割合を低く見積もりがちだ。これはトラブルの元になる。

彼らは、成功したのは自分の能力のおかげと過信し、参入するべきでない事業に資金を投じる。年俸10万ドルの若手セールスエグゼクティブがデイトレードに手を出し大損してしまうのもそうだし、億万長者が金にモノを言わせてサッカークラブを丸ごと買い取ってしまうケースもそうだ。

大きな成功を収めるほど、大きな失敗をしやすくなる。成功はすべて自分のおかげというウソを信じるからだ。

たしかに優秀で勤勉かもしれないが、自分一人で大きな成功は成し遂げられないし、タイミング（や他の運の要素）に大きく左右されていることを忘れてはならない。

個人差はあるものの、人はポジティブな結果は自分の手柄にし、ネガティブな結果は外的要因のせいにする傾向がある（これは「帰属バイアス」と呼ばれる）。

仕事やプライベートで、最近あった重要な出来事の結果について考えてみよう。うまくいった場合、その原因は何だったのだろうか？　うまくいかなかった場合、その原因は何だったのだろう？

どのような結果にも、うまくいった部分とうまくいかなかった部分があるので、どのケースでも原因を何か1つに特定すると、バイアスがかかり、危険だ。

帰属バイアス以外にも、運の役割を無視することは、まだ成功していない人にとっても危険なことである。

これは、「求めれば何でも手に入れられる」と考える人の致命的な欠点にも通じている。こう考えてしまうと、「成功しなければ、すべてあなたのせいである」ことも暗示しているからだ。

たしかに誰でもミスを犯すし、失敗はミスから生じることが多い。だが、物事は運や私たちの手に負えない出来事に左右されている部分も大きい。

初めて立ち上げたベンチャー企業を失敗させたからといって、それは失敗ではない。その起業家は辛い経験を通して、より賢く、ハングリーになれるはずだ。

チャーチルが語った「成功」の法則

私の人生には多くの失敗があった。それを乗り越えたからこそ、それなりにうまくいったのだと思う。

従来、成功の基盤は教育やリスクテイク、人脈などと考えられてきた。

だが最も重要なのは、ウィンストン・チャーチルの言葉にあるように、「熱意を失わずに、失敗を乗り越える意欲」なのだ。

失敗（と成功）を大局的に見れば、チャーチルのアドバイスには含蓄がある。

多くの人は運を過小評価する傾向があり、今この瞬間の重要性を過大評価している。

若い頃は特にそうだ。現在の感情的な状態が将来も続くと思っている。

だが、実際には必然的に基準値に戻っていく。喜びを楽しむと同時に、痛みを感じられる強い人格を築こう。

「人生では、嬉しいことも辛いこともすぎ去っていく」という永遠の真実を表すユダヤ経典の名言、「これもまたすぎ去る（This too shall pass）」を心に刻もう。

ある研究によれば、高齢者が人生で最も後悔するのは「心配しすぎたこと」なのだという。[18] 自分を強く責めていたような出来事も、振り返ってみれば大したことではなかったと気づくはずだ。また前述のように、何かを自力で成し遂げたと思っていることも、振り返ってみると、運の要素が大きかったと気づくはずだ。

この視点を養うには、出来事自体と、自分がその出来事をどう受け止め、反応するかを区別できれば簡単だ。

作家のライアン・ホリデイは著書『苦境（ピンチ）を好機（チャンス）にかえる法則』（パンローリング）の中で、「人間がいなければ、良いことも悪いことも存在しない。あるのは、出来事に対する認識だけ。出来事そのものと、それが何を意味するのかについて私たちが自らに語る物語だけだ」と述べている。[19]

出来事が重要でないというわけではない。しかし、出来事に対する私たちの即時的な認識は、誇張され、反応的で、感情的であることが多い。あらゆる出来事を大げさに煽る現代のメディアは、これをさらに悪化させている。そのせいで、あなたの目を曇らせないでほしい。

「最高の復讐」とは何か

私は自分の怒りの感情に手を焼いている。怒りのせいでかなり損をしてきた。

これは遺伝でもある。父は私にはあまり話をしなかった。魅力的な人物で、激しい気質の持ち主だったが、ときどき予測できない怒りをあらわにした。

たいていの男の子がそうであるように、私は父に魅了されていた。週末に車で迎えにきてもらったときは、助手席で父を見つめていた。父は独り言が多かった。厳密には独り言ではなかった。父はその場にいない誰かと話していた。おそらく職場の人だろう。会話は次第にエスカレートし、押し殺した声で悪態をつき始めた。父はいつも怒っていた。

私は怒りの感情が爆発すると、止まらなくなる。40代になるまで、どこに行くときでも想像上のスコアカードを持ち歩いていた。

どんな些細なことであれ、誰かに無礼なことや敬意を欠くような態度を取られたとき、私はスコアカードに点数を書き込み、同じことを相手にやり返し、イーブンにしてやろうと思っていた。なんというエネルギーの無駄遣いをしていたのだろう。私と同じ間違いを犯さないでほしい。誰かの行動で不愉快になったときも、相手の人生に何かが起きているかもしれないと想像してみよう。

その人は会社をクビになったり、離婚届を出したり、子どもが糖尿病だとわかったばかりなのかもしれない。あるいは、本当に性格が悪いのかもしれない。

でも、そんなことでこちらが消耗するのはバカらしい。些細なことや小さな無礼にいちいち反応する必要はない。もちろん、これは言うは易く行うは難しだ。

ただ、怒りを表現すると、苦境から逃れやすくなる短期的なメリットがある。

不満を我慢して溜め込むと、怒りを爆発させるのと同じくらいデメリットになりうる。

頭の中に、いつまでも怒りの種を住まわせてはいけない。怒りに向けるエネルギーは、もっと建設的なことのために使おう。

ストイシズムの怒りに対するアプローチは、**怒りの種に対して無関心になる感覚を養う**ことだ。

他人の行動はコントロールできないが、自分の反応はコントロールできる。

瞑想によって頭から雑念を消す人もいるが、私には無理だった。

その代わり、憎い相手を暗闇に放り込む訓練をした。自分の心の闇の中に、相手を閉じ込めるのだ。

私は、金融アナリストのリン・アルデンの勧めに従い、「敵を敵だとみなさず、人間だと考える。相手には自分のことを敵だと思わせておけばいい。自分はその経験から学び、前に進む」という方法を実践した。

怒りを感じたとき、そこから何かを学ぼうと（「今回の出来事の一因は自分にもあるのではないか？」「この状況や人間関係は修復できるだろうか？」等）努める。

そして、これ以上自分には打つ手がないと思ったら、相手を暗闇に放り込み、二度とその人のことを考えないようにする。

しかし、それだけでは必ずしも十分ではない。暗闇の中に留まってくれない相手もいる。だが、それでもかまわない。今の私は、復讐の方法を知っている。

怒りにうまく対応できるようになったのは、今から25年前、ハミード・モガダム（プロロジス社CEO）の助言のおかげだ。今でもその言葉が頭から離れない。

当時、私はセコイア・キャピタル社との数年間に及ぶ争いの真っただ中にいた。つまらない人間という印象を持っていた同社のパートナーと戦っていた（前述のように私は自分の怒りをやりすごすのにとことん苦労していた）。

私の愚痴を聞いたハミードは話を遮り、「スコット、最高の復讐は良い人生を送ることだよ」と言った。素晴らしいアドバイスだ。

ハイパフォーマーほどなぜ運動するのか？

ファイナンスとは直接関係がないが、ファイナンスに役立つものとして強くお勧めできるのは、よく運動することだ。

運動は短期的にも長期的にも、生活の質を全面的に向上させる最も効果的なことかもしれない。

私がこれまで一緒に仕事をしたり、知り合ったりしたハイパフォーマーの中には、朝型の人もいれば夜型の人もいた。神経質なほどにデスクを整理整頓している人もいれば、どれほど乱雑にしていても気にしない天才型の人もいた。内向的な人も、外向的な人もいた。

でも、ほとんどの人に共通しているのは、十分に運動していることだ。

研究データもそれを裏づけている。環境や社会、職業を越えた60件以上の研究を対象にしたあるレビュー論文は、「職場での体力づくり活動が、生産性向上にとって有効である科学的な証明には議論の余地がない」と結論づけている。[20]

自分に合った、楽しい運動ができる方法を見つけよう。時間を有効に使え、健康も生産性も向上できる。

私の経験では、運動に投じた時間はそれ以上の見返りを与えてくれる。

たとえば、週4〜6時間を運動に費やせば、活力が増し、精神的に健康になり、ハードに働けるようになるので、運動した分の時間を十分に取り戻せる。

運動と人格の関係は好循環を生む。

運動すればするほど目的意識が強くなり、目的意識が強くなるほど運動するようになる。[21]ハードに働いていると、ストレスで神経系に大きなダメージを受けるが、運動はその回復を促す。運動中に気分がよくなる神経化学物質が分泌され、睡眠の質も高まる。

97件の研究を対象としたあるレビュー論文は、運動はうつ病の治療において心理療法や薬物療法より50％有効であると結論づけている。[22]

最高のパフォーマンスを発揮する卓越した人たちを研究しているジャーナリストのスティーブン・コトラーは、「最高のパフォーマンスを発揮するには、運動が不可欠である」と断言している。[23]

近所の早歩きから登山まで、どんな運動でも効果があるが、しばらく身体を動かしていない人は、まずは早歩きから始めてみよう。心拍数が上がるくらいの速さで歩けば、頭がすっきりして気分も良くなる。そこから徐々に運動時間や強度を上げていけばいい。

私は、短時間の激しい運動とウエイトトレーニングが好きだ。ウエイトトレーニングについては、俗説が多いので気をつけよう。「身体が硬くなる」（実際には逆で柔軟性が高まる）、「筋肉がムキムキになる」（それを目的としたトレーニングをしない限り、そうはならない）などだ。

筋トレは気分や記憶力を向上させ、長期的な健康効果をもたらす。[24]

私の経験上、自信が高まり、力がみなぎってくる（私はよく「部屋に入ったときに、そこにいる全員を殺して食べられると思えるくらい強くなりたい」と言っていた。私は真剣だったが、まわりの人には眉をひそめられた）。

意思決定の4つの方程式

人生は大小様々な決断の積み重ねだ。「意思決定」が高校の標準科目になっていないのが不思議なくらいだ。書店には「意思決定」のコーナーがもっとあるべきだ。

ジョージ・ブッシュ元大統領は、自らの仕事を「私は決定者だ」と表現して非難を浴びたが、それでも大統領の仕事の本質を語っていたと言える。

ブッシュは、同じく元大統領のハリー・トルーマン（1884〜1972）が大統領執務室に掲げていた有名な座右の銘、「責任は私が取る」と同様のことを言っていたのだ。

ホワイトハウスには、簡単な意思決定やそれなりに難しい意思決定を下すための専門家集団がいる。大統領の机に届く決定は、残酷なまでに難しいものだけだ。

私たちも、人生の中でこうした難題に取り組まなければならないことがある。それに大統領とは違い、他の簡単な意思決定を処理してくれるスタッフもいない。

だからこそ、自分が普段どのように意思決定しているのか、どうすればそれを改善できるのかよく考えておく必要がある。当然ながら、誰もが正しい意思決定をしたいと思っている。本能的な直感は、人類が生き延び、子孫を残すための良い指針となってきたが、複雑な現代世界では問題は指数関数的に難しくなり、得られる報酬も巨額になっている。

現代人には、意思決定のための「枠組み」が必要だ。

枠組みとは、これからの人生をどう生きたいかを定義するのに役立ち、自分の思考にフィルターをかけるレンズとして機能する価値観のことだ。

ここで私が意思決定について学んだことを4つ列挙してみよう。

①資本主義の市場原理に沿って考える。最も価値を生み出すものは何か？　たとえ自分の考えとは**違っていても**、最も成功に近づける一手は何だろうか？

②自分の感情が訴えていることに耳を傾ける。ただし、必ずしもその指示に従わなくてもいい。直感は役に立つが、潜在意識から湧き上がってきた知恵の場合もあれば、扁桃体がパニックボタンを押しているだけだったり、単なる貪欲さや欲望だったりするかもしれないからだ（これはあなたを大きくつまずかせるものになる）。これらは区別しなければならない。

③大きな決断を下すときには、他人に意見を聞くことが不可欠だ（詳しくは本章で後述）。

④「自分がいつか死ぬこと」を基準にして重要な決断をする。ストア派哲学では、これを

「メメント・モリ（死を想え）」と表現している。

陰気な話に聞こえるかもしれないが、そうではない。私は無神論者で、死んだらすべてが終わりだと考えている。画家のフリーダ・カーロは、「出口は輝かしいものであってほしい。私は二度とこの世に戻りたくない」と述べた。死の間際にいる自分を想像することで、本当に大切なものを見極め、安らかな気持ちでこの世を去るのに役立つ決断を下せるようになる。私は、リスクを取ったことより、取らなかったことを後悔するだろう。

出世する人と出世しない人の違い

それでも、私たちはこれから何度も間違った意思決定をするだろう。だからこそ、決断力という重要なライフスキルを磨くには、間違った意思決定にどう対処するかについて学ばなければならない。

私は若い頃、リーダーシップと説得力があれば、どんな意思決定でも正しいものにできると信じていた。正しい意思決定をするより、自分の意思決定の正しさを証明することばかり考えていた。自分は素晴らしい存在だと過信していたからだ。

たしかに、すばやく決断できるとメリットが多い。決断スピードがあれば、方向を間違えたときにも軌道修正しやすい。

しかし、意思決定は速いが、軌道修正にアレルギー反応を示す人もいる。まわりはそれを信念があると勘違いすることがあるが、実際にはそうではない。

決断は指針や行動計画を示すものであり、自殺行為ではない。

新しい事実や説得力のある意見が提示されたときには、考えを改めなければならない。間違った道から一歩後退することは、正しい方向への一歩になる。

最近、ある成功した中小企業の経営者からこんな話を聞いた。

彼の経験では、出世するのは最高の意思決定をした人ではなく、「最も**多く**」意思決定をした人なのだという。

多くの意思決定をすれば、多くの反応を得ることになり、それが学びとなって決断力が磨かれていくということらしい。

1つひとつの意思決定は方向転換をする機会になる。意思決定の数が多ければ多いほど、間違った意思決定をしてもリスクを減らせる。

正しい意思決定を積み重ねていくと信頼を築けるが、間違った意思決定も、積み重ねることで「かさぶた」のように傷を覆ってくれるものになる。

円満な人間関係を築くストア派哲学者の言葉

長年、私の足かせとなっていた過ちは、「他人の力は重要だ。だから、人間関係を育む努力をする必要がある」と理解していなかったことだ。

現代のコミュニティは多層的である。家族や業界関係者、取引先、上司、従業員、日々顔を合わせるその他の人たちなど、大勢の人たちに取り囲まれている。

私が知る最も成功した人たちは、自らのコミュニティを通じて大きな価値を生み出し、それ以上のものをコミュニティに還元している。

人格の本質であり、成功に貢献する側面は、「相互依存」への感謝と信念である。

前述したスティーブン・コヴィーは『7つの習慣』の中で、他者との関わり方として「依存」「自立」「相互依存」の3つを挙げている。

このうち「自立」はアメリカ人の精神に根づいている。だが正直言って、自立を維持するのは難しく、長期的に見れば生産的ではない。自立は簡単に利己主義に変わりうるし、有害なことすらある。

コヴィーによれば、成功者は「相互依存」に基づく人間関係を築く。

これに相当するストア派哲学の言葉は、「共感（シュンパテイア）」である。

マルクス・アウレリウス・アントニヌスはこれを、「万物は相互に織り成され、互いに共感

図表4　チポラの「愚かな人」のマトリックス

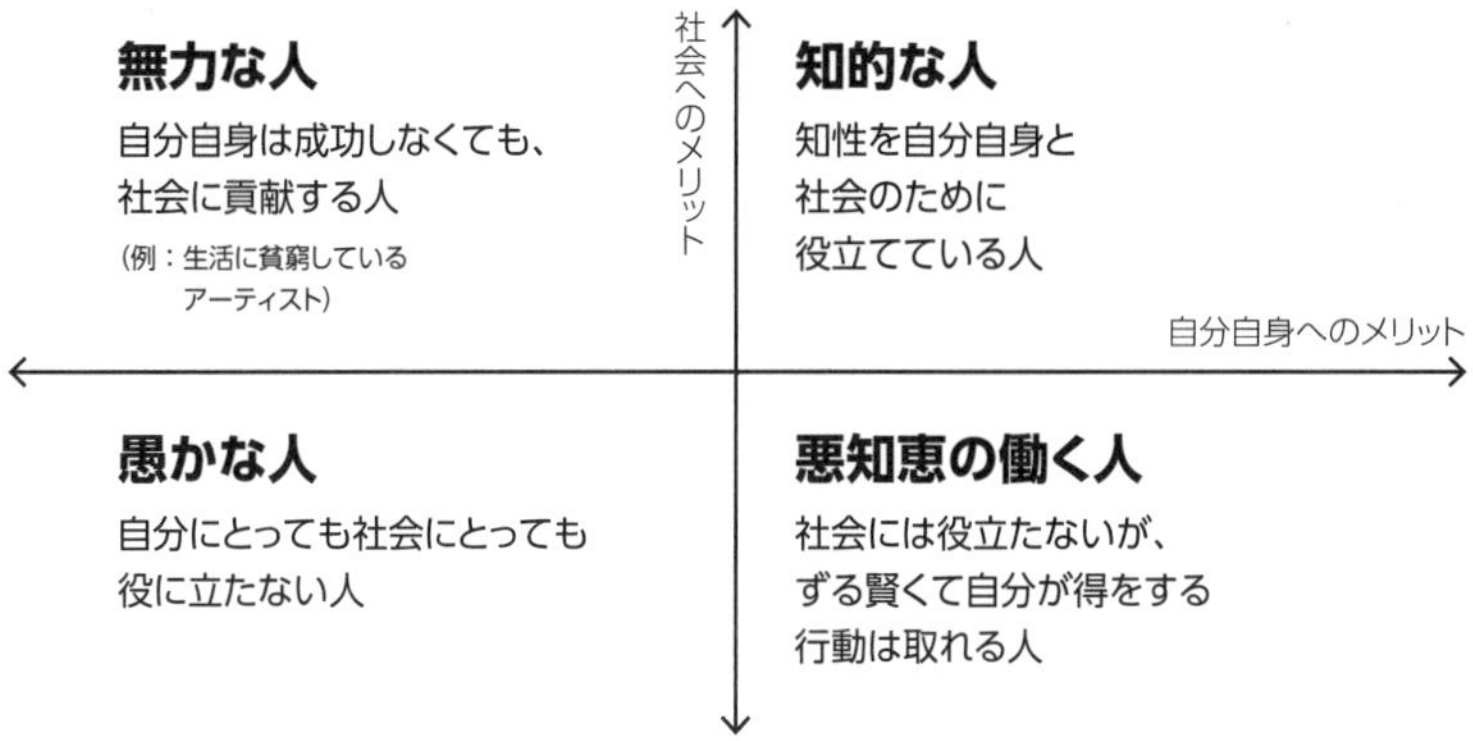

出典：Carlo Cipolla『The Basic Laws of Human Stupidity』

している」と表現し、「仲間を自分の手足のように、自分の身体の延長のようなものとして扱うべきだ」と説いている。

チポラの「愚かな人」のマトリックス

私たちの行動は、自分自身とまわりの人たちに影響を与える。その両方にメリットをもたらすことを目指そう。

イタリアの経済学者カルロ・チポラ（1922〜2000）は、著書『The Basic Laws of Human Stupidity（人間の愚かさの基本法則）』（未邦訳）の中で、チポラの「愚かな人」のマトリックスを用いて、個人と社会にメリットをもたらす（もたらさない）人々の集団を4つに分けて説明している（図表4）。

チポラは左下のマス（あなたが絶対に入りたくない場所）で、「愚かな人」を「他人に対して有害な行動を取りながら、何の利益も得られず、時には自分自身にとって有害な行動を取る人」と定義している。

誰かがこの「愚かな人」である確率は、他の特徴や肩書（たとえば博士号を持っている社長）とは無関係であるため、多くの人は概して「愚かな人」を実際より少なく見積もっている。

私たちは、「愚かな人」やその行動に対して脆弱である。「愚かな人」の行動は合理性を欠き、予測しにくいため、それを想像したり理解したりすることや、合理的な方法で防ごうとしたりすることが難しいからだ。

ドイツの詩人フリードリヒ・シラー（1759〜1805）が述べたように、「愚かさに対しては神々すらも無駄な戦いをする」のである。

こうした愚かさが存在することを認識し、自分自身がそうならないように気をつけ、「知的」であること、高貴であることを目指そう。

富を生み出すだけでなく、守るうえでカギとなるもの

金持ちは、よく風刺の対象になる。人気テレビアニメ『ザ・シンプソンズ』に出てくる、狡猾で不正直で、他人を騙すことによって富を得ているモンティ・バーンズがその好例だ。

しかし私の経験上、実際にはその正反対だ。富裕層には徳の高い人が多い。他人に親切で、勤勉で、浪費や贅沢を慎み、信念がある。それは驚くべきことではない。まわりから好かれ

ているほうが、そうでない場合に比べてはるかに成功しやすいからだ。人格が優れていれば、富を得やすくなる。

もちろん、どんなことにも例外はある。徳性が低いにもかかわらず、あるいはむしろそれを武器にして、大きな富を手に入れる人もいる。

しかし、だからといって彼らを手本にすべき理由にはならない。

それに、徳性が低いにもかかわらず富を得た人たちは、人生の道を踏み外すことが多く、結果として富を失いやすい。

間違いを犯し始めても、まわりから救いの手を差し伸べてもらえない。厳しいことを言ってくれる本当の友人もいない。いるのは、イエスマンだけだ。

人格は富を生み出すのに役立つだけでなく、富を守るうえでもカギになるのだ。

他人に奉仕する意識が大切な理由

他人に奉仕する機会を積極的に探そう。

たいていの人にとって、最も深くて強い人間関係の絆は家族になる。

伝統的に、モルモン教の家庭では収入（または財産）の10分の1を教会に寄付する。これは仕事をする強力な動機づけになる。自分の仕事が、崇高な目的に結びつけられるからだ。

私の経験では、崇高な目的のために意欲的に働くことで収入が上がるため、この10％のコストは十分に元が取れる。

民主主義国家は、指導者を有権者に奉仕させる。企業は、CEOを株主利益のために働かせる（理論上も、そしてほとんどの場合、現実にも）。

他人に奉仕する意識は、私たちが成功すればするほど重要になってくる。なぜなら、どんな分野であれ、成功は権力をもたらすからだ。

富という権力、他人のキャリアを支配する権力、世界を変える権力――どんな形であれ、権力は私たちにコストを軽視し、報酬を拡大させることを促す麻薬になる。

権力を持つ人は、そうでない人に比べ、本能に従って行動する心理的傾向が強い。

これは職場でのセクハラの一因になる。権力は無意識のうちに性的興奮に影響を及ぼす。性加害やハラスメントをする人に共通するのは、自分の誘いは歓迎されていると信じていること。権力は、人を勘違いさせる。

その解毒剤は、他人に奉仕する意識を持つことだ。

個人的なもの（子ども）、組織的なもの（教会、役員会）など、どんな形でもいい。

オリバー・ストーン監督の映画『ウォール街』で、利己的な欲望の権化と呼ぶべき登場人物ゴードン・ゲッコーが、自らの信奉者に向かって「友人がほしければ、犬を飼え」と言うシーンがある。彼がいかに利己的で下衆な人間であるかをよく物語るセリフだ。

だが、これは良いアドバイスでもある。それは犬が忠実だからでも（実際に忠実だ）、愛情深いからでもない。犬があなたを必要としているからだ。

あなたの「キッチンキャビネット」が守ってくれること

自分を危険から守ってくれる「ガードレール」として、身近にいる何でも相談できる人たちから成る、あなたの「キッチンキャビネット」をつくろう。

キッチンキャビネットとは政治用語で、大統領などの政治的リーダーを補佐する、少人数で構成される非公式の専門家集団を指す。

アンドリュー・ジャクソン元大統領（1767〜1845）が、政府以外の信頼できるアドバイザーの小集団と半定期的に会合を持っていたことに由来して生まれた用語だ。

この概念は、成功しているリーダーなら誰でも知っている。組織の外にいる、率直で利害関係のない助言をしてくれる人たちの集団のことである。

キャリアを積んでいく中で、自分を高めてくれるだけでなく、地に足がついていることを確認してくれる（率直な意見を述べてくれる）人たちをあなたのキッチンキャビネットに入れよう。

信頼できる人、あなたを一番に考えてくれている人、バカなことをしていたら遠慮なく叱

図表5　あなたの「キッチンキャビネット」は最強か？

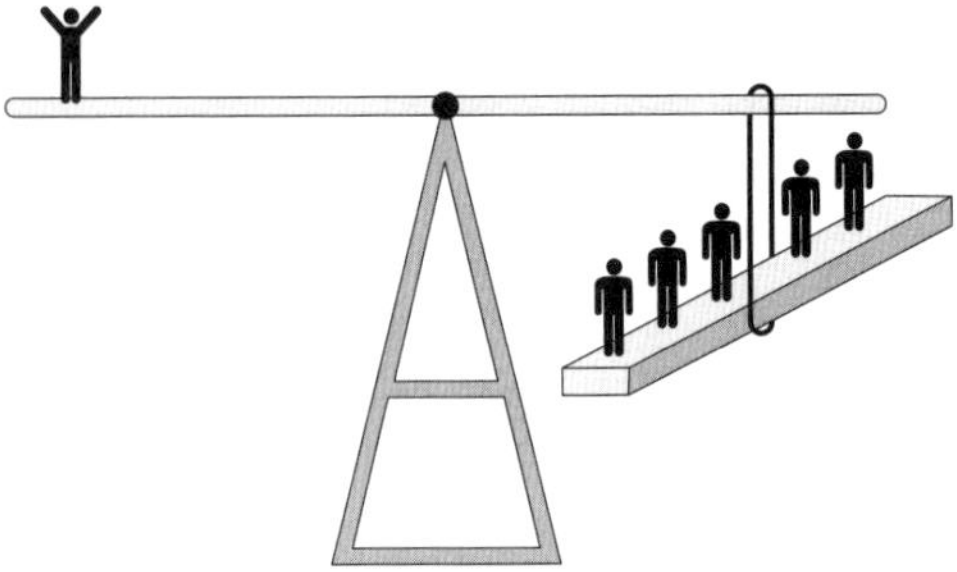

ってくれる人がいい。

彼らは、キャリアに関するアドバイスが必要なとき、ビジネスや個人的な決断についてのセカンドオピニオンが必要なとき、アイデアをぶつけ合える人が必要なときに頼れる存在となる。

キッチンキャビネットのメンバーが経験豊富で賢明であれば最強だ（図表5）。

しかし、彼らの最大の存在意義はそこにはない。最大の価値は、彼らが「あなたではない」ということ。ボトルの中からラベルを読むのは難しい。キッチンキャビネットは、あなたにどれだけ才能や努力があっても提供できないもの、つまり「別の視点」をもたらしてくれる。

アドバイスを求めても、相手の答えをそのまま受け入れなければいけないわけではない。

他人からのアドバイスがもたらす最大の価値は、アドバイスそれ自体ではなく、相手からの質問である場合が多い。つまり、あなたの考えの論理的根拠が試されることに価値があるのだ。

私は、どんなに自分勝手に振る舞っていた時期でも、他人のアドバイスに耳を傾けてきた（常にそれに従ってきたわけではないが）。信頼でき、私のことをよく知り、私が聞きたい答えではなく、本音を聞かせてくれる人に相談した。

何よりありがたかったアドバイスは、「何をすべきか」ではなく、「**何をすべきでないか**」だった。

これまでの人生で愚かなことをたくさんしてきたが、誰かに「それはやめておいたほうがいいと思う」と言われたおかげで、15台の車の玉突き事故を起こしていたかもしれないような無謀な行動を、何度も回避できた。

科学が示した「親切」の絶大なる効用

正しい行いをするのが難しい場合もある。

誰かに裏切られたときに感情を抑えたり、生産性が大幅に低下しているチームを管理したりするときは、人格が試される試練になる。

とはいえ、正しい行いが簡単にできることも多い。簡単すぎて、その機会を逃してしまうこともある。

だが、それは良くないことだ。簡単にできるときに正しい行いをすれば、本当の試練に直面したときに求められる寛大さや品格、相手への理解を習慣として身につけられるようになるからだ。人間性は行動に表れる。それを忘れないようにしよう。

正しい行いを習慣化するための方法として、「きちんとチップを渡す」というものがある。

これは、サービスをしてくれた相手にお金を渡すという意味に留まらない。

レストランやホテル、病院、タクシーの車内、さらにはサービスを受けにくい場所である空港でさえ、出会う人すべてに親切に接することだ。

私たちはサービスを中心とした経済の中で生きており、1日に何度もサービス労働者に出会う。こうした人たちとの触れ合いは、徳のある行動を実践し、人格を磨く機会になる。

カフェで頼んだものとは違う飲み物が運ばれてきたり、予約がダブルブッキングされていたりしたときなどは絶好の機会になる。

反射的に怒り、ミスをした見知らぬ相手を責めるか。それとも、上品に振る舞い、相手や自分を含め、まわりにいる全員の気分を良いものにするか。

親切な行いをすると、ストレスホルモンが減り、幸せな気分になれることがわかっている。他人のためにお金を使うと、健康的な食事と同じくらい血圧を下げられる。[25]

科学は、利他主義が鎮痛剤であることを示している。だから、フライドポテトをお代わりして、ウェイターにチップをはずめば、誰もが幸せになれる。私は科学が大好きだ。

お金持ちの友人とつき合え

人は幼い頃から模倣によって物事を学んでいく。

人間の潜在意識は、まわりの人がどう行動するかを常に観察し、それをマネた行動を取ろうとする。

私たちは身近な人の影響を強く受ける。これが何を意味するかは明白だ。

つまり私たちは、潜在意識にできる限り最良の手本を与えるべきなのである。脳は、自分の行動と他人の行動を結びつける。

脳内には、自分がある行動をしたときと、他者がその行動を取るのを観察したときの両方で活性化する「ミラーニューロン」と呼ばれる神経細胞がある（この神経細胞は他者が行動を起こしていることを**想像**したただけで活性化する場合もある）。

人間は社会的な動物だ。常に自分と他人を比べ、人から学び、集団の規範に従おうとする。

誰かと一緒に食事をしているだけで、食べる量が増えることもわかっている。[26]

人類は他の動物に比べ、仲間を模倣する傾向が極端に高い。[27] それは子どもの頃のおもな学習手段であり、大人になってからも継続する。

むしろ、大人のほうが無意識的に他人の行動をマネしやすいという研究結果もある。

子どもは問題の解決方法や、報酬が得られる行動だけをマネるのに対し、大人は教師のしぐさまでもマネする。これには、お金の使い方も含まれる。

若者の78％が、友人のお金の使い方を意識的にマネしていると答えている。[28]実際には、100％に近いのではないだろうか。

科学が示す多くの答えがそうであるように、哲学が先にその答えに到達していることがある。

2000年前、セネカは「自分を高めてくれる人とつき合うこと。自分を向上させてくれる人を歓迎しよう。その関係は相互的なものである。人は教えることによって、自らも学ぶのだ」と書いている。

「お金持ちとつき合え」というのは、私からのアドバイスの中でも特に物議を醸すものだ。抵抗や怒りを感じる人も少なくないだろうが、そう感じるのは「お金持ちとつき合え」と言われたことより、「自分の人生の障害になっている人間関係から潔く離れるべきだ」という副次的なメッセージに対してだ。

奴隷の哲学者エピクテトスが語った人づき合いのコツ

私は「幼なじみを全員切り捨てろ」とか、「銀行預金の額だけを見てつき合う人を選べ」と言っているのではない。長い年月をかけて培った人間関係には、他では得られない価値がある。真の友情は人生の宝だ。とはいえ残念ながら、昔は深かった友情も、時の経過とともに有害なものになることがある。

誰もが未熟さや利己的な生き方から抜け出せるわけではない。大人として成長できなかった友人は、誰にでもいるはずだ。

そうした人をマネるべきではないし、高校時代や最初の職場でたまたま一緒になったからといって、ずっとつき合い続ける義務はない。

ストア派で奴隷の哲学者エピクテトスは、こう述べている。

「昔の知人や友人に縛られ、同じレベルに引きずり下ろされないように注意すること。そうしてしまうと、人生は台無しになる。

こうした昔の友人に取り囲まれて以前と同じ人間のままでいるか、彼らとつき合うのを犠牲にしてより良い人間になろうとするか、どちらかを選ばなければならない。両方を手に入れようとすれば、進歩もできず、かつて持っていたものも維持できないだろう」

裕福な人とつき合うことで、どうすれば裕福になれるのか、その生活はどんなものかを間近で観察できる。これは私のように、裕福な家の出ではなく、お金にあまり縁がなく育った人間にとっては特に重要だ。

お金持ちには、お金持ちの知り合いがいるものだ。この人脈はかけがえのないものになる。

人脈があれば、能力不足や努力不足を補えるわけではない。しかし、人脈を活用する機会が得られるのは事実だ。

ただし、お金持ちの友人が言う投資話には注意が必要だ（正確には、お金持ちに限らず、どんな人の投資話も眉に唾をつけて聞くべきだ）。

失敗したことより成功したことについて話したがるのが人間だ。

投資の話をしている人は、自分だけは特別で、失敗せずにうまくできると思い込んでいる可能性が高い。しかし何事であれ、私たちは誰かが成功した話だけではなく、失敗した話から学ぶべきなのだ。

これからはお金の話をしよう

身近な人とお金の話をしよう。

お金持ち（や雇用主）は、「人前でお金の話をすべきではない、それはエチケットに反する」という考えを広めようとする。だが、それはデタラメだ。

私たちは資本主義社会に生きている。好むと好まざるとにかかわらず、お金はこの社会のオペレーティングシステム（OS）なのだ。

お金持ちは、他人にお金の話をしてほしくないと思っている。自分たちにとって都合の悪い話を他人に知られてしまうかもしれないからだ。

だが、ミュージシャンは音楽について語り、プログラマーはコードについて語り、ゴルファーはゴルフについて語る（ゴルフをする人はいつもゴルフの話をしている。それもあって、私はゴルフをやめたことを後悔していない）。


繰り返すが、好むと好まざるとにかかわらず、私たちは資本主義社会に生きている。ならば、なぜお金の話をしないのか？

収入に関する情報を集め、節税のための戦略を練り、自分の家計のやりくり能力を評価し、いざというときの蓄えが本当に十分かを考える。日常的にお金の話をすれば、お金に強くなれる。

パーソナル・ファイナンスで最も重要なこと

パーソナル・ファイナンスにとって最も重要な決定は、学校で何を専攻するか、どこで働くか、どの株を買うか、どこに住むかではなく、**どんな相手と結婚するか**だ。

配偶者との関係は、人生の中で最も重要な人間関係だ。それはあなたの経済的な道筋に大きな影響を与えるものになる。結婚して家庭を維持するのは、経済的観点から極めて効果的だ。

調査によれば、既婚者は独身者より77％裕福である。既婚者は、独身者に比べ、1年間の純資産増加率が16％高い[29]。また、既婚者は独身者より長生きし、統計的にも幸福度が高い[30]。

これには多くの理由があるが、私が特に「なるほど」と思ったのは、「配偶者がいると自分の行動に責任を持たなければならず、行動に責任を持つことは成功のカギであるため」というものだ。

CEOが取締役会や株主から責任を問われるのと同じように、あなたが成功するか否かに最も影響を与える配偶者は、目標達成を最大限にサポートしてくれる。

私の経験からも、うまくいっている夫婦は、双方が相手の期待に応え、助け合っている。

しかし、どんな決定もそうであるように、リスクはある。なかでも経済面から最悪な行動は離婚である。アメリカでは、離婚すると、男女ともに平均して4分の1の財産を失う[31]。

結婚生活をうまく営めるかどうかは、生涯をかけたプロジェクトだ。なかでもお金は、多くの人たちが認めたくないほど大きな問題である。

アメリカでは、男女ともに離婚の最大の原因は、浮気や子育て方針、職業上の選択などではなく、**お金に関する考え方の不一致**だ。

アメリカ人のカップルが口論する理由の第2位はお金である（第1位は相手の話し方のトーンや態度）[32]。

経済的に苦しんでいるアメリカ人の半数は、お金のなさがパートナーとの親密さに悪影響を及ぼしていると考えている。[33] お金がないと、人間関係にとって最大ではないにしても大きなストレスとなる。これはアメリカの低所得層の離婚率が著しく高い理由でもある。[34]

自分よりお金に強い相手と結婚することは大きなメリットになる（「お金に強い」とは「ケチ」という意味ではない）。

お金に弱い相手と結婚してもかまわないが（厳密に言えば、全配偶者の半数がそうしていることになる）、それによってどんなことが起こりうるかはよく考えておこう。

私には、信じられないほど派手な生活をしている友人がいる。彼の妻の浪費癖は病的だ。たとえば、彼女はディナーパーティの花代に平気で1500ドルも使う。本当の話だ。

彼らはお金の管理に関しては破綻している。それは2人にとって不安の種だ。お金とのつき合い方が不健全だと、人間関係は様々な形で蝕まれていく。

結婚したらすぐに、お金について真面目に話をしておくべきだ。結婚とは様々なことを意味するが、経済的な契約もその1つである。お金についてきちんと話をしよう。お金の話をタブー視することは、アメリカ社会の非常に良くない点だ。時間を見つけ、お金について全般的な話をしよう。

自分たちのお金に対するアプローチはどんなものか？　そのアプローチの具体的な証拠はあるか？（重要なのは、お金に対する望ましいアプローチではなく、実際にどんなアプローチをしているかだ）。どんな生活レベルを目指したいか？　その生活レベルを実現するために、それぞれがどんな貢献をしているのか？（最も重要な貢献は金銭的なものでないことが多い）。

状況が芳しくないときには、コミュニケーションが重要になる。

これは上司との望ましいコミュニケーション方法に似ている。

悪いニュースを知らせるのは悪くない。ダメなのは、大切なことをずっと言わずに隠しておいて、ある日突然、相手を驚かせてしまうことだ。

第1章のまとめ

◆思考と行動を一致させる

経済的自立は頭で考えたことではなく、行動したことの結果である。計画するだけでは達成できない。

◆時間をかけて人格を磨く

思考と行動を一致させるカギは人格だ。優れた人格は、人間の生物としての弱点と、その弱点を突く資本主義の誘惑に対する防御策（防弾チョッキ）になる。

◆衝動的に行動をしない

毎日、自分が無意識に無数の意思決定を行っていることを自覚しよう（「朝食を抜く」「相手のちょっとした無礼な態度に苛立つ」等）。

行動する前には、「私は自分の行動をコントロールしている。物事にどう反応するかは自分で選択できる」と自分に言い聞かせよう。

◆感情的に反応していることを認める

怒りや恥、恐れを否定しないこと。これは自然で健全なものだ。

しかし、こうした感情に振り回されるのは良くない。

時には、ストレスのはけ口が必要な場合もある。健全な方法を見つけよう。

◆習慣を培う

科学的方法に基づいて望ましい行動を習慣化し、無意識にできるようにしよう。

◆とにかくやってみる

考えてばかりで、行動できなくなる「分析麻痺」に注意しよう。計画と行動を取り違えないように。理論化するより、とにかくやってみて、早い段階で失敗をしていくほうが多くを学べ、早く成長できる。

◆金銭的な豊かさにはきりがないことをわきまえておく

モチベーションは必要だ。お金や地位などの報酬は強力なモチベーションになる。しかし、どんなに豪華な家に住んでも、どんなに高級な会員制クラブに入っても、上には上がある。お金は増えれば増えるほど価値が下がる。金銭的な報酬だけで幸せになれると期待しないこと。

◆運の役割を知る

人はうまくいったことは自分の手柄にし、うまくいかなかったことはまわりのせいにしがちだ。その逆の人もいる。自分の傾向を把握し、何かを評価する際にはそれを十分考慮に入れよう。

◆運動する

定期的な運動と、健康、成功、幸福との間にははっきりとした相関関係がある。運動に費やした時間は、生産性が上がるため、十分に元が取れる。筋トレやランニングはもちろん、どんなものでもいいので身体を動かそう。

◆良い意思決定をする

自分が普段、どんな方法で意思決定をしているかを意識してみよう。良い決断、悪い決断に目を向け、両方から学ぼう。おそらく死ぬときに後悔するのは、リスクを取ったことより、取らなかったことだ。

◆愚かなことをしない

愚かな人は、自分自身だけでなくまわりにとっても有害な行動を取る。成功は、健全な人たちとつき合えるかどうかに大きく左右される。

◆何でも相談できる人を身近に置く

ダメなことはダメだと遠慮なく言ってくれる人、自分とは違う視点で意見を述べてくれる人を大切にしよう。

これは、あなたが富や権力を手に入れたときに特に重要だ。なぜなら、年を取れば取るほど本音で厳しいことを言ってくれる人が少なくなるからだ。

◆サービスしてくれた人に親切にする

サービスをしてくれた人に親切に接したり、チップをはずんだりすれば、もっと良いサービスが受けられる。さらに、良いホルモンが分泌されるため、幸せな気持ちになれ、長生きにもつながる。

◆**お金持ちの友人をつくる**

お金持ちとつき合えば、裕福なくらしがどんなものかを間近で観察できるし、様々なチャンスにも恵まれやすくなる。また、裕福になりたいという意欲も高めてくれる。

◆**お金の話をする**

好むと好まざるとにかかわらず、お金は資本主義社会のオペレーティングシステム（OS）だ。日常的にお金の話をしよう。それは重要なことであり、避けるべきではない。

◆**配偶者やパートナーとの関係を大切にする**

あなたが下せる最も重要な決断は、誰とパートナーを組んで、チームとして人生を歩んでいくかだ。

パートナーとの関係は、あらゆる人間関係の中で最も重要なものになる。結婚がもたらす経済的なメリットは大きいが、それを維持するための努力や気配りがとても大切だ。

第2章 フォーカスの法則

☞ フォーカス
＋
ストイシズム
×
時間
×
分散投資

人生は何に「フォーカス」するかで決まる

人生は、何にフォーカス（集中）するかで決まる。

人間の脳は、感覚や潜在意識から受け取った膨大な量のデータを処理している。意識（自己の感覚）は、その膨大なデータの大部分を無慈悲にも無視することで成り立っている。

一瞬一瞬、私たちはただ1つの思考の流れを追いかけ、狭い刺激の流れを監視している。フォーカスとは、何に注意を払うかを選ぶことである。

生きている限り、毎週、毎月、毎年、誘惑や恐怖、もっといい生活が得られるチャンス、人生の分岐点などに出くわす。人生は選択の連続だ。人は目的もなくさまよい、ある年は偶然に人生が好転し、ある年は道を見失う。

その一方で、先見の明と柔軟性を持って、意図的に道を選び、人生を歩んでいくこともできる。フォーカスすることは可能なのだ。

経済的自立を築くには、数十年にわたる努力が必要だ。こうした努力は、フォーカスなくして維持できない。

私がある程度うまくいった要因はいくつもあるが、そのほとんどは自分にはコントロールできないものだった。

コントロールできたのは、誰でもコントロールできること。つまり、ハードに働くことだった。私は本当に一生懸命働いた――しかも、フォーカスしながら。

ハードワークはキャリアを前進させる馬力だ。だが、フォーカスがなければ、タイヤはその場で回転するだけで前進せず、燃料を無駄にすることになる。

とはいえ、ただ「何かにフォーカスしろ」と言うだけでは不十分だ。

この章では、自分のエネルギーを何に、どう集中させるべきかを、具体的に見ていく。

特に、キャリアにおけるフォーカスを中心に話を進めていく（私はキャリアを築くにはエネルギーの多くを仕事に集中させる必要があると考えている）。前述のように、富の方程式の大きなカギは、仕事への集中と収入アップだ。これは人生も充実させる。具体的なお金の話に進む前に、ここでじっくりと考えてみよう。

これから示すアドバイスは、私の成功と多数の失敗に基づいている。

また、同僚や顧客、学生、友人にとって有効だったアドバイスも紹介する。

アドバイスは、キャリアの道のりに沿った形で紹介していこう。

まずはキャリアの方向性の選び方についてのアドバイスを、次に、ある程度キャリアを積んだときに有効となるアドバイスを、である。

キャリアは多様で、常に変わりやすい。それでも私は、これから紹介する原則は、ほとんどの業界や、キャリアの選択に当てはまるものだと思う。

ハードワークなしに経済的自立を達成できるか？

よくいわれるように、人生では一度にすべてを手に入れることはできない。これは普遍的な真実だ。とはいえ、それがどう当てはまるかは人それぞれだ。私は、ある時期の生き方がその次の生き方につながるような人生を歩んできた。今は人生のバランスが取れているが、20代、30代の頃は違った。22歳から34歳までは、ビジネススクール（経営大学院）に通っていた時期を除けば、働いていたこと以外ほとんど記憶がない。オフィスで長い時間をすごしながら、頻繁に出張していた。

プライベートの予定はしょっちゅうキャンセルしていたし、逃した経験も多い。仕事人間だったせいで、私は結婚生活と髪の毛を失い、20代を犠牲にした。その代償は大きかった。でも今振り返ると、それだけの価値はあったと思う。たしかに、「こうしておけばよかった」と思うことはいくつもある。ただし、働く時間を減らすべきだったとは思わない。

富を築くには、多くの人が同じ道を選ばなければならない。

私のまわりにも、遺産を相続した人を除き、20年以上ハードに働かずに富を築いた人はいない。資産100万ドル以上の富裕層233人を対象とした最近の調査によれば、このうち

86％が週50時間以上働いていた。[35]

とはいえ、誰もがこれほどの時間と労力とエネルギーをキャリアに注げるわけではないし、そうしたいとも思っていないだろう。

私自身はこうしたハードワークなしに経済的自立を実現する（合法的な）方法があるとは思っていないが、時間を最大限に活用するための方法はある。

この章ではこれから、週に30時間働くか60時間働くかにかかわらず、その**時間を効率的にする方法**を紹介する。

特に、30時間程度しか働かないなら、その時間を最大限に効率的なものにすることは極めて重要になる。

フォーカスがもたらす好循環

仕事に割ける時間には実質的に限りがある。自分ではコントロールできない要因もあるからだ。

ただし、それを心理的な制限と一緒にしないこと。つまり、キャリアを積むための重要な時期（一般的に20代前半から40代までだが人によって違う）には、仕事を優先することを受け入れるべきだ。

それを受け入れ、仕事に多くの時間を費やすことにしたとして、あなたはその期間、仕事中心の生活をすることにずっと憤りを感じていたいだろうか？

これから見ていくように、得意な仕事をして金銭的に十分な見返りがあり、スキルを習得する情熱を感じているときには、仕事中心の生活を受け入れやすくなる。

これは、フォーカスがもたらす好循環だ。

対照的に、夜遅くまでの残業や休日出勤によって趣味や楽しみの時間を奪われること（さらに神経をすり減らしたり、仕事のことを常に頭の片隅に置いていたりする状態）に腹を立てているなら、最高のパフォーマンスは発揮できず、ミスも多くなる。最悪の場合、残りの人生を楽しめなくなるだろう。

今は、未来の自分をうまく想像できないかもしれない。だが、この未来の自分は、若いうちの努力をきっと感謝してくれるはずだ。

同様に、自分ではない誰かのフリをしたり、ハードに働かなければならない自分の境遇を恨んだりしてはいけない。

世の中には、人間関係に恵まれ、健康で、動物愛護協会のための活動に取り組み、グルメブログを書き、優雅な生活を送っているように見える成功者もいる。

おそらく、あなたはそのような人ではないはずだ（とはいえ、彼らも実際には傍目とは違う生活を送っている可能性が高い。彼らが水面下でどんな努力をしているか、どんな支えをまわりから得ているかはわからない)。

私は、自分がこの手のタイプでないことに早くから気づいていた。自分には才能があるが、ハードに働かずに経済的に成功するほどの才能はない、と。現実的に考えれば、あなたもそうだろう。自分の限界を受け入れよう。

フレキシブルな働き方を手に入れるには?

プライベートの時間に仕事を挟み込んだり、仕事をする時間帯を自由に決められたりすれば、働く時間は増やせる。

テクノロジーは知識労働をよりフレキシブルなものにしたが、その柔軟性はまだ平等に行き渡ってはいない。共同作業や管理職、大規模な組織での仕事では、決められた時間や場所で働かなければならないことが多い。クライアントや患者、顧客と直接やりとりする仕事も、フレキシブルな働き方は難しい。

仕事に投じる時間が少ない人ほど、フレキシブルな働き方の恩恵が得られる。また、まわりから評価されるほど、フレキシブルに働きやすくなる。

ただし、それは組織によって異なるから注意が必要だ。同じ会社に5年、10年と勤めていると、成績優秀者は(良い)経営陣の信頼を得て、仕事のスケジュールを調整しやすくなる。

けれども転職すれば、一から信頼を築き直さなければならない。

組織内での地位が上がるにつれ、管理職としての仕事をうまくやれば、柔軟に働けるようになる。

「彼らなら必ず成し遂げてくれる」というたしかな信頼を抱きながら、難しいタスクをチームに任せることほど、リーダーにとって気分が良いものはない（マネジメントはスキルであり、人柄でするものではない。このスキルは学べる）。

このように、仕事以外の時間をどうしても確保したいなら、職場で実績を上げ、「あの人は仕事ができる」と評判を高め、管理職になったら（組織で働いているなら）マネジメントスキルを磨き、部下に仕事をうまく任せられるようになろう。

仕事の効率化で一番大切なこと

あなたが結婚しているなら、仕事の効率を最大化するために何よりも重要なのは、配偶者と協力することだ。何事も2人で力を合わせれば、単独でやるより多くを成し遂げられる。うまく家庭を営んでいくには時間と労力が必要になるが、誰かと分担するとラクになる。これは、特に子育てをしている夫婦の場合に当てはまる。

しかし、結婚がキャリアにもたらすメリットは過小評価されている。

私が知っている本当の成功者のほとんどは、夫婦でチームを組むようにして、家庭や仕事の役割をうまく分担している。

バランスは、一日の中だけでなく、人生全体を通して追い求めていくべきものだ。

うまくいっているカップルは、たいてい一人ではなく、共同でバランスを取っている。

「私はキャリア担当」「私は家庭担当」など役割を固定しないようにしよう。

ここでも、フレキシブルな考えが役に立つ。私が創業したL2社の創業パートナーの女性は、子どもが小さいうちでも（テレビニュース関係の）キャリアに全力を注げた。夫が在宅ビジネスを始めたからだ。

夫も長時間仕事をしなければならなかったが、柔軟に働くことはできた。だから病気の子どもを学校に迎えに行ったり、家を訪れる業者に対応したりするときに、彼女はスタジオを離れなくてもよかった。

フォーカスとは、「NO」と言うこと

仕事以外にやるべきことが多くても、自分で思っている以上に働けるし、多くを成し遂げられるものだ。

私がこれを目の当たりにしたのは、ブランド戦略コンサルティング会社のプロフェット社

を立ち上げたときだ。

この会社の事業には、当初から供給面で制約があった。私は顧客を見つけた。それに合わせてできる限り早く会社の規模を大きくしたかったが、優秀な人材を集められなかった。

理由は明白だった。経験豊富なコンサルタントは、ビジネススクールを出たばかりの26歳の若者が立ち上げたばかりの会社では働こうとはしてくれなかったのだ。

追い込まれた私は、「出産退職をしてから数年経ち、社会復帰を望んでいるコンサルタント経験のある女性を雇う」というアイデアを思いついた。

こうした女性たちは、育児と仕事を両立させるために柔軟な働き方を望んでいた。しかし、当時の大企業ではそれは難しかった。大企業には簡単に人材が集まるので、わざわざそのような女性を雇う必要がなかったのだ。

私の会社は無名だったので、人を集めるには工夫が必要だった。

そこで私は女性たちに、時短労働をしてもいいし、週2、3日なら在宅勤務をしてもいいと言った（当時としては画期的なことだった）。

その結果、頭の切れる経験豊富なコンサルタントたちが働いてくれることになった。

この女性たちは、私たちの会社で最も生産的で貴重な戦力となった。

彼女たちは、実に多くのことをマネジメントしていた。顧客、社内の若手チーム、頭を使う仕事、さらには家事や育児。だから、効率的になるしかなかった。

一方、期限内に作業が終わらない社員は、仕事量は大して多くなかったが、それがたるみにつながっていた。

彼らはゆっくりランチをして、会社のデスクでこっそりファンタジーフットボール〈訳注：架空のチームをつくってポイントを競うシミュレーションゲーム〉をやり、結局、仕事が終わるまでダラダラ残業していた。「仕事は、忙しい人に頼め」とよく言われるが、まさにそのとおりだ。

すべてはフォーカスに戻ってくる。

フォーカスとは、「NO」と言うことだ。スティーブ・ジョブズは、「CEOとして最も重要なのは『NO』と言うことだった」と語った。

イーロン・マスクが史上最高の車をつくったときの口グセは、「この車の最高の部分は、削ってなくなった部分だ」だった。

重要なことに集中できるよう、物事をシンプルにして、合理化する方法を見つけよう。そして、それを実行しよう。

なぜ、夢を追いかけてはいけないのか？

若い人たちに向かって「夢を追い求めろ」と言う人は、決まってすでに金持ちだ。

しかも、鉄鋼業などの地味な産業で財を成している人が多い。

しかし、あなたがすべきことは、夢を追いかけることではなく、自分が能力を発揮できる仕事を見つけ、忍耐強く数千時間を費やして技能を磨き、道を究めることだ。

そうすると、自分が成長している感覚や、技能が向上している感覚が得られ、十分な収入がもらえ、まわりから認められ、業界の仲間も増える。

その結果、その仕事が何であれ、情熱を傾けられるようになる。

「税法」に夢を抱く子どもはいない。だが、懸命に努力して誰にも負けないほど税法に詳しい税理士になれば、多額の報酬を得て、将来の配偶者候補も見つけやすくなり、仕事でも存分に能力を発揮できるので、税法に対して大きな情熱を持てるようになる。

人は、嫌いなことを得意にはならない。だが、何であれそれを得意になり、習熟度を高めていけば、情熱を持てるようになるのである。

スティーブ・ジョブズに関する大いなる誤解

「夢を追いかけろ」というアドバイスが最悪なのは、ほとんどの人にとって、その情熱の対象が何かわからないことだろう。

スタンフォード大学の心理学者ウィリアム・デイモンによれば、26歳未満の人のうち、将来の夢をはっきり答えられる人はわずか2割しかいない。[36]

つまり5人に4人は、自分のやりたいことがわかっていないので、夢を追いたくても追いかけられないのだ。

それに、やりたいことを明確にできたとしても、それは周囲の意見に従っているだけというケースが少なくない。つまり、自分が本当にやりたいことより、世間から期待されていることをやろうとしているだけのことが多いのだ。

若い人たちが抱いている将来の考えをテーマにした研究によれば、若者の「夢」は極めて変わりやすく、影響を受けやすい。[37]

たとえば子どもは、学校の教室の壁に貼り出されているトピックに関連した夢を抱きやすい。しかし、地平線の先に輝き、私たちを導いてくれるような情熱の対象は、生まれながらに存在しているわけではない。それは、努力して見つけていくものなのだ。

作家のカル・ニューポートは、著書『今いる場所で突き抜けろ！』（ダイヤモンド社）の中で、彼が「情熱仮説」と呼ぶものを否定している。彼は、おそらくこの俗説の最も有名な提唱者であるスティーブ・ジョブズから話を始める。

2005年、ジョブズはスタンフォード大学の卒業式でスピーチし、「好きなことを見つけ、それをキャリアにしよう」と学生たちに呼びかけた。

このスピーチ動画はYouTubeで4000万回以上も再生されている。しかしニューポートは、ジョブズ自身のキャリアはこのアドバイスと矛盾していると指摘する。

アップル社を起業する前のジョブズの興味の対象は、瞑想やカリグラフィ（文字を美しく書く技法）、フルータリアン食（おもに果物やナッツを食べること）、裸足で歩き回ることなどで、最初にテクノロジーに関して興味を持ったのは、無料で長距離電話をかけられる装置をつくることだった（意味がわからない人は親に聞いてみてほしい）。

やがて天職に巡り合うが、これらの興味の対象のどれでもなかった。それは、自分以外の誰か（友人のスティーブ・ウォズニアック）がつくった趣味用のコンピュータを宣伝し、販売することだった。

ジョブズは自分の好きなことを仕事にしたのではなく、自分が**得意なこと**を仕事にした。消費者向けコンピュータ（後にジョブズはこれを「知性の自転車」と呼ぶようになる）のマーケティングに情熱を燃やすようになったのは、それが得意だったからだ。

「夢を追い求めろ」＝「搾取される覚悟をしろ」

「情熱がないと、人生の道のりの一歩を踏み出せない」と思い込んでいると、やりたい人の数が需要をはるかに上回る職業を目指すことになる。それは職業というより、趣味に留めておくべき活動だ。

プロの俳優のうち、その技術で生計を立てているのはわずか2％。全ミュージシャンの上位1%が、全レコード収入の77%を得ている。ビジュアルアーティスト全体の収入のわずか10%未満を、同業者の半数が分け合っている。[38]

デジタルメディアの登場はこうした状況を打破し、公平な収入の分配を促すと期待されていたが、実際には一握りの勝ち組の独占傾向を強めただけだった。

YouTubeチャンネルの上位3%は、同プラットフォームの全視聴回数の85%を獲得している。月間再生回数が約100万回に達したYouTuberでも、動画制作に情熱を注いだ見返りとして得られる年間収入はわずか1万5000ドル程度でしかない。[38]

エンターテインメント業界など、外からは華やかに見える業界の少数の権力者（キャスティングディレクターやプロデューサー、上級副社長等）は、安く使える才能の原石が常に業界に流れ込んでくるのを知っている。

だから、わざわざ自分たちで手間暇をかけて将来のスターを育てようとはしない。

この問題は、投資銀行やスポーツ、音楽、ファッションなどの業界にも見られる。

私の以前のクライアントであるシャネルは世界屈指のブランドであり、幅広い価格帯で極めて高い粗利益率を誇っている。

シャネルのオーナー一家は億万長者だ。同社には、無給で働くインターンがいた。

億万長者は、ファッション業界を夢見る人たち（その大半は若い女性）に時給7・25ドルすら支払わなくてもいいと判断したのだ。なぜか？

そうすることが可能だからだ。つまり「夢を追い求めろ」は、「搾取される覚悟をしろ」の同義語なのだ。

「夢を追い求めるべきではない」というアドバイスは、誰もが憧れるような華やかで競争の厳しい道だけではなく、現実的だと思われている職業を選んだ若者にも当てはまることがある。

たとえばロースクールには、『Law & Order：性犯罪特捜班』などの人気テレビドラマに影響され、弁護士という世間的には手堅くまっとうと思われている職業に憧れる若者たちが大勢入学してくる。だが、数年後には自らの選択を後悔し、弁護士の道をあきらめるケースが少なくない。

どんな職業でも、外側から（さらに悪いのはテレビドラマから）見えるものと、内側から見えるものは違う。内側から見えるものが必ずしも良くないというわけではない。だが、外から見えるものとは違うのだ。

たとえばプロスポーツ（特にチームスポーツ）の選手は競争が大好きだが、引退後に何が恋しいかと尋ねられたとき、彼らが答えるのは、試合に勝つことではなく、チームメイトとの友情や、無我夢中で競技に集中する瞬間、練習場で仲間と切磋琢磨した時間などだ。

どれも、そのスポーツの外側にいる私たちファンからはほとんど目にすることがないものだ。夢を追い求めると、キャリアだけでなく、夢そのものにも悪影響を及ぼす。

仕事とは困難なものであり、挫折や不公平、失望がつきものだ。夢だけでその業界に入ると、現実を知って熱が冷めるかもしれない。

『サイコロジー・オブ・マネー』（ダイヤモンド社）の著者モーガン・ハウセルは、「自分ではコントロールできないスケジュールで好きなことをするのは、嫌いなことをするのと同じようなものだ」と述べている。

たしかに、ジェイ・Zは夢を追い求めて億万長者になった。だが、あなたが彼のような人間ではないなら、夢は週末に楽しむものにすべきではないだろうか。

得意なことをすべき経済学的理由

情熱とは対照的に、才能は観察や検証が可能である。

才能は高収入につながりやすく、磨けば磨くほど良くなる。

情熱があれば、その対象をうまくできるようになるかもしれない。だが、才能があるほうが、間違いなく上達に近づける。

経済学では、労働者の才能と仕事との相性を「マッチ・クオリティ」と呼ぶ。

研究結果は、人はマッチ・クオリティが高い職に就くほど、パフォーマンスが上がり、早く技能が向上し、高収入を得られることをはっきり示している。[39]

得意なことをすると、好循環が生まれる。早く成果を上げられ、自信が深まり、さらに仕事に集中したくなる。加えて報酬をもたらす神経化学物質が記憶力と技能を向上させ、脳の働きも良くなる。やっていて辛くなく、楽しいので、長期間継続しやすい。[40]

「才能」とは何か

私は「才能」を広い意味で定義している。

一般的な定義は、「自分にとっては簡単だが、他人にとって難しいことは何か？」である。ちなみに、これはビジネス戦略の基本でもある（自社にできて、他社にできないことは何か？）。「才能」というと、楽器を上手に演奏したり、数学が得意だったりすることを連想するかもしれない。けれどもキャリアの成功には、もっと幅広いスキルが関係している。

私が起業したプロフェット社で最初にコンサルタントとして雇った一人にコニー・ホルキストがいる。

彼女はそれ以前、フランス語を専門とする大学教員、プロテニスプレーヤー、為替トレーダーとして働いていた。どれも、明確な才能が求められる仕事だ。

しかし、コニーが本当に得意なことは（彼女はそれをプロフェット社で気づいた）、人をマネジメントすることだった。

私は彼女ほど、計画をまとめ、チームをやる気にさせ、全員を共通の目標に向かわせることに長けた人を見たことがない。

彼女はその才能を発揮せざるをえない立場でもあった。私はコニーが入社した最初の週から、できる限り大規模で野心的なプロジェクトを立ち上げ、彼女に任せることにしたからだ。彼女はその期待に応えてくれた。

その後、コニーは自分のビジネスを立ち上げ、それ以来様々な企業のCEOを歴任した。テニスやトレーディングとは違い、「人のマネジメント」はとらえどころがなく、才能として特定するのは難しい。しかし才能を特定し、磨いていけば、これほど価値があるものもない。

一般的に、頭が良くて人柄が良ければ、優秀な管理職になれると思われている。だが、それは違う。マネジメントは明確なスキルであり、訓練によって高めていけるものでもある。そして同時に、他のスキルと同様、生まれつきの才能を持つ者が最もそれを開花させられるのだ。

私に大きなインスピレーションを与えてくれたのは、私と同じスコットという名前のスコット・ハリソンである。彼はユニークで魅力的な非営利団体、チャリティ・ウォーターの創設者だ。私はスコットがニューヨークのクラブプロモーターだった頃から知っていた。

スコットは重要な人を惹きつける魅力や嗅覚があり、うまく世の中を渡ってきた。彼は常に、どこに行けばいいのか、そこで誰に会えるのかを知っていた。

スコットは昔も今も、クールな人物だ。そして、それが彼の才能だった。

スコットはあるとき、自らの才能を単に夜の社交界で様々な人と出会うことだけに使うのではなく、資金集めに活かすことを思いついた。

そして、パーティの2次会の招待客リストをつくるように、チャリティ・ウォーターを支えてくれる寄付者を集めた。

スコットには他にも幅広い才能があり、チャリティ・ウォーターは様々な点で革新的で賞賛に値する非営利団体となった。けれども、スコットが人とのつながりをつくる才能を磨いていなければ実現しなかっただろう。

才能とは、他人にはできない（またはしようとしない）が、あなたにはできる何かのことだ。

大学卒業後、私はモルガン・スタンレーのアナリストとして働いた。同僚のほとんどは、私より仕事の準備をしっかりしていた。

彼らは学生時代に、この仕事をするのにふさわしいだけの知識を身につけていた。

一方の私は、運よくこの職にすべり込んだだけだった。

この部門の責任者は、大学時代に私と同じくボート部に所属していた。それだけの理由で、私が良い投資銀行員になれるはずだと判断したのだ。

同僚は金融やウォール街の文化をよく知っていて、「宇宙の支配者」と呼ぶべき絶対的存在だった上司との共通点も多かった。

何より、なぜ自分がこの会社にいるのかをよく理解していた。

私はどうあがいても、同僚のバージニア州フォールズ・チャーチ出身のチェットや、コネチカット州グリニッジ出身のシャノンより優れた投資銀行アナリストにはなれそうもなかった。しかし、私を採用した部門の責任者は、ある一点では正しかった。

大学のボート部に在籍していた私は、朝5時に起き、吐くまでボートを漕ぎ続ける生活に慣れていた。

つまり、苦しみに耐える術を学んでいた。だから、私は会社でとにかく猛烈に働いた。チェットとシャノンが深夜2時に退社するとき、私はまだオフィスにいた。彼らが朝8時に出社してきたときも、私はまだオフィスにいた。

デスクの引き出しに入れていた予備のシャツに着替え、そのまま働いた。

毎週火曜は、朝9時から36時間ぶっ通しで働いた。そのことが、社内で知られるようにもなった。

当時のモルガン・スタンレーでは、それは価値あることとみなされていた。

もしこれがめちゃくちゃな話に聞こえるなら、そして猛烈に働くことを自慢しているように聞こえるなら、その感覚は正しい。

私のアドバイスは、「徹夜で働くために徹夜で働くこと」ではない。もし私がチェットやシャノンと業績を争いながら、もっと睡眠時間を増やせたら、そうしていただろう。だが、それができなかったから寝ずに働いたのだ。

重要なのは、**他人にはできない（やりたがらない）が自分にはできる何か**を見つけること。努力できるのも、好奇心があることも才能だ。忍耐や共感も才能だ。レスラーやボクサーが試合に合わせて減量できることも、騎手の背が低いことも才能だ。

視野を広げ、スキルだけでなく、自分の長所や他人との相違点、許容できること、個性とは何かを考えよう。時間をかけ、頭をやわらかくして、自分と対話しよう。

私はどうやって本当の才能を見つけたか

私が自分の本当の才能（苦しみに耐えること以上のもの）を見つけるまでには、長い年月と多くの勘違いが必要だった。

コンサルティングからeコマース、ヘッジファンドへ、私は他人に好印象を与えられそうな業界を渡り歩いた。だが、自分の軸が見つからなかった。

とはいえ、私はニアミスをしていた。どの職も、私が純粋に才能を発揮できること、つまりコミュニケーションと関わるものだったからだ。今思えば明らかだが、当時の自分にはまだそれがわからなかった。

ニューヨーク大学で教え始めた38歳のとき、私は自分の本当の才能にグッと近づいた。それが本当の意味での私のキャリアの始まりだった。

最初は15人、次に50人、最終的にはＭＢＡコースの2年生３００人の前に立ち、1回１４0分、全12回の講義でブランド戦略やデジタルマーケティングの原則を伝えていく中で、私のコミュニケーションの才能は磨かれた。

その後、毎週ニュースレター（「No Mercy/No Malice」）を書き始め、毎週YouTube動画を制作し、初めての本を執筆し、有料の講演を始め、ポッドキャストを２つ立ち上げた。

その過程で、私の才能は真のキャリアとして開花した。

才能が開花したおかげで、私は経済的自立を達成した後も、ずっと働き続けている。

こう書くのは（おそらく読むほうも）気恥ずかしいが、それは私の猛烈な情熱となった。

遠回りしながら自分の才能を見つけたことには利点もあった。特に、起業家やコンサルタントとして長年働いたことで、人に伝えるべき経験ができたことが大きい。とはいえ、それは贅沢な回り道であり、効率的な最短ルートではなかった。あなたはもっと意図的に、自分の才能を見つけられる。

自分の才能の見つけ方

では、自分の才能を見つけるにはどうすればいいのだろうか？

ほとんどの人は、人生の最初の20年前後を学校ですごす。しかし、現在の教育システムでは、自分の特性を知ることより、どれだけ生産性を高められるかが重視されている。

才能は、求められない限りその姿を現さない。教室では、社会で活かせる才能のほんの一部しか刺激されない。

だから、様々な状況、立場、組織に身を置くべきだ。ボランティア活動や学生自治会、アルバイト、スポーツなど、自分の才能を発掘できる環境を早い段階からいくつも試してみよう。

何がうまくいかないのか、何が苦手なのかを探るのは、自分の得意なことを見極めるために不可欠だ。

このような自分探しは、時間のある学生時代やキャリアの初期にするといい。人によってそれぞれだが、一般的には、20代は自分に合った仕事探しの時期、30代は自分の選んだ分野で能力を磨く時期、40代から50代は収穫の時期と位置づけよう。

既存の性格検査も、才能探しに役立つ。私はこの種の検査の熱烈な支持者ではないし、これらの検査は科学的根拠も確固としているわけではなく、批判的な意見もある。[41]

それでも、検査をするのに大した時間はかからないし、結果を参考にしながらキャリアの初期段階で小さな軌道修正をすることが、後の人生に大きな利益をもたらす可能性だってあるはずだ。

億万長者のヘッジファンド・マネジャー、レイ・ダリオは性格検査の信奉者で、自社のブリッジウォーター・アソシエイツ社でも活用している。

同社では、従業員に自らの才能をよく理解させるために、ダリオが「野球カード」と呼ぶものを用い、「創造性」や「外向性」などの様々な側面から従業員同士に評価を行わせている。私はこれは行きすぎだと思うが、ダリオには私が間違っていることを示す2000億ドル（同社の運用資産）分の理由がある。

最もよく知られている性格検査は「マイヤーズ・ブリッグスタイプ指標（MBTI）」と呼ばれるものだ。

この検査では、一連の質問に答えることで、自分の性格が4つの次元（訳注：「外向型か内向型か」「感覚型か直感型か」「思考型か感情型か」「判断型か知覚型か」）に沿って評価される。

多くの人にとって、この検査結果は特に驚くべきものではないだろう。

しかし質問に答え、結果を読むことで、何らかの気づきが得られるはずだ。自分の性格特性がアルファベット4文字のカテゴリーに分類されるので、その概要を読んでほしい。

他の性格検査に、ギャラップ社の「クリフトンストレングスオンライン才能テスト」（ストレングスファインダー）がある。

この検査は、才能の特定を明確な目的にしている。アセスメントテストを受けることで、34個ある資質の中で自分にとって最も特徴的な5個が明らかになり、「強み」を把握できる。もちろん、こうした性格検査をする以外にも、自分の本当の才能を明らかにする証拠は探せる。あなたはまわりから、どんな役割を求められることが多いだろう？　得意なこと、苦手なことは何だろう？

キャリアに活かせる深い才能を見つけるために、こうした表面的な経験の下にある、自分の本当の資質に目を向けてみよう。

なぜこのような経験をしたのか、理由を考えてみよう。

素晴らしいパーティを催したことがあるからといって、パーティプランナーになる必要はない。けれども、あなたには創造性や、物事を順序立てて進める力があり、宣伝や販売が得意で、起業家的スキルに優れ、自分の望みどおりに人を動かす力（パーティにきてもらうこと）があるかもしれない。これらを総称してリーダーシップと呼ぶ人もいる。

過去の成功（と失敗）を振り返り、それを成し遂げるために必要だったスキルをいくつか挙げてみよう。

それぞれのスキルを自分自身で評価してみる。成功の原動力になったもの、失敗の原因になったものは何か？（もう一度言うが、自分の苦手なことを知るのは、得意なことを知ることでもある。

この2つはコインの裏表のようなものだ)。

何か夢中になっていることがあるなら、細かく分析してみよう。具体的に、何に楽しさを感じているのか？　おそらくそこに才能を発揮するためのヒントがある。その才能を使って他に何ができるだろうか？

夢を追い求めないほうが何千倍もいいくらしができる

残念ながら、あなたの本当の才能が、若い頃に抱く「やりたいこと」と一致するケースはほとんどない。それは、「ドジャースの先発ピッチャーになりたい」といった子どもらしい夢以外にも当てはまる。

私たちは働き始めてからも、「親がどんな仕事をしていて、どんな価値観を持っていたか」「身近な友人がどんなことに秀でていたか」「大学卒業後にたまたま就いた職で何が評価されたか」といった、ごく限られたデータに基づいて将来の道を決めようとする。

だから、「自分の才能を発揮できる領域は、おそらく自分が想像しているものとは別のところにある」と考えるのは難しい。そもそも、そうした考えがあること自体気づきにくいのだ。

その結果、すぐ近くに答えがあるのに、無駄骨を折ってしまう人もいる。

私が経営していたプロフェット社の初期の採用者に、金融業界で数年の経験があったジョニー・リンという若者がいた。

彼はとにかく数字に強く、定量的な分析能力に長けていた。まるで、ミュージシャンが手に取った楽器をいとも簡単に演奏するかのように、優雅に計算した。

雑多なデータを渡すと、それを表計算シートにきれいに移し替え、こちらの質問に理路整然と答えてくれた。まわりはみんな天賦の才能に感銘を受けていたが、例外が一人だけいた。

ジョニー本人だ。彼はパワーポイントのスライドを駆使してストーリーを語る「戦略のプロ」になりたいと考えていた。

ジョニーはその後、小売業界でキャリアを積み、数字の才能を買われ、複数の会社で次々と管理職に昇進した。

やがて彼は自らの才能と折り合いをつけ、数字に強いという自らの特性を、最高マーケティング責任者や社長といった重要な立場で役立てる方法を学んでいった。

同時に、自分の弱点を補うために努力し、コミュニケーション力も磨いた。

ジョニーのキャリアから学べる教訓は、才能を活かしつつ、限界を定めない生き方をすることの価値だ。このように、優れた才能がありながら、本人がその価値に気づいていないケースは多い。人は自らの才能を過小評価し、他人の才能を過大評価する。

自分が当たり前のようにできることは大したことだとは思わないが、自分にとって難しいことを誰かがやっているのを見ると、その才能に驚かされる。だが、実際にはその誰かも、自分にできないことをあなたがしているのを見て驚いているはずだ。

自分の才能を見極めようとしても、様々なものに邪魔されることがある。

私が運営するProf G Mediaの編集長ジェイソン・スタヴァースは、弁護士として成功し、今では優れたライター兼編集者だが、本当はプログラマーになりたかったという。

なぜその道に進まなかったのか？

子どもの頃からプログラミングに魅了され、自然に親しんでいたにもかかわらず、カッコ悪いという理由で敬遠していたのだ。

「プログラミングが好きだと言うのは恥ずかしかった。13歳のとき、シリコンバレーに住んでいたにもかかわらず、コンピュータ室にいる姿を誰にも見られたくなかった。女の子にモテることを気にしすぎていたんだ」

世の中は騒がしい場所だ。雑音に耳を塞ぎ、心の声に耳を澄ますのは簡単ではない。

とはいえ、あなたの夢を砕く前に、注意事項がある。

若い頃から「情熱のカテゴリー（スポーツや芸術等）」でずば抜けた才能を発揮しているごく一部の人（全体の1％未満）は、そのまま夢を追い求めてもいい。

それはまさに自分だ、という確固とした実績や自信がある人は、その道を進むべきだ。

それでも、自分の才能が本当にそこにあるのか、そして（さらに重要なのは）世の中がそれを認めているのかどうかを早い段階で評価できるよう、明確な指標を設定すること。「情熱のカテゴリー」で生計を立てるには、全体の上位0・1％に入る必要がある。

他の職業（5歳児が「大人になったら何になりたい？」と聞かれ、まず答えない職業）では、それに就くだけで安定した生活ができる。

つまり、夢を追い求めないほうが、夢を追い求めるより何千倍もラクでいいくらしができる。そのほうが、経済的自立を目指すのもはるかに簡単だ、やりたいことは週末に楽しめばいい。

【スタンフォードの思考実験】「情熱に従え」というアドバイスは本当に正しいのか？

才能探しのハッピーエンドは、それが本物の情熱につながることだ。

それは、子どもの頃のたわいのない夢ではなく、有意義なキャリアをもたらす、持続的で、長年のハードワークを乗り越えるために必要な情熱だ。

その源は熟達（マスタリー）にある。熟達とは、難しいことを「最高に巧みにやっている」という感覚を持ちながら行うことだ。

スタンフォード大学の大人気講義に基づいた書籍『スタンフォード式 人生デザイン講座』（早川書房）の中で、同大学のビル・バーネットとデイヴ・エヴァンスは、「情熱とは、優れた人生設計の結果として生じるものであり、その逆ではない」と述べている。

(才能＋フォーカス)→熟達→情熱

熟達には、とてつもないほどの価値がある。しかし、時間をかけて何かに熟達した経験を持たない若い人たちに、その価値を伝えるのは難しい。

私の経験上、20代前半、あるいは20代後半の人で、一筋縄ではいかない探求の果てに熟達の境地に到達した人はわずかしかいない。

青春時代をスポーツに捧げてきたエリートアスリートですら、プロになりたてのときはルーキーであり、ベテランに比べれば未熟なプレーをするものだ。

大人でも、技術の習得には何年もかかる。作家のマルコム・グラッドウェルは、何かに熟達するには1万時間の訓練が必要という考えを広めた。

才能を磨いて熟達に至る道は、改良を重ねて良い製品をつくることに似ている。

イノベーションは漸進的に起こる。

重要なのは、まず製品を出荷し、**少しずつ改良**していくことだ。

私が立ち上げたどの会社でも、最初につくった製品は、2年後には別物と呼べるほど改善されていた。

私はテレビで成功することにこだわってきたし、テレビ出演に熟達しようと何年も努力を続けてきた。私たちが最初につくったYouTube動画の出来はひどかった。

だが重要なのは、とにかくその動画をつくり、公開したことだ。

私たちはどんなことがあっても動画をつくり続けた。何年も続けていくうちに、様々な点で技術が向上していった。照明や音響、デザイン言語の一貫性、コンテンツの準備や台本の書き方。最終的には、2020年に世界的なデジタルメディア「VICE」から番組のホストをオファーされるまでになった。

初回のエピソード（私たちはプロとして初めて契約書に署名した）をつくって妻に見せたところ、彼女は泣いた（嬉し涙ではなかった。それくらい出来が悪かったのだ）。

私たちは新人だった。しかし、時間の経過とともに改善していった。

2年後にはブルームバーグで番組のホストを依頼され（結局は実現しなかった。この件には、私が上半身裸の写真をSNSに投稿して批判の的になるという、話せば長くなるエピソードも関わっている）、その1年後にはCNNのストリーミングサービス「CNN＋」で番組の司会をした。

CNN＋のサービスが終了したとき、BBCが新しいストリーミングネットワークでの番組のホストを打診してくれた。良い番組になるはずだったが、その後、メディア市場に動きがあった関係で、結局、このネットワークは開始されなかった。

しかしかまわない。経験を重ねるごとに私たちの番組は良くなっていき、今では様々なネットワークから定期的に番組のオファーがくるようになったからだ。

ポイントは、熟達だ。

私はまだテレビの世界を制覇していないが、自分の得意分野が「大勢の人の前に立ち、ビジネスの話や関心のある話題を伝えることだ」とはっきり言える。

テレビに出演しているとき、私はフロー状態に入る。

これは心理学者で『フロー体験喜びの現象学』（世界思想社教学社）の著者であるM・チクセントミハイが提供した、熟達に特徴的な感覚で、活動に深く集中し、自意識や時間の感覚さえも失ってしまう没頭状態を指す。

フローはパフォーマンスを高め、最高の学びを促す。それは楽しく、快感を呼び起こす神経化学物質を大量に分泌させるため、再びその状態に戻りたいと思うようになる。

これは、キャリアを成功させる秘訣でもある。

才能を投じる対象を見つけ、熟達の領域まで技能を高めると、**情熱が後からついてくる**ようになる。つまり、「情熱に従え」というアドバイスは、間違っているというより、順番が逆なのだ。

キャリア選択で一番やってはいけないこと

投資銀行で失敗した後、私は起業家の道を選んだ。正確に言えば、選んだというよりそれしか道がなかった。

私には、会社で成功するスキルがなかった。誰かの下で働くのは向いていないし、大した仕事もできないと思った。実は、それが当てはまるのは私だけではない。

一般的な労働者と起業家を比較した研究によれば、起業家は労働者に比べて「協調性」(心理学で「ビッグファイブ」と呼ばれる5つの性格特性の1つ)のスコアが著しく低い。[42] ショッキングな事実だ。

また、起業家精神はリスク傾向と相関があり、[43] 遺伝的という研究結果もある。[44] こうした研究から私たちが学ぶべきことは何か?

自分の特性を知ることは、キャリア選択の参考になるし、そうすべきだということだ。

では、自分の特性と才能を把握したら、それをどうやってキャリアと一致させればいいのか? まずは、自分に合わないキャリアを避けることだ。

これは正しい道を見つけるより重要かもしれない。

私は大学を出て最初に投資銀行で働き始めたが、仕事自体も、業界の人間も、顧客も好きになれなかった。ただし、誤った判断に基づいてキャリアを切り捨ててしまわないようにしよう。

前述した『スタンフォード式 人生デザイン講座』の著者ビル・バーネットは、その職業ですでに経験を積んでいる人と話をすることを勧めている。

「タイムトラベルみたいなものだ」と彼は言う。なぜなら、実際にそのキャリアを歩むことがどんなものか想像しやすくなるからだ。

誰しも働き始める前はその職業のことがよくわからない。キャリアを選ぶときは、将来どんなことが待ち受けているのか前もってイメージしておきたい。

バーネットは、「40歳になったとき、22歳の自分から何をすべきかを指示されたいだろうか？」と述べている[45]。

そのキャリアを歩むとどうなるかを調べ、未来の自分に尋ねてみよう。

どんなキャリアを選んでも、下積み時代は骨の折れる仕事をしなければならない。どの職業にも、退屈な側面はある。特に基本をマスターした後はそのように感じるものだ。

バーネットは、仕事に退屈するのは問題ないと指摘している。キャリアを積むにつれ、たいていは上のレベルの仕事に移っていけるからだ。

あなたが避けるべきは、**その職業そのものに飽きてしまうこと**だ。

どんな職種が狙い目か？

仕事にも、職業にも、業界にも、それぞれ違いがある。

ディズニーの財務担当副社長は、ディズニーのアニメーション・ディレクターと同じ仕事をしているわけでも、従業員20人のスタートアップ企業の財務担当副社長と同じ仕事をしているわけでもない。

アメリカの場合、検察官と特許弁護士はどちらも弁護士だが、ロースクール卒業後（そして多くの場合は卒業前も）に日々経験することは大きく異なる。

あなたが何をするか（そしてそこでどう才能を活かすか）は、産業分野や業界、企業、地域など様々な要因の影響を受ける。

キャリアを選択する際は、業界の伸びしろも考慮しよう。

すべて思いどおりに進んだ場合、その業界はどれくらい発展するのか？

先行きに不安があるなら、他のキャリアも検討すべきだ。

業界によって、生産規模が大きくなるにつれて単位あたりのコストが低くなり利益が増す、「規模の経済性」に大きな違いがある点にも留意しよう。

望ましいのは、会社の業績や株価が上がるにつれ、自分の報酬も増える仕事を得ることだ。

金融業はその典型例だ。トレーディングや投資銀行、他の投資関連などの業種では、投資ビジネスが持つ規模の経済性を享受しやすい。

販売業も特に成長企業では好況時に報酬を増やしやすい。不動産業も大きな報酬を得やすい。

ソフトウェア業界も規模の経済性があることで知られている。一度製品・サービスを開発すれば、低コストでいくらでもコピーをつくれるので、その後販売するものはすべて利益になるからだ。

一方、製品・サービスを提供するのに人間の労働力が必要となる労働集約型の業界では、規模を拡大するのが難しい。たとえば、医療や法律のサービスは、医師や弁護士と同じ数の患者や顧客にしか提供できない。

また、業界自体の規模の経済性が高くても、ボーナスまたは株式という形で報酬が会社の業績と連動していなければ、桁違いの報酬は期待しにくい。

企業業績や株式に連動したインセンティブ報酬を得ることを目指そう。

市場のダイナミクスは個人のパフォーマンスに勝る（私はそれがどんなにひどい話なのかよくわかっている）。

たとえば過去10年間、グーグルの平均的な従業員の年収は、ゼネラルモーターズのトップ社員の年収を上回っていた。

特にキャリアの初期は、自分がどんな「波」に乗ろうとしているのかをよく考えよう。様々な業界や職種を試せるチャンスがあれば、大きなメリットになる。

最大の波がくる、最高のビーチを探そう。

25年前、私はeコマースの波を選んだ。最初の試み（レッドエンベロープ社の起業）は失敗した。おまけに、失敗するまでに長い年月がかかった……10年以上もだ（→190ページ）。

しかし、私はその後、正しい波を選んだ。再びボードに乗って海に向かい、企業のデジタル戦略開発を支援する会社（L2社）を立ち上げた。

時間はかかったものの、波の強さと大きさのおかげで前進できた。

まわりからは、実際より才能のあるサーファーという印象を持たれた。私はただ、ポルトガルの町ナザレにくる巨大な波に乗っていただけなのに。

マクロ経済の景気循環は、優れたサーファーを偉大なサーファーに押し上げる好機となる。

成功した私の会社に見られる唯一の共通点

不況は事業を始めるのに最適な時期だと思う。

私はこれまで9社を立ち上げたが、成功した会社の唯一の共通点は、不況期に創業したことだ。これは私が起業した会社だけに当てはまるのではない。

マイクロソフトは1970年代半ばの不況下で、アップルはその不況が終わった直後に創業された。

2008年以降の大不況下で、エアビーアンドビー、ウーバー、スラック、ワッツアップ、ブロック（Block）などの新興企業が生まれた。これにはいくつもの理由がある。

不況時には、誰も会社を辞めようとしないので、待遇の良い仕事を見つけるのは難しい。そのため、創業まもない企業は優秀な人材を低コストで雇いやすい。

また、厳しい経済環境だからこそ、会社は初日から結果を出さなければならない。そのため不況期の創業者は、企業文化に規律というDNAを刻み込む必要がある。

一方、クライアントや消費者は、好景気のときは従来の方法を変えたがらないが、不況時には変化に対してオープンになりやすいため、新製品やサービスを売り込むのにうってつけだ。

他に考慮すべき重要な問題は、政府からの投資や支援を利用する方法を探ることだ。政府の投資や休眠資産を活用する企業は、莫大な富の創出が容易になる。研究開発やインフラに対する政府の大規模な投資を基盤にする、厚いイノベーション層を活用できるからだ。

また、税制や規制の追い風を受ければ、飛躍的に成長を加速できる。不動産が好例だ。シリコンバレーは、史上最も成功した政府投資と言える。主要なテクノロジー製品や企業を「ダブルクリック」すれば、政府からの資金援助が見つかるだろう。アップル、インテル、テスラ、クアルコムはいずれもアメリカ政府の融資プログラムの恩恵を受けている。

テスラはアメリカ政府の支援がなければ倒産していた可能性が高いし、グーグルのコアアルゴリズムは全米科学財団の助成金を受けて開発された。

経済学者のマリアナ・マッツカートは、著書『企業家としての国家』（経営科学出版）で、アメリカの政府機関は、ハイテク企業が創業期に要した全資金の約4分の1を出資しており、製薬業界（膨大な実験を実施し、失敗を許容することが必要な分野）では、新しい分子実体の75％が、公的資金が投入された研究所や政府機関によって発見されていると試算している。[46] 税金を納めている人なら、こうした政府投資を活用する権利がある。

2 人の息子にこれだけは身につけてほしい力

前述のように、夢を追い求めるキャリアには落とし穴がある。

傍目に魅力的な業界ほど、現実は厳しいものだ。俳優を目指してロサンゼルスに移住するのはロマンチックなことだが、実際に現地に行けば、何万人ものライバル（高校で最もルックスが良く、人気があった若者）が数百しかない役を求めて競い合っていることがわかる。また、真の問題は、競争の激しさではなく、その結果として搾取が蔓延することだ。

多くの人（特にキャリア初期）にとって最良のキャリアの道は、世間的には特に魅力的ではないと思われている企業で階段をのぼっていくことだ。

アメリカ企業は歴史上、富の創造のための最高の機関であり続けてきた。それは現在も変わらない。運良くゴールドマン・サックスやマイクロソフト、グーグルなどで働くチャンスが得られたら、それを受け入れるべきだ。

人は大企業という安定の道を選んだと冷笑するかもしれない。だが、未来永劫そこに居続ける必要はない。会社にいるうちに学べることはたくさんあるし、高収入も得やすい。

繰り返すが、アメリカ企業は史上最大の富を生み出している。会社でやっていくには、組織内でうまく立ち振る舞い、上の立場の人に気に入られる政治力や、企業の世界にはつきものの不条理をある程度受け入れられる成熟度やしたたかさも必要になってくる。

これらのスキルがある（あるいは身につけるために努力する）と、着実な富の形成に大きく役立つだろう。

キャリアを問わず、**自分のアイデアを人に伝える能力**はますます重要になっている。生まれつき得意でなくてもいい。これは、学べるスキルだ。

私が2人の息子に社会人になるまでにある程度身につけてほしいスキルがあるとすれば、それはコンピュータサイエンスでも中国語でもなく、**コミュニケーション力**だ。

これはコミュニケーションの歴史や言語学ではなく、様々な媒体を通じて自分を表現する力のこと。

動画をつくるのが好きな下の子には、Insta360のカメラを買ってやったばかりだ。

上の子とは一緒にポッドキャストを収録している。番組内では、私が様々なトピックについて彼に2、3分のインタビューを行う。息子にはその台本を書き、インタビューを録音する仕事を任せている。

コミュニケーションではおもに言葉が使われるが、視覚的なコミュニケーションを軽んじてはいけない。近年、デザインの価値は高まっている。エアビーアンドビーのCEOがロードアイランド・スクール・オブ・デザイン、スナップ（Snap）のCEOがスタンフォード大学デザインスクールの卒業生であるのは偶然ではない。

また、組織は文化であり、業界ごとに似たような性格の人が集まりやすいことを覚えておこう。法律事務所にはそれぞれ個性があるが、映画制作会社や緊急治療室と比べれば、圧倒的に多くの共通点がある。

もし苦手なタイプの人が多い業界に入ってしまったら、嫌いな人と一緒に長時間いなければならず、好きな人と一緒にいる時間が足りなくなる（一緒にいても心から楽しめなくなる）可能性がある。

自分の長所を引き出してくれるのはどんな人たちか、そのようなタイプの人たちが多い業界はどこかを考えよう。

転職指南書の『あなたのパラシュートは何色？』（翔泳社）の中で、著書のリチャード・N・ボウルズは、「現実的」「調査的」「芸術的」「社交的」「進取的」「慣習的」の6つの性格タイプの中から自分が成功しやすい環境を見つける方法として、「パーティ・エクササイズ」を提案している。やり方は簡単。まず、パーティに招待されたと想像する。会場では、この6つのタイプの人たちがそれぞれ集まって話に花を咲かせている。

あなたは、まずどの輪の中に入ろうとするだろうか？　どのタイプの人と一緒にいたいと思い、どのタイプの人を避けたいと思うだろうか？

あなたがどんな環境で働くかは、一緒に働く人たちに大きく左右される。

ボウルズが述べているように、職場の同僚は、「あなたのエネルギーを吸い取るか、エネルギーを生み出すか」のどちらかなのだ。

お勧めの一冊

私は、あらゆるキャリアで何が成功につながるのかについて知ったかぶりするつもりはない。どんなキャリアであれ、何が成功のカギかは自分自身で掘り下げていく必要がある。それは、その業界や職種で働いて初めてわかるものだ。

様々な分野で成功するために役立つ性格特性や他の要因に関する全般的な情報源として、ポール・D・ティーガーとバーバラ・バロンの共著書『新装版 あなたの天職がわかる16の性格』（主婦の友社）をお勧めしたい。

この本ではマイヤーズ・ブリッグスのフレームワークを用いて、数百ものキャリアの選択肢を性格タイプ別に分類している。

マイヤーズ・ブリッグスに興味がない人にも、自分に合ったキャリアを見つける様々な方法がまとめられているので有用な本となるだろう。

とはいえ、私には自ら経験した詳しいキャリアの領域もあるので、これから自説を述べていく。まずは、私が最もよく知っている領域から始めよう。起業家、アカデミア、メディア業界だ。

私は起業家としてはそれなりに成功し、アカデミアでは大学院教授として少しずつ技量を高め、メディアにはキャリア後半で思いがけず参入した。

この3つと、これから述べるいくつかのことが、私が知っている領域だ。

あなたの目の前にある選択肢は、それよりもはるかに幅広いことに留意してほしい。

起業家に向く人、向かない人

私がモルガン・スタンレーで働いて発見したのは、自分はモルガン・スタンレーに向いていないということだった。

さらに言えば、私は大企業で働くことも、誰かの部下として働くことも向いていなかった。上司に反抗的な態度を取り、批判を受け入れず、些細な不正に腹を立て、はっきりとした報酬を提示されないとやる気が起きなかった。

繰り返すが、私には大きな組織で成功するために必要なスキルがなかった。幸い、それは起業家の特徴でもあった。

現代社会には、起業家精神を美化するきらいがある。私は何百人、もしかしたら何千人もの起業家に会ってきたが、その多くは起業できる能力があるから起業したのではなく、他に選択肢がなかったから起業したのだと思っている。

この話をすると若い人はガッカリするかもしれないが、起業するより企業で働くほうが、あらゆるリスクを考慮したうえでのリターンは大きい。

組織の存在理由とは、個人が寄り集まることで、部分の総和より大きな存在になれる点だ。その一員になれば、組織が生み出す余剰価値の恩恵にあずかれる。

障壁や社内政治を乗り切るスキルと忍耐力、組織につきものの不正に耐える成熟した精神があれば、中長期的には大きな見返りが得られるだろう。

私のモルガン・スタンレーの同期に、同社の副会長にまでのぼりつめた人物がいる。現在は私も彼も同じような経済的状況にたどり着いたが、そこに至るまでの道のりでは、彼のほうがストレスや不安定さに耐えることがはるかに少なかったはずだ。

私たちの経済は起業家精神を美化し、一定の人たちを起業に向かわせることで恩恵を得ている。これは経済を活性化するには、既成のシステムに挑み、従来型のビジネスを破壊することで未来を切り開く人たちが必要だからだ。

しかし、起業家について語られる物語の大部分は、驚異的な成功を収めた一握りのベンチャー企業についてのものだ。

実際には、スタートアップ企業の20%は1年以内に倒産する。ある意味で、早めに倒産したこれらの企業は幸運とも言える。その後10年間で、さらに45%が倒産の憂き目に遭う。20年以上続く新規事業は15%に満たない。[47]

メディアの注目は、広く名前が知られていたり、一般人に理解しやすい消費者向けのアプリ・商品・サービスを提供したりしている、ごく限られたスタートアップに集まりがちだ。

しかし、創業者や投資家を裕福にしているスタートアップのほとんどは、一般的にはあまり魅力的とは思われていないカテゴリーに属し（あらゆるスタートアップの中で最も高い生存率を誇るのは公益事業や製造業の企業）、優れたアイデアやビジョンだけでなく、業界での経験や専門知識が必要とされる企業である。

自宅のガレージでコンピュータを武器に会社を立ち上げた2人組の若者が世界を変える、といったことはこれまでに何度かあった。

しかし経済的自立を得るための戦略としては、グーグルで働き、自宅のガレージでコンピュータをいじるのは週末の楽しみにしておいたほうが得策だ。

それに、成功しても失敗しても、起業に挑めば、24時間体制の仕事とストレスを背負うことになる。すべり出しが良いほど、逆にストレスも増える。

たとえば、製品のアイデアが魅力的で、うまく資金調達できたとしよう。この資金は、実質的には人を雇うお金になる。

起業初日、新しいオフィス（おそらく24か月のリース契約を結んでいるはずだが、その契約期間に支払えるお金を得る見込はまだ立っていない）に足を踏み入れたあなたは、自分のビジョンに賛同してくれた、意欲あふれる初々しい若者たちを目の前に最高の気分になる。

だが、その気分はランチタイムまで。すぐに、重い現実がのしかかってくるだろう。

あなたが経済的自立を達成できるかどうかは、自分自身のこの一か八かの起業のアイデアにかかっている。

それに加え、今やあなたは自分だけでなく他人の生活を背負う立場になったのだ。

新しい従業員を雇うたび、新しい顧客を獲得するたびに、責任とストレスが増えていく。従業員には社会保険料や給料を支払わなければならない。

無理して雇った新しい従業員が、出勤2日目にして病欠を取る。あなたの会社に好意的だった、重要顧客の担当者が解雇される。

ある従業員に深刻な精神疾患の兆候が見られるため、あなたはその従業員の両親に電話すべきかどうかを夜遅くまで社内で議論する。

そのうえ財務担当のCFOから、「オピオイド中毒のアシスタントが、マンハッタン中の薬局であなたのクレジットカードを使ったので、12万ドルを請求されています。役員会議を開くべきです」と告げられる。

このようなことが、同じ月に、同じ会社で起こる。そう、これが起業の現実だ。

意外な成功の秘訣

では、まだこのセクションを読み進めようとしている人に伝えるべき、起業を成功させるポジティブな条件とは何だろう？

まず、成功する起業家は一般的にコミュニケーション力に優れ、チームをやる気にさせ、投資家を説得し、顧客を惹きつけられる。

起業家とは、営業マンの同義語だ。その仕事は、投資家や従業員、顧客にビジョンを売り込むことだ――最初は、ビジョンがすべてだ。

この売り込みの才能がある人は、子どもの頃からその片鱗を見せている。宿題を忘れた罰をうまく逃れたり、母親に車を貸してもらったり、見知らぬ異性に近づいて電話番号を聞き出したり。どれも、若者向けの営業訓練のようなものだ。

また、失敗しても立ち上がるしぶとさも必要だ。起業家はシュートを成功させるより外すことのほうが多い。私の場合、それは高校時代に始まった。2年生、3年生、4年生のときに学級委員に立候補したが3回とも落選し、めげずに生徒会長に立候補して、見事に——また落選した。

後にテレビでも活躍し有名なジャーナリストになったエイミー・アトキンスを卒業式前のダンスパーティの相手に誘ったが断られ、野球とバスケットボールのチームからも外された。卒業後は、実家ぐらしの私が唯一通える大学だったUCLAからも落とされた。

しかし、私はめげなかった。

不合格になったのは不当と訴え、最終的にUCLAに入学を許可してもらった。

大学4年時には、大学の友愛会〔訳注：男子学生向けの社交組織〕協議会の会長になった（大したことではないが、当時の自分にとっては大きな意味があった）。

GPA〔訳注：Grade Point Average の略：アメリカの大学で使われている成績評価の指標〕2・27というひどい成績で卒業したが、それでもモルガン・スタンレー（23社に応募し、唯一内定をもらった会社）のアナリストになり、カリフォルニア大学バークレー校（9校に出願し、7校に却下された）の大学院に入学できた。

つまり、私の成功の秘訣は……「**拒絶されたこと**」だった。

それから、小さな会社の経営では、キャッシュフローが極めて重要になる。経営者が毎日、会社に入ってくるお金だけでなく、出ていくお金にも目を光らせていないと、会社はつぶれてしまう。ビジネスチャンスを得る前に毎月の支払いができなくなれば、あえなく倒産だ。

もしIT業界にいるなら、景気がいいときにはベンチャーキャピタルが喜んで多額の資金を投じてくれるだろう。しかし、騙されてはいけない。

それは親切心からではない。お金は使えば使うほどさらに必要になる。結局は返済ができなくなって出資者に会社を乗っ取られ、あなたは起業家から従業員になる。できるだけ早く、会社が稼いだお金だけでビジネスを回せるようになろう。

たしかに、スタートアップでは良い製品やサービスをつくり、顧客を満足させ、企業文化を築き、優秀な人材を維持することが重要だ。だが、会社の生命線はキャッシュフローなのだ。

創業者が持つべき「正反対」の2つの視点

また、創業者には**正反対の2つの視点**が必要だ。

まず、最終的にビジネスを成功させることについて非合理なまでに楽観的であること。

もちろん、こうした考えを持つことは、自らのビジネスを売り込むためにも、失敗から立ち直るためにも不可欠だ。しかし、もっと根本的な理由もある。

もしあなたのスタートアップのアイデアが合理的なら、グーグルやゼネラルエレクトリックがすでにそれをやっているはずだ。マーケットリーダーが道を空けてくれていた唯一の理由は、おそらくあなたのアイデアが非合理だからだ。

この事実を乗り越えるには、創業者が楽観的でなければならない。同時に創業者は日々、組織内で最も厳しい悲観主義者として、あらゆることを心配しなければならない。顧客との関係は途切れないだろうか？　あの重要な従業員は退職しないだろうか？　来月は業績が悪くて従業員の給料を払えなくならないだろうか？

こうした懸念は、たいてい現実のものになる。

起業は、何かをこの世に生み出し、それを大切にし、心から愛するという点で、子育てと似ている。

キャリアの中で、これほどストレスの源になり、喜びを得るものもない。

ビジネスが順調なときは、自分が始めたことがうまくいっている大きな達成感を味わえる。まわりの人はそれがどれほど難しいことかを理解し、愛情と呼べるほどの好意や敬意を示してくれる。

さらに、報酬にも上限はない。従業員の場合（CEOでさえ）、公正かつ妥当と思われる報酬額には一定の範囲がある。

私は、起業した会社を売却する中で、何千万ドルも稼いだ。組織内でどれほど優秀だったとしても、これほどの額を給料として手に入れられることはなかっただろう。

20年以上、大学院の教壇に立ち続けて思うこと

まず、軽くお断りしておきたい。私はニューヨーク大学スターン経営大学院の実務教授〔訳注：研究職ではなく、実務面の経験に基づいて学生を指導する形態の教授職。「クリニカルプロフェッサー」とも〕であり、この仕事を誇りに思っている。だが、そこでの仕事は学生たちに実践的なマーケティングの原則やデジタル戦略を教えることであり、研究を通じて知識の境界線を押し広げることではない。私は自分の職業上の経験を、ビジネスの現場で役立つ専門知識に落とし込んで学生に伝えている。

起業家、プロフェッショナルとしてビジネス界ですごした後にアカデミアに入り、ここ20年以上、素晴らしい仕事を任されているが、大学の（優秀な）同僚たちと同じようなキャリアを歩んできたわけではない。

こう前置きしたうえで、アカデミアのキャリアは素晴らしいものだと断言しよう。キャンパスの環境は素晴らしいし、仕事のスケジュールにも柔軟性がある。その仕事では、研究テーマがどれほど狭いものであったとしても、そのテーマに関して世

界で最も詳しい人になることだ。この目標を追求することには、たとえその専門知識が商業的に価値がないものであっても、知的なやりがいがある。

報酬面では十分な見返りが得られる場合もあるが、その額には幅がある。アカデミアの階段を一つずつのぼっていく場合、笑ってしまうような低収入が何年間も続く。いくつかの分野では、侮辱的と言えるほど安い。

民間部門との人材獲得競争が激しい分野（応用科学、法律、医学、ビジネス）の教授は高収入が期待でき、やり方次第で相当稼げる。ただし、本当に儲かるのは副業だ。

大学教授には副業のチャンスが多い（書籍の執筆、講演、コンサルティング、役員等）。特に、民間部門の資金が豊富な分野ではそうだ。学問の世界でも、他の世界と同じく、金持ちはますます金持ちになるというわけだ。

一般社会とのつながりが深い分野の学者は、コミュニケーション力が高く、特にメディアで自らの知識をうまく伝える能力があれば、大きな成功を手にできる。

社会心理学者のジョナサン・ハイト（私のロールモデル）には、社会問題に対する独自の優れた知見があるが、彼に経済的な報酬をもたらしているのはその魅力的な長文記事を書く能力だ（ハイトはアトランティック誌史上、最も多く閲覧された記事を書いた）。

行動経済学者のアダム・オルターは、99％の学術研究書とは違い、ベストセラーリストに載る本を書いている。

経営学者のアスワス・ダモダランとソニア・マルシアーノは、おそらく世界トップレベルの講義をしている大学教授だろう（ここで紹介した4人はいずれも私の大学の同僚）。イェール大学の経営学者ジェフリー・ソネンフェルドは、他の誰よりケーブルニュースの6分間番組で活躍している。

とはいえ一部の例外を除けば、大多数の学者は、あまり目立たない環境で働いている――それは好ましいことでもある。

あなたに知識の最先端を突き進む知性があれば、自分より優秀ではない人たちとうまくやっていくのが苦手でも、誰もそんなことは気にしない。

ただし、誰かが具体的に進むべき方向性を示してくれるわけではないから、自発的に行動する必要がある。

研究者には、一匹狼的な気質や（研究は孤独な作業だ）、好奇心が旺盛なこと、体系的に物事を進められること、狭い範囲のテーマを掘り下げて徹底的に調べられる緻密な思考などが求められる。

優秀な学生であることが将来研究者になる適性がある先行指標になりえるが、それがすべてではない。宿題や成績という目的がなくなったとき、どれだけそのテーマへの関心を維持できるかも重要だ。

私のニューヨーク大学の同僚であるサブリナ・ハウエルは、「アカデミアは、起業家精神はあるが経営や営業の才能がない、頭の良い人に向いているキャリアだ」と述べている。

メディア界に行くのは経済学的に賢明ではない

メディア界には多くのキャリアがあるが、志望者が多く競争が激しいため、職を得るのは簡単ではない。これは搾取的な側面もある不安定な業界だ。

出版やテレビ、ジャーナリズムなどのメディアは、夢を追い求める人たちが大量になだれ込んでくる場所であり、なぜこうした業界を目指すことが賢明ではないかを説明する格好のケーススタディにもなる。

経済用語を使えば、こうした華やかな業界の仕事は、過剰投資によってリターンが下がるため、労力に対する投資収益率（ROI）が低い。

たとえばあなたは、日曜の午前3時に天気予報のキャスターの仕事をしたいと思うだろうか？　だが、その仕事を足がかりに、夕方のニュース番組のアンカーになろうと思っている人たちが大勢いるのである。

メディア業界の外側には、この世界に入ろうとする人たちの長蛇の列がある。

#MeToo運動の発信地がメディア業界にあったことには理由がある。

この業界の男性が他の業界の男性と違うからではない。この業界の権力構造があまりに歪んでいるために、権力を握っている一部の人間が、長い間、忌まわしい行為をとがめられずにきたのだ。調査によれば、ジャーナリズム専攻の学生の87％がこの専攻を選んだことを後悔している。一方、他の産業に直結した専攻、たとえばコンピュータサイエンス専攻者の72％は後悔していない[48]。

医師、弁護士もいいことばかりではない

専門職とは、医師や看護師、弁護士、建築家、エンジニアなど、高度な訓練と見習い期間、資格によって保証された特定の技能が求められる職業である。

一般的に、専門職は学校の成績が良い人に向いている。専門職に就くには長い期間学校に通う必要があり、そこで成績が良くないといけない。

専門職の核心は、学び、考え、伝えるといった、おもに読み書きをベースにした技能だ。法廷弁護士は、法廷で説得力があり、雄弁でなければならない。しかし、法廷弁護士が人気推理小説シリーズ『ペリー・メイスン』の登場人物さながらに1日法廷に立つには、何週間もかけて書類や判例に目を通し、準備書面を作成するなど、私には宿題のように見える作業をしなければならない。

医師の仕事も、専門分野に応じて様々な身体的、感情的スキルが求められるが、それは勉

強や暗記、体系的思考によって培った基礎の上に成り立っている。

医師の仕事は、患者に心配りができ、人を助けることに情熱（またこの言葉が出てきた）をかけることだと考えている人は、いつか立派な医師になれるかもしれない。ただしその前に、図書館で長時間勉強したり、分厚い教科書を読んだりすることが得意でなければ、その日は決して訪れない。

概して、専門職は良いキャリアである。資格要件を満たす人材が（相対的に）不足しているからだ。

一般的に、弁護士になるには7年間の高等教育が必要で、心臓胸部移植外科医になるには約20年もかかる。

その結果、専門職になれる人はそう多くなく、サービスに対して高額を請求できる。

大学院進学等の高等教育を受ける機会に恵まれている人にとって、専門職の道を目指すのは堅実なキャリアの選択になる。加えて、専門サービス業界は要求が厳しく、様々な側面（クライアント対応、調査、営業等）が鍛えられるので、良い訓練になる。

この業界出身者は、仕事を受ける側の立場で鍛えられた経験があるため、仕事を出すクライアント側に立場を変えて良い仕事をする者も多い。

専門職には経済的なマイナス面がある。まず、報酬は基本的に給料ベースで、一定の限界がある。また、アメリカの所得税制度では、年収10万ドル台半ばの高所得者は税金を多くむしり取られる。この年収帯にいる人にとって、本書が推奨する節制や貯金、長期分散投資などのアドバイスは、経済的自立をもたらしにくい長時間労働のキャリアから身を守るために欠かせないものになるだろう。

コンサルティングは20代向けの仕事

大まかに言えば、コンサルタントは資格を持たない専門職だ。誰でも看板を掲げれば、コンサルタントと名乗れる。私も26歳のとき、関連する仕事の経験は2年しかないにもかかわらず、コンサルタントを名乗った。

そしてキャリアの大半を通して、何らかの形でコンサルタントとして仕事をしてきた。コンサルタントは面白く、働きながら幅広く学べる仕事だ（大学院の延長のようなもの）。分析力やクライアント対応、創造性、プレゼンテーションなど様々なスキルを磨く必要があるし、いろいろな業界や役割に関われるので、自分が「本当に」やりたいことを探りながらキャリアアップを図れる。

報酬も良く、相当な額を手にすることができるが、桁違いの富は得られない。他の労働集約型のビジネスと同じく、スケールメリットが得にくいからだ。

また、他人（つまり、クライアント）の優先事項やスケジュールに従うことになるので、概して若い人向けの仕事と言える。

肉体的にきついのはもちろん、長時間拘束されるため、家族とすごす時間が少なくなるなど、精神的にも負担が大きい。

この仕事が特に好きではない限り、これは次の仕事への足がかりとなる職業と位置づけることになるだろう。

一般的にコンサルティングは、エリートだがまだ明確なキャリア目標がない人のための仕事だ。才能はあるが、自分が本当に何をしたいのかを見極めていない、20代向けの職業である。

金融ほど素敵なビジネスはない？

金融も専門職に近い分野だ（資格が必要な職種もある）。

これほど桁外れの（クレイジーな）報酬を得る機会の多い業界もない。

お金を増やす際には、製品を製造する場合のような物理的な制限がないため、金融市場には他では見られないスケールメリットがある。私が最初につくったコンサルティング会社を、10人から100人規模に成長させるのは実に大変だった。

2000年代にアクティビスト投資向けに資金を調達し、1000万ドルの資本を1億ドルにしたときも容易ではなかったが、コンサルティング会社のようなサービスビジネスを10倍に拡大したときに比べればはるかに簡単だった。

私は将来この時期を振り返り、なぜこれほど少ない人数でこれほど多くの収入が得られたのか不思議に思うだろう。厳しい仕事ではあるが、金融ほど根性と才能を投じた見返りとして高い投資収益率（ROI）が得られる業界はない。

金融業界で働くには、頭が良く、勤勉で、数字に強くなければならない。

しかし何より、この市場に魅了されていることが大切だ。

株や金利、収益や、これらが相互にどう関連し合っているかに興味がなければ、この業界で成功できないだろう（その良いリトマス試験紙になるのが本書第4章の「分散投資の法則」だ。第4章の内容が気に入った人は金融の仕事が天職になるかもしれない）。

このビジネスには様々な側面がある（投資銀行、トレーディング、消費者金融等）。ボラティリティ〔訳注：価格変動〕やストレスに耐える必要もある。一夜にして、銀行全体がある地域から撤退したり、部門が閉鎖されたりすることもある。

金融業界の職種は幅広く、決まりきったキャリアの道のりはない。自分ができることとできないことを区別しながら、様々な仕事を試してみよう。繰り返すが、ストレスやボラティリティに耐えられるなら、金融業界ほど素敵なビジネスもないと言えるだろう。

最もリターンの多い投資法とは？

不動産投資は資産運用の方法として非常に優れている。

不動産は、アメリカで最も税制上の優遇を受けている資産クラス〈詳しくは後述〉だと言える。

80％の資金を融資で調達し、そのレバレッジや負債の利息を償却できる資産はほとんどない。

また、「1031エクスチェンジ」〈訳注：不動産物件の売却後一定期間内に同種の不動産物件に投資すると、譲渡所得税を繰り延べられるアメリカの税制優遇制度。日本にも買い替え特例という似た制度があるが、1031エクスチェンジほどの効果はない〉を活用すれば、取引しながら無期限に税金を繰り延べられる稀な資産になる。

あなたは人生のある時点で、少なくともパートタイムの不動産投資家になる可能性が高い――もし、家を買えば。

住宅はあなたの資産全体の中で大きな割合を占め、最終的には老後の資産になる。

マイホームを所有することには、強制的な貯金〈住宅ローン返済〉や長期的な考え方など、本書で紹介する「富の方程式」に関する多くの特徴が求められる。

今、アメリカは深刻な住宅不足に陥っているので、住宅用不動産を10年以上保有すれば、まず損をすることはない。

ビジネスとして、賃貸物件を少しずつ増やしていくこともできる。戸建てやアパート、小規模店舗や貸倉庫などの商業用不動産を購入すれば、最終的には不動産投資は実入りの良いキャリア（資産）になりうる。

私は不動産投資を始めるのが遅かったが、ある程度の資産があり、タイミングに恵まれたこともあって、「小さく始めてポートフォリオを増やしていく」という時間のかかるプロセスをスキップできた。

私はスタートアップやIT、ヘッジファンド、メディアなどの業界に関わってきたが、最も効果的な投資ができたのは不動産だ。

2008年の金融危機の後、フロリダの不動産価格は暴落した。

その後、私は言葉の発達が遅れていた3歳の息子を通わせる私立学校がニューヨークになかったため、マイアミに移住した（最近、彼は学期を通して学校で一番の成績を取った）。

2010年にデルレイビーチに引っ越して以来、あちこちで「差し押さえ」や「売り出し中」という看板を目にした。

そこで、差し押さえになっていたコンドミニアムの物件を買い始めた。私の義理の両親も、以前からコンドミニアムの賃貸物件に投資していた。

2人は有能で、手先も器用だった――コンドミニアムには維持管理が必要だ。入居者はエアコンの修理を依頼してくるし、常に何かが起こる。だが、そのリターンはめざましいものがある。

不動産投資に興味があるなら、まず基本的なファイナンスの講座を受講し、地元や隣接地域の不動産相場をつかみ、最初の物件を買う頭金にする貯金を始めよう。

もう一度人生をやり直せるなら、私は若いうちにもっとお金を貯め、それを賃貸物件に投資し、リフォームして貸し出し、得た利益でさらに物件数を増やしていくだろう。

これから不動産投資で経済的自立を目指す人の良い戦略は、修理の必要な中古物件を買い、2年間自分でそこに住みながら（慎重に）家を修理し、それを売り（50万ドル［夫婦の場合］までの売却益は課税対象外になる→日本でも自宅の売却益に特別控除が適用される制度がある）、同じことを繰り返していくことだ。

資金を増やし、不動産投資のスキルを磨き、人脈を広げたら、複数物件の所有に挑戦しよう。ただし、これは簡単なことではない。地域の不動産市場を理解し、自分で定めた投資のルールを守り、どのような改善が最大の投資収益率（ＲＯＩ）をもたらすかについて感覚をつかまなければならない。また、不動産業者とうまくつき合う必要もある。手先が器用だと、何かと役に立つだろう。不動産は机上で完結する投資ではないのだ。

情熱ではなく才能に従え——優秀なパイロットに必要な2つの力

（意外な職業名が出てきて驚いているのではないだろうか？　このまま読み進めていただきたい）。私は飛行機が大好きだ。頭上を飛んでいる飛行機を見れば、たいていメーカーやモデルがわかる。暇な時間に、靴に関する情報を集める人もいれば、旅行先について調べる人もいる。私の場合は、ジェット機がその対象だ。時間があればジェット機に関する情報を読み漁っているし、ジェットエンジンの推力や航空電子工学についての記事や専門書を読むこともある。

自分用のジェット機を買ったとき、私は事実上、小さな航空会社の経営者になった（顧客は自分だ）。当然ながら、飛行機の操縦を習いたいかとよく尋ねられる。

だが、私にとってはそれはありえない。前述のように、人は**情熱ではなく才能に従う**べきだ。私の飛行機に対する情熱と、飛行機を操縦する才能の間には大きな隔たりがある。

飛行機の操縦は身体的な技能であり、いくらテクノロジーの助けがあったとしても、パイロットには優れた空間認識能力や視力、聴力が必要になる。

ただし、私が操縦席に座らない理由はそれだけではない。

パイロットには、2つの正反対の状況でミスをしない能力が求められる。

1つは、ルート計画とチェックリストという日常環境で着実に物事を進められる力だ。

パイロットは、このようなルーチンに退屈してはいけない。そしてこれは、私が得意なことではない。私は着実に物事をこなすことより、目新しさに惹かれるタイプだ。

もう1つは、極めて重要なことだが、ごく稀に非常事態が発生したときの対応力だ。優秀なパイロットと命を失うパイロットを分けるものは、どれだけ状況が悪化しても、普段、チェックリストを確認しているときのメンタリティで、緊急用の手順に冷静に従えるかどうかだ。

本書の執筆中、南アフリカのパイロットが、飛行機を操縦中のコックピットで、体長1メートル50センチのケープコブラが自分のすぐそばに忍び寄っているのに気づいたという話を本で読んだ。このヒーローは冷静に最寄りの空港を探し、緊急着陸を手配し、飛行機を着陸させ、乗客を無事に降ろした。その間、毒を持つ密航者は、ずっとコックピット内を徘徊していたという。[49] つまりパイロットの理想モデルは、映画『トップガン』で言うなら無鉄砲なマーヴェリックではなく、沈着冷静なアイスマンということだ。

誰もが見すごしている「メインストリート経済」を狙え

最後に、私自身は直接経験したことがないが（顧客としての経験を除いて）、大きな可能性を秘めており、見すごされがちな分野を紹介しよう。

それは、私が「メインストリート経済」と呼ぶものだ。

労働市場の中でおそらく最も投資されておらず（人材が不足しているという意味で）、投資に対して大きな見返りが期待できる分野である。

メインストリート経済には、熟練労働者（電気技師や配管工などの技術職、職人）、中小企業や地元に根差した企業（多くの場合、技術職が関わる事業）の所有者・経営者などが含まれる。

年収150万ドルを超えるアメリカ人は14万人以上いるが、そのほとんどはIT企業の創業者でも弁護士でも医師でもなく、自動車ディーラーや飲料販売店などの地域ビジネスのオーナーである。

中小企業（従業員500人未満）は毎年、純新規雇用の3分の2を創出し、GDPの44％を占める。[50] 中小企業は自動車販売店やクリーニング店ばかりではない。イノベーティブな企業を対象とした調査によれば、平均従業員数140人の中小企業は、従業員数万人の大企業に比べ、従業員一人あたりの特許取得件数が15倍多い。[51]

グローバルなサプライチェーンの脆弱性への懸念が高まる中、アメリカ国内の専門性の高い製造業にはチャンスが到来している。

細かな部分に注目すると、熟練労働者の需要は高まっている。

住宅市場が活況を呈する中、ソーラーパネルの設置やキッチンのリフォームをしようとしている人は、それを肌で感じているはずだ。

電気技師の雇用市場は、雇用市場全体より40%速く成長すると予測されており（グリーンエネルギープロジェクトとは実質的に電化プロジェクトである）[52]、2027年には市場が必要とする配管工が50万人不足すると予測されている[53]。

しかし、将来のキャリアとして建設業に興味がある高校生と大学生は全体の17%しかいない[54]。

高学歴が求められる分野で生計を立てている私たちは、こうした熟練労働者の仕事を軽く見ることがある。自分の子どもがマサチューセッツ工科大学（MIT）に入学できず、グーグルに就職できなかったりすると、子育てに失敗したと考えがちだ。

IT産業が過度にもてはやされるあまり、熟練労働に就くのはこうした華やかな業界に行けなかった人たちだという偏見に満ちた考えがはびこるようにもなった。

これは恥ずべきことだ。

ベビーブーマー世代〔訳注：1946～1964年頃に生まれた世代〕が引退し、電気工事関連の会社を売却しようとしているため、資金が用意できる人は、メインストリート経済の企業を買収するチャンスが増えている。これはCNBCのような大手の経済ニュースでは報道されない、**富を得るための現実的な方法**だ。

アメリカ政府の閣僚級機関である米中小企業庁は、こうした事業の立ち上げと成長を資金支援するための様々なプログラムを実施している。

もちろん、これはあなたがメインストリート経済の担い手になりたい場合にも役立つ。アメリカのGDPの半分は、25か所の大都市圏以外、つまり地方のメインストリート経済から生み出されている。

ここで紹介した実例やアドバイス（都市に移り住むことを推奨する次のセクションを含む）のほとんどは、知識労働分野での私の実体験に基づいている。

しかし、本書の核となるメッセージ、そして富への道は、どんなキャリアパスにも適用できる。メインストリート経済は何百万人ものアメリカ人の経済エンジンである。見落とさないようにしてほしい。

都市に移住し、オフィスで働こう

キャリア初期には、スキルを磨くことやメンター（あなたの成功を本心から応援してくれる上の立場の人）の指導を受けること、チャレンジングな仕事をすることが重要だ。都市は、その舞台としてふさわしい。

在宅のバーチャルな環境で働くことは、実際に何かを生み出している、賢くて創造的な同僚に取り囲まれながら働くことの代わりにはならない。

人と交流したり、興味のあることを探求したり、メンターや将来の結婚相手に出会ったり、人脈をつくったりする機会は多ければ多いほどいい。

テニスと同じく、何であれ自分より上手な人とボールを打ち合えば上達する。都会にいれば、否が応でもトップレベルの人間とボールを打ち合うことになる。

ニューヨークは若い人（20代、30代）が職業人としてキャリアを積むには最高の場所だと思うが、チャンスと競争があればどの都市でもいい。

在宅勤務はたしかに便利だが、誰かと同じ空間にいることがもたらす様々な機会（個人的にも仕事的にも）に比べれば、その価値は見劣りする。

都市に対する批判は昔からある。しかし、多くの特許を生み出し、多くの研究が行われ、多くの革新的な企業の本拠地である大都市では、複雑で多様な経済が発達する。[55] 世界のGDPの8割以上が、都市で生み出されている。[56]

それに都市は楽しく、興味深く、出会いも多い。

それまで想像もしなかった背景を持ち、人生観に影響を与えてくれる考え方を持つ人との出会いもあるはずだ。

都市で新しいことに挑戦し、新しい環境に身を置くことで、最も重要な人生のテーマである「自分自身」について学べる。都会の生活にはお金がかかるが、それでもかまわない。

キャリア初期は経済的自立を目指すうえで重要だが、この時期に最適なキャリアを見つけ、成功スキルを身につけ、円滑な人間関係を築くことが重要だ。それが都市だと実現しやすい。

貯金より大切なこと

次章で見ていくように、お金を貯めることより重要なのは、**お金を貯める「筋肉」**をつくることだ。若く身軽なうちは、生活費は抑えつつ、様々な経験にお金を使うことも大切だ。できる限り安いアパートを選び、家具は置かず、じっとアパートにいたりせず、面白そうな機会があれば積極的に出かけよう。

そしてオフィスに出社して働こう。できれば本社がいい。オフィスは、人間関係を築き、メンターと出会える場所だ。メンターがいることは、組織で働くうえでカギとなる。メンターと良好な関係を築いていると、昇進でも有利になる。

リモート環境でも人間関係は築けるが、親密さは薄くなる。オフィスに近いこと（つまり、そこで働くこと）は、キャリア構築にも大きく影響する。

2022年に企業の経営幹部を対象に実施した調査によれば、40％以上が「リモートワークの従業員は昇進しにくい」と答えた。他の調査結果もそれを裏づけている。[57]従業員を解雇する場合も、社内で深い人間関係を築いていない従業員や、リモート勤務が多くまわりの印象が薄い従業員が対象になりやすい。テレビ会議でしか会ったことのない人を解雇するのは、簡単なのだ。この現実は公正で、適切なものなのだろうか？

おそらくそうではないだろう。

しかし、キャリアは理想の世界ではなく、現実の世界で築かなければならない。つまり、オフィスで働けるうちは、良いシャツを着てオフィスで働くべきだ。

時間の経過とともにスキルが身につき、人脈が増えていくと、都市にいることや、オフィスに出社して働くことで得られるものは少しずつ減っていく。

また結婚し、子どもが生まれ、犬を飼い、モノが増えていくと、物価の高い都市での生活負担は大きくなっていく。

つまり人生のある時点に達すると、都市に住むメリットをデメリットが上回るようになる。そのため、小都市や郊外（理想的には税金が安く、良い学校がある地方の町）に引っ越してもいいだろう。都市を離れても、その段階の職業人生で求められるキャリアへのフォーカスを維持することは可能だ。

目標よりシステムに集中せよ

学校であれ、スタートアップ企業であれ、大企業であれ、誰もが求めているものは同じ。成功、最高の評価、スキルアップ、経済的自立だ。

けれども、世の中はそんなことは気にしてくれない。願望は必要だが、願望を持つだけでは十分ではない。キャリアや人生における目標設定に関するアドバイスはたくさんある。

目標を持つことに問題はない。いや目標は必要だ。

数値目標は、ビジネス上の重要な管理ツールになる（研究結果も目標を書き出す単純な行為が結果に大きな影響を与えることを示している）[58]。しかし、願望を持つだけでは、目標は達成できない。

なぜか？

まず、進歩は直線的ではなく、浮き沈みがある。私はまわりの人から、あたかも一夜にして成功を手にしたかのように祝福されることがある。しかし、それは違う。

35年間にわたるハードワークの積み重ねと、顔を殴られるような挫折を何度も乗り越えることが必要だった。

「最終的な目標の実現」を仕事の動機にしていると、いくら頑張っても進歩が見られない時期に、大きなフラストレーションを抱えることになる。

また、目標が大きく、達成までの時間が長いほど、到達する前に燃え尽きてしまいやすい。

そして、ほしかったものを実際に手に入れることにも問題がある。すぐに、また何か別のものがほしくなる。

それに、何かを手に入れるために多大な努力をしてきたときほど、実際にそれを手に入れてしまうと、思ったほど人生が劇変しないこともある。このときの落胆は大きい。

目標を叶えたのに、自分は何も変わっていない。以前と同じように、神経症や恐怖や後悔を抱えている。望んでいたものを手にしている分、余計に始末が悪い。

では、私たちは何を動機にして働けばいいのだろうか？

よく、「人生は旅であって目的地ではない」と言われる。習慣の第一人者であるジェームズ・クリアーも、「良い結果を得るには、目標設定のことは忘れ、システムに集中することだ」と述べている。[59]

ポイントは、願望や野心、他の自分を突き動かすもの（ちなみに恐怖は大きな動機になる）のスキルを高め、実績や人脈を築き、ハードワークすることに結びつけることだ。「良い仕事ができていること」を報酬にし、日々自分を向上させ、小さな成功を積み重ねていくことに誇りを持てれば、やがて大きな望みは実現するだろう。

サンフランシスコ・フォーティナイナーズを率いてスーパーボウルを3回制し、NFLに革命を起こしたアメリカンフットボールの名コーチ、ビル・ウォルシュ（1931～2007）は後に自身のコーチ哲学を本にまとめている。

同書のタイトル『The Score Takes Care of Itself（スコアは後からついてくる）』（未邦訳）は、まさに彼の精神を表している。

「知性」より大きく影響を与える成功要因とは？

才能と願望が適切なキャリアと一致していれば、良いスタートが切れる。

ただし、それを経済的自立につなげるには長年のハードワークが必要だ。

そこには秘密も近道もない。経済的自立の達成には、労力がかかるのだ。

グリット（忍耐力、やりぬく力）とは、たとえまわりに認められず、結果が出ておらず、疲れていたり気が散っていたりしても、日々、向上心を持って仕事に取り組む能力のことだ。それは、まだ目に見える成果が出ていないだけで、実質的には成功しているのと同じことだ。

グリット研究の第一人者である神経科学者のアンジェラ・ダックワースは、グリットを「**情熱と忍耐の交差点**」と定義している。

彼女の重要な発見は、グリットは現代社会で重視されている「知性」より成功に大きく影響するということだ。

ダックワースによるグリットの指標を用いると、様々な環境における成功を予測できることが研究によって示されている。[60]

私にとってのハードワークとは、何よりも仕事を優先させ、長時間働くことだった。

L2社を起業したときは、日中はオフィスにいて、いったん帰宅して子どもたちとお風呂に入り、それからまたオフィスに戻った。日曜も半日は働いた。

取引先から「会いたい」と電話を受けたら、翌日には飛行機に飛び乗ることも多かった。

誰もが当時の私のように仕事を優先させられる（あるいはそうしたいと思える）わけではない。

それに、１１０％の努力を投じても成功が保証されるわけではないし、90％の努力しかしていなくても成功が閉ざされるわけでもない。

ビジネス版のアメリカ海軍特殊部隊「ネイビーシールズ」のように猛烈に働かなくても、重要なポイントに集中すれば成功できる。

カギは、**自分の隣の席で働いている人より会社に貢献できる方法は何か**を探ることだ。

野球の統計データに、「WAR（Wins Above Replacement）」と呼ばれる指標がある。

これは、ある選手が先発で出場した場合と、代わりの選手（Replacement）が出場した場合のチーム勝利数への貢献度を比較したものだ。

「交代選手が出場した場合より、チームの勝利に貢献するにはどうすればいいか」を考えよう。

グリットを養うのは簡単ではない――それには遺伝と幼児期の育ち方が関係していると考えられている。しかしグリットは、才能や能力は努力によって向上できるという「成長マインドセット」（才能や能力は変えられないという「固定マインドセット」の逆）から生まれるものである。作家のスティーブン・コトラーはこれを、「才能は出発点にすぎず、訓練がすべての違いを生み出す」と表現している。[61]

あなたも、最初はフラストレーションや難しさを感じたものが、仕事を続けていくうちに簡単になった経験をしたことがあるはずだ（「仕事を続けていくうちに」というところがポイントだ）。

自分ではどうすることもできない「重力問題」への対処法

私たちの行動の背景には常に、自分ではコントロールできない大きな力が働いている。時間と労力を投じれば、大きな影響を与えられるものはたくさんある。だから、自分の力ではどうしようもないもののために貴重な資源を無駄にすべきではない。

前述の書籍『スタンフォード式 人生デザイン講座』の中で、著者のビル・バーネットとデイヴ・エヴァンスは、自分の力ではどうすることもできない障壁や反対勢力を「**重力問題**」と呼んでいる。

彼らは、「もし、それに対してできることが何もないなら、それは問題ではなく状況だ」と書いている。

苦闘の真っただ中にいると、粘り強さやグリット、フォーカスについてのアドバイスを、「決してあきらめてはいけない」という意味に取り違えたり、「苦しいということは、正しいことをしているということだ」と勘違いしたりしがちだ。

しかし、そんなときこそ、一歩下がって全体を俯瞰すべきだ。

自分がぶつかっているのは、突破できる壁なのか？　それとも、重力に逆らおうとしているのか？

金融市場には「ＦＲＢに逆らうな」という格言がある。

つまり、ＦＲＢ（連邦準備制度理事会）が経済をある方向に向かわせようとしているとき、それに逆らう方向に賭けるのは愚か者だけということだ。マクロ経済の要因は重力だ。ＦＲＢの議長でない限り、それは変えられない。

もっと小さなスケールの重力もある。

あなたが詩人でない限り、片思いは重力問題になる（相手はあなたに興味がない。あきらめて前に進むことだ）。

もし、上司がつき合いのいい部下だけに仕事を任せたり昇進させたりするなら、家に３人の子どもがいてゴルフに興味がないあなたにとってそれは重力問題になる。

コンサルティングというビジネスの肝は人間関係だ。

だから私はコンサルタントの仕事を辞めた。これ以上、クライアントと友人のような関係になるための努力はできないし、性格的に向いていないと感じたからだ。

重力問題への対処法には２つのステップがある。

１つ目は、重力を認識すること。２つ目は、見方を変えること（リフレーミング）によって、その状況下でも「解決できる問題」を見出すことだ。

重力があるからといって、急な坂をのぼれないわけでも、空を飛べないわけでもない。

しかし、これらのチャレンジに対する解決策は、重力に逆らうことではなく、重力があるという現実の中で機能するものでなければならない。

いくら恋人や仕事、趣味を追いかけても思うようにいかないなら、情熱と才能が一致していないのかもしれない。

あなたは何を提供すればいいのだろうか（それは高められるものだろうか）？

どんな人がそれを望んでいるのだろうか？

勝負に出るときこそ、やめることも考えておこう

粘り強さは大切だが、それが自殺行為につながってはいけない。

ジャングルの中で戦っているときは、頻繁にコンパスを取り出し、正しい方向に向かっていることを確認すべきだ。

このような状況では、前述した「キッチンキャビネット」が頼りになる。

きついからといってやめるべきではない。きついのは当然だ。

だが、データや、信頼できるメンター、客観的な兆候が、あなたの時間を他に投資したほうがいいことを示しているなら、即刻やめるべきだ。やめるのは恥ずかしいことではない。

1997年、私はレッドエンベロープというeコマース会社を立ち上げた。

最初は順調だったが、しばらくすると経営が傾き始めた。

最終的に倒産するまでに、10年もかかった。純資産の大半を失うのは楽しいことではない。

最悪だったのは、会社がつぶれるまでの時間が長くかかったことだ。レッドエンベロープを設立してから2年後、この会社がまだ富と栄光をもたらすことを約束してくれていたとき、私はゴールドマン・サックスやJPモルガンなどの支援を受け、ブランドファームというeコマースインキュベーター会社を立ち上げた。

この会社のアイデアはごくシンプルだった。

インフラを1つ、法務部門を1つ、テクノロジー部門を1つ、事業開発部門を1つ、オフィススペースを1つ用意し、eコマース企業をつくる、というものだ。

私はパワーポイントを駆使してプレゼンし、会社の立ち上げ資金として1500万ドルの調達に成功した。

だが、6か月後、ITバブルが崩壊した。

当時の経済情勢を考えると、新会社のコンセプトがもはや意味をなさないのは明らかだった。私は会社の事業を停止し、投資先企業がこの「核の冬」のような厳しい状況の中で何とか生き延びられるよう、自分たちにできる最善の手を尽くした。

会社が早く倒産したのは不幸中の幸いだった。成功するのは一番だが、次善の策は早く失敗することだ。勝負に出るときは常に、やめることも選択肢に入れておくべきだ。

IT業界では最近、撤退することを、より響きのいい「ピボット（方向転換）」と表現するようになっている。一流のギャンブラーは、引き際に長けている。

カントリー歌手のケニー・ロジャースの代表曲『ザ・ギャンブラー』の歌詞は、「どんなときに待つのか、どんなときに降りるのか」を知ることの大切さを思い出させてくれる。[62]
元ポーカーチャンピオンのアニー・デュークは、「やめること」をテーマにして1冊の本を書いている。[63] 彼女の「やめることこそビジネスや人生で成功するためのカギだ」という主張には説得力がある。

さらに彼女は、「その場の感情に飲み込まれそうになったときに我に返るための基準を前もって決めておこう」とアドバイスしている。


やめどきを知るのは重要だ。だが、高度な技が求められる。

どんな成功者にも、何かを途中でやめた経験がある。頻繁にやめている成功者もいる。

大切なのは、あなたに「このまま踏ん張るべきか、カードを切るべきか」をアドバイスしてくれる、信頼できる経験や視点を持つ人をまわりに置いておくことだ。

キャリアは「はしご」ではなく「山脈」である

かつてのようにキャリアアップは、「着実に1つずつ階段をのぼりつめ、最後に幹部になる」といったものではなくなった。

まっすぐ上に進むしかないという硬直した考え方だと、斜めからやってくるチャンスが見えなくなってしまう。

キャリアははしごではなく、**山脈**のようなものだ。この山あり谷ありを乗り越えるには、様々な試練や局面を克服し、役に立つ道具を増やしていかなければならない。何かにフォーカスすることは、必ずしも直線的な前進を意味しない。

多様性には価値がある。ある研究によれば、新しいCEOが成功するかどうかを予測する最良の指標は、就任前にどれだけ幅広い仕事をしていたかだという。[64]

成功し、富を築ける勤め人になるという（起業家とは対照的な）キャリアには、責任の範囲や報酬の飛躍をもたらす戦略的な転職があるのが一般的だ。

現在の雇用主より外部の雇用主のほうがあなたを高く評価するというのは、人間の悲しい真実だ。人は目新しさを求める。それは上司も同じだ。

経験豊富なエグゼクティブであるはずの管理職が、会社に入社したての未熟な社員のような視点で外部から入ってくる社員を評価してしまうのは、よくある間違いである。

たとえ転職しなくても、自分の市場価値を調べることにはメリットがある。

私がニューヨーク大学スターン経営大学院で教え始めたとき、1年目の給料はたったの1万2000ドルだった。その後、学校にとって私の価値は急上昇した（私は同校で最も人気のあるクラスを担当し、頻繁にメディアにも顔を出した）が、それは報酬に反映されなかった。

一般的に、大学は生産性の低い終身雇用の教員を補助するために、私のような実務教授や、他の非常勤教員の報酬を低く抑えようとする。そこで私は数年ごとに、他大学からのオファーがあったことをニューヨーク大学に伝え、「これが私の市場価値だ。この大学で教え続けたいから、ふさわしい報酬を払ってほしい」と伝えるようにしている。

そして、実際に昇給を得た。結局、私の他のビジネスでの報酬が増えたために、ニューヨーク大学からもらう報酬の相対的な価値は下がった（前述した「限界効用逓減の法則」）。最近は、同大学からもらった報酬をそのまま返納することにしている。そうすれば、遠慮なく恩を（受けていなくても）仇で返せるからだ。

私は大学教育の問題点について日常的に情報発信している。厳しく大学批判をしながら、大学から報酬を受け取るのはおかしな気がしてきたのだ。とはいえ何年もの間、大学で昇給が得られるかどうかは、私にとって大きな問題だった。

要するに、インフレ率以上のペースで報酬を増やしたいなら、退職して転職先を探すか、明確な退職の意志を勤め先に示し（私が他大学からのオファー条件をニューヨーク大学に提示したように）交渉すべきということだ。

リンクトインに登録し、プロファイル情報を最新に保ち、同じ立場の人たちをベンチマークしよう。

【データが語る】転職経験あり・なしで給料はどれだけ変わる？

友人や元同級生、同僚と仕事について話をしよう。

世間には「お金や昇進の話をするのは野暮だ」という考えがあるが、それは間違っている。あなたが無知であることで得をするのは雇用主だけだ。ヘッドハンターがうろついている業界にいるなら、電話があったらアポを入れ、ランチをおごってもらいながら、市場の現状についで質問してみよう。

どんな会社が人材を募集しているか？　人材には何が求められているのか？　今、注目されているスキルや特性は？　どの企業が低迷しているか？　そして何より、あなたの価値はどのくらいで、どうすればそれを最大限に高められるか？

注意すべきは、転職先候補に対して健全な懐疑心を持つことと、現在の会社の好きなところをもう一度考えてみることだ。

どんな仕事にもフラストレーションを感じることはあるし、どんな上司に対しても腹が立つことはある。転職前には最高かつ最大のチャンスのように思えた職場も、働き始めて半年もすればごく普通の仕事場に感じるものだ。

これらの情報をすべて集め、それでも決意が変わらない場合は、転職に踏み切ろう。

2023年3月時点で、過去1年間に転職したアメリカ人の報酬は、その期間に7・7％

図表6　アメリカにおける労働者の時間あたり賃金の推移（中央値）

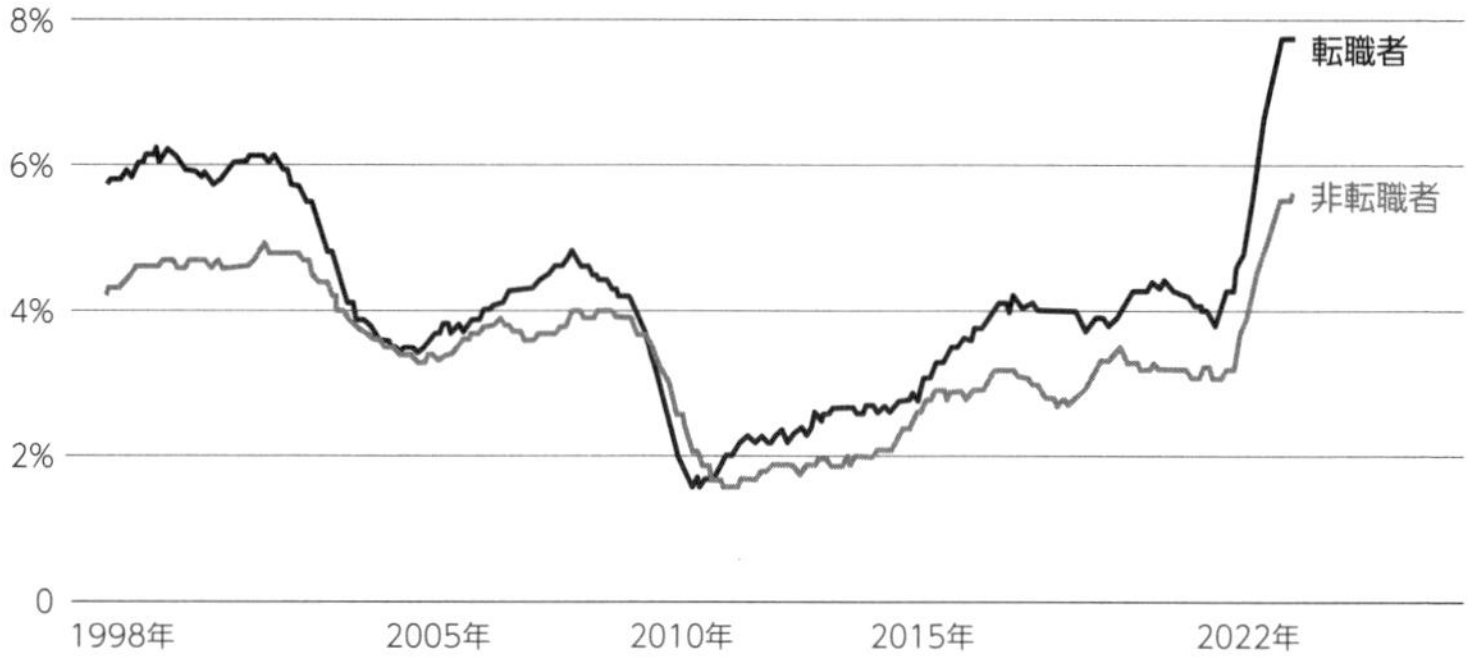

出典：アトランタ連邦準備銀行

増加した。[65] 転職しなかった人の報酬の増加率は5・7%。この差は時間の経過とともに変化するが、ほとんどの期間で、転職したほうがしないより報酬が増えている（図表6）。

また、新しい環境に身を置くことで経験の幅も広がり、変化する経済に柔軟で適応力のある人材になれる。

転職者のイメージは変わりつつあるが、全体的としては、勤続年数はわずかに減少しているにすぎない。

アメリカでは1983年、25歳以上の労働者の勤続年数の中央値は5・9年だった。[66] 2022年段階では、これよりわずか17%（約40年で）短いだけの4・9年である。[67] この転職が最も増えているのは若い世代だ。ミレニアル世代〔訳注：1980～1990年代前半頃に生まれた世代〕の21%が、過去1年間に転職を経験している。これは他の世代の3倍以上だ。

リンクトインのデータによれば、Z世代〔訳注：1990年代後半から2010年代前半頃に生まれた世代〕の転職率は

2019年に比べて34％高くなっている〈ミレニアル世代は24％高くなり、ベビーブーマー世代〈訳注：1946〜1964年頃に生まれた世代〉は4％少なくなっている〉[68]。また、Z世代では今後6か月以内に退職したい、または退職する予定と答えた人は25％なのに対し、ミレニアル世代では23％、X世代〈訳注：1965〜1979年頃に生まれた世代〉では18％だった[68]。

転職すべき・転職してはいけないターニングポイントとは？

だが、転職は諸刃の剣であり、慎重に行うべきだ。転職すると、それまで勤めていた会社について学んだことを捨て、新しい会社で一から評判と人脈を築き上げていかなければならない。リスクも大きい。どれだけ面接をしても、自分が新しい会社に本当に合っているかどうかはわからないからだ。

また、転職歴が増えると、将来の転職にも悪影響が生じることがある。

たとえば、7年間で3回も転職していたら、履歴書を見た面接官から「この人には何か問題があるのではないか」と思われる可能性が高くなる。

もちろん、履歴書をきれいにするためだけに、ひどい仕事を続けるべきというわけではない。それでも、前職の在籍期間が2年未満なら、今の仕事が好きではなくても、転職する前にあと1年、その仕事を続けられないか、よく考えてみることをお勧めする。

転職を繰り返すことに抵抗がない若い人たちは、上の世代も同じような感覚を持っていると考えるべきではない。

一昔前に転職癖のある人が世間からどう見られていたかをよく物語るのが、1974年にバークレーの心理学者がつくった、「ホーボー症候群」（訳注：「ホーボー（hobo）とは「仕事を求めて渡り歩く人」といった意味）という言葉だ（今でも転職に対してこのような印象を持っている人はいる）[69]。

この心理学者は、この症候群は「ある職場から別の職場に移りたくなる周期的に訪れる疼《うず》き」を持つ人に当てはまると言い、それが「渡り鳥が持つ本能的な移動の衝動に似ている」と考えていた。

あなたは将来の転職面接で、採用担当者にこのような印象を持たれたくないはずだ。

では、最適な転職のタイミングはいつなのだろう？

それは、「転職ばかりする人」という印象を持たれないようにしながら、キャリアアップのために大きく前進できる最善手が打てるときだ。

つまり、戦略的な価値があり、単に職場を変えるのではなく、実際に様々な側面が良くなる転職だ。その転職は、履歴書の見映えを良くするものになるだろうか？　効果的に人脈を広げる機会になるだろうか？　何より、その新しいポジションや会社では、自分のスキルの幅を広げられるだろうか？

ここでのスキルとは、新しいソフトウェアや分析ツールの使い方を習得するなどの技術的なものである場合もあるが、部下を管理する、上級管理職と接する、優れたメンターを持つ、顧客と直接接触するなど、ソフトスキルを意味する場合もある。

新しい職場で得られる利点を具体的に挙げられない場合は、転職すること自体が目的化していないか、もう1年じっくり考えられないか、自問してみよう。

昇進時は祝いの電話をせず、クビになったその夜は食事に誘おう

忠誠心は美徳であり、双方向に作用する。

それは、会社からもメンターからも「あなたの可能性を信じている」と言われ、その期待に応えようとすることだ。

忠誠心はどちらにもメリットをもたらす。研究によれば、メンターシップは、メンター（育成者）とプロテジェ（被育成者）の両方のキャリアを向上させる。[70]

ある大手IT企業では、メンターシッププログラムに参加していない従業員より、参加している従業員（メンターとプロテジェの両方）が昇進する可能性は5倍以上も高かった。

アドバイスを求めることほど、職場で人間関係の絆を深める効果的な方法もない。

それは信頼の表現であり、だからこそ躊躇《ちゅうちょ》してしまいがちになる。

しかし、信頼は信頼を呼び、関係を深める。積極的に助言を求めれば、メンターはあなたの成功に投資してくれるようになるだろう。

しかし、これは組織には当てはまらない。組織は基本的に、個人には何の助言もしてくれず、何の視点も与えてくれず、忠誠心を誓ってくれない。

上司はあなたのことをとても大切に思っているかもしれないが、上司の上司がしくじり、部門の業績が悪化すれば、上司とあなたは鎌が麦を刈り取るように解雇されるだろう。

忠誠心は人間（と犬）の美徳であって、組織の美徳ではないのだ。

かつては、組織と個人の境界線はもっとあいまいだった。

ＩＢＭで同僚とともに40年も働いていたら、ＩＢＭに忠誠心を持つことは、そこで働いている人たちに忠誠心を持つことと同じだった。

しかし今日の株主価値経営の戦略や革新的なイノベーションが重視されるビジネス環境では、個人は組織から切り離されてしまった。

だからこそ、個人同士が互いに忠誠心を持つことがさらに重要になっている。

大手情報サービス企業ブルームバーグの創業者マイク・ブルームバーグはかつてこう言った。

「私には友人とのつき合い方にルールがあった。友人が昇進しても、お祝いの電話はしない。次に会ったときに、ひやかす程度にする。しかし、友人がクビになったら、その当日の夜に食事に誘う。誰もが見ている前で、そうする。なぜなら、私自身がソロモン・ブラザーズをクビになったときのことを、よく覚えているからだ。そのとき電話をかけてきてくれた友人のことは、今でも一人残らず覚えている。辛かったから、仲間の言葉が身に染みた。だが、同社でパートナーに昇進したときに、誰からお祝いの言葉をかけられたかは、まったく覚えていない[71]」

私の友人のトッド・ベンソンはこう言った。

「相手が人生の重要なときを迎えているのなら、会いに行くべきだ。葬式や結婚式には必ず出よう」

副業に浮気するな

キャリアという地形を横断していくとき、目的地と、目の前にある課題をしっかり見据えていれば、歩を進めやすくなる。

私は、「副業」は気を散らすものであり、成功に必要なフォーカスを薄めるものだと考えている。やる価値があるなら、それは本業にしよう。

副業をしているということは、本業に何かが欠けているということだ。

今より1割、2割多くの時間や労力を副業にかけるくらいなら、それを本業につぎ込んだほうが多くの成果を手にできるのではないだろうか？

フォーカスとは、何をするかではなく、何をしないかである。

例外もある。あなたがフリーランスなら、顧客の数を増やし、複数の収入源を確保しておくのは常識だ。フリーランスは、自分一人のビジネスだ。１つの顧客や商品・サービスに頼るのは、どんなビジネスにとっても危険だ。

とはいえ、どんなチャンスにも食いつき、有限のリソースをほとんどシナジー効果のない多くのサービスに分散させることも危険だ。

私も起業した頃は、「お金になる」案件を取りたいという誘惑に駆られていた。従業員の給料代を稼ぐため、経営戦略とは無関係なプロジェクトを引き受けなければならないこともあった。

しかし、それはカロリーは高いが栄養はまったくない、エンプティカロリー食品と同じだ。「お金のため」のプロジェクトは、本業のプロジェクトにかかるのと同じくらい（場合によってはそれ以上）の手間暇や精神的負担が必要になる。

本当に大切な事業に取り組むために必要なリソースが削られ、重要なスキルを持った人材や会社の勢いが失われてしまう。

これも、「キッチンキャビネット」と相談して判断すべきだ。

２つ目の例外は（起業に関する私の警告を無視した場合）、安定した給料と福利厚生のある会社で働き続けながら、起業家としてのキャリアをスタートさせるというものだ。

この場合、会社員として働きながら副業として起業に取り組むことには明白なメリットがある。

同じく、不動産の賃貸経営でポートフォリオを構築するといった資産形成上の目的がある場合、安定した職業で得た給料をその資金にすることも有効な方法だ。

こうしたアプローチでは、どちらかのビジネスを副業とみなすべきではない。

これらの補完的な2つのビジネスを1つの全体的なビジネスとみなし、自分の時間を投じるべきだ。会社員から投資家としてのキャリアにシフトする計画を立て、少しずつ実践していこう。

学費高騰中でもあえて大学院に行くべきか

知識労働者の多くが考えるキャリアの魅力的な脇道が、大学院進学だ。

職業によっては大学院の学位が必要なものがある。大学院に進学する前には、事前にしっかりとした自己分析が必要だ。そうしないと、研修医になって2年目に「やっぱり自分には医学は向いていなかった」と後悔することになる。

修士以上の学位が必要な職業に就くことに確信があっても、大学院に人生の数年を費やす前に、実際に院生生活やその後の人生がどんなものになるのかをできる限り直接的に確かめておきたい。

私がハース・スクール・オブ・ビジネス（カリフォルニア大学バークレー校）でMBAを取得した当時、同校の年間授業料はたった2000ドルだったので、特に迷わず進学を選べた。

今は授業料が高騰しているので、その投資を正当化するハードルはかなり高くなっている。ビジネススクールに価値がないわけではないが（私はビジネススクールで教えていて、その使命を信じている）、それはすべての人のためにあるわけでも、すべての人に必要なわけでもない。間違いなくビジネススクールに通った経験には価値があるが、一流企業に勤務した経験も同様だ。

また、MBAが提供するリターンは、年月の経過とともに急速にしぼんでいく（ウォートン・スクール〔訳注：ペンシルベニア大学のビジネススクール〕に通っていたというだけで、その人をCEOにする企業はない）。

それに、ビジネススクールの学費に費やした20万ドルを投資に回していれば、複利効果で莫大な資産を築けるだろう。次章で触れるように、「機会費用」はひどく過小評価されている。

学位以外にビジネススクールで得られる大きなメリットと言えば、人脈だ。特に、銀行員や企業幹部とのつながりが薄い人にとっては、こうした人たちとのつながりを広げるのに役立つ。

ビジネススクールで実際に学べることには限りがあるが、それはほとんどの高等教育に当てはまる。人脈づくりと学歴効果の両方で、私は全米トップ10のビジネススクール以外に行くことはお勧めしない（注：このトップ10にはおそらく15校が入ることになる）。

企業も同じことを言うだろう。だが、彼らはお金という観点から話をしている。

アメリカのトップ・ビジネススクールを出たＭＢＡ保有者は、ランクの低いビジネススクールを卒業したＭＢＡ保有者の３倍の収入を得ていることがわかっている。[72]

クイック・ウィン――やる気を出すには手っ取り早く勝て

「クイック・ウィン」（初期段階の小さな成功）とは、私が経営コンサルティングをしていた頃、新規クライアントへのサービスに勢いをつけるために用いていた戦術だ。

コンサルティングプロジェクトは、斬新なアイデアで頭がいっぱいの新顔のＭＢＡ保有者のチームが会社に現れ、楽観的で活気に満ちあふれた雰囲気で始まる。

しかし問題は、数か月がすぎても、この「天才児」たちが生み出すのは会議とパワーポイントのプレゼン、６桁の請求書だけであることだ。

そこで私たちは、自分たちの提案を小さな形で実現できる機会を探すようにしていた。パイロットプロジェクトや簡易的な顧客調査など、迅速かつ目に見える形で実施できるものはいくつもある。こうしたクイック・ウィンには多くのメリットがあった。顧客に進捗を示すことでコンサルティングへの投資を正当化できるし、さらに野心的な提案をするのも容易になる。また、顧客企業が実際にどのように機能しているのかも理解しやすくなる。

初期段階での小さな成功体験は、様々な領域で効果を生む。自己成長では、習慣を改善し、大きな課題に取り組む勢いを生み出すカギとなる。パーソナル・ファイナンスの第一人者デイヴ・ラムジーは、借金で首が回らなくなった人のために、古い常識にとらわれずにクイック・ウィンを応用する方法を提唱している。まず、すべてのローンを小さいものから大きいものの順に列挙する。金利や支払い条件などのことは忘れ、絶対額だけを書き出す。そして、額が小さいものから順に返済していく。これはファイナンスの観点からは必ずしも最適な方法ではない（最適なのは金利の高いローンから返済していくこと）。しかしラムジーは、「計算より行動を変えるほうが大切」と述べている。すぐに返さなくてもいいかもしれない、いとこから借りた100ドルをまず返済する。これがクイック・ウィンとなる。ラムジーが言うように、「**やる気を出すには、手っ取り早く勝つことが重要**」なのだ。[73]

趣味の優先順位が見えてくる6つの質問

恋愛小説を読んだり、（本物の）山にのぼったりする趣味の活動は、心身の活力を保ち、充実した毎日をすごすのに役立つ。

本書のアドバイスに従った人生設計をしていれば、次第にこうした趣味を楽しむ時間やお金が増えてくるだろう。最終的には仕事を引退し、趣味だけが残ることになる。

年を取ってから何かを学ぶのはいいが、70歳になってリタイアし、銀行口座にお金はたくさんあっても、何もすることがない状態にはなりたくない。

年を取ってもサーフィンは始められるが、25歳のときに習っておくほうがずっと簡単だ。しかし今のあなたは、キャリアに集中しなければならない。だからこそ、仕事以外の限られた時間が貴重になる。どんな趣味にその時間を費やせばいいのだろうか？　まずは、趣味に優先順位をつけてみよう（重要度の高い順にすべての趣味を書き出してみる）。趣味とは、必要に迫られてではなく、楽しむためにするもので、かつ収入を伴わない（または将来それを通じて収入を得る予定のない）活動のことだ。このリストをつくる際には、次の6つの点を考慮しよう。

①家族や大切な人と一緒に楽しめ、人間関係をさらに豊かにするようなものか？

「一緒に」という点には注意が必要だ。たとえば配偶者が、あなたと一緒にいたいからという理由で毎週日曜にゴルフコースにくるが、プレーをしようとしないなら、それは一緒に楽しんでいるとは言えない。大切な人と一緒に楽しめる趣味があると、人生が豊かになる。これは趣味リストの上位に位置すべきだ。

②それは運動か？

少なくとも１つ、運動の趣味をリストに入れよう。私の場合はクロスフィット〔訳注：日常的な動作を中心に無酸素運動と有酸素運動を同時に行い、瞬発力と持久力をバランス良く鍛えるトレーニングプログラム〕だ。個人的に、クロスフィットは好きだが、大好きとは言えない。それでも、もっと好きな他の運動の趣味が見つかるまでは、これは私にとって一番優先度の高い趣味だ。

③投じた時間、コストに対して得られる価値はどれくらいか？

飛行機を試作して飛ばすのはスリルはあるだろうが、時間とお金には限りがある。費用対効果を考えると、多くの人にとって「ビーチを散歩する」ほうがはるかに現実的な趣味だ。

④年を取ってからも続けられるか？

これは趣味の性質によって様々だ。スキルが求められるもの、特に身体を動かす趣味の場合は、今から始めるべきかもしれない。引退後にゴルフ三昧の日々をすごしたいなら、今のうちにある程度腕を磨いておいたほうがいい。ハワイに移住して毎朝ロングボードでサーフィンをするつもりなら、若いうちから定期的に波に乗る時間をつくっておくべきだ。

一方、料理はいくつになっても始められる。また、ヨーロッパの都市へのファーストクラスの旅行は何の訓練もいらないし、若いときより引退してからのほうが（おそらくずっと）快適に感じられるだろう。

⑤自分に向いているか？　フロー状態に入れるか？　楽しくてたまらないか？

これらの質問に対する答えはどれも同じになるだろう。これは趣味をするうえでカギとなる特徴だ。もしあなたがピアノ音楽を聴くのが好きで、自分でも演奏ができるようになって、老人ホームの仲間を驚かせることを想像していたとしても、指が短く、ピアノの練習をしても毎日苦痛でたまらないなら、その時間は他の趣味に割り当てたほうがいい。

いつまでも上達しないものを、長期間にわたって楽しむのは難しい。情熱ではなく、才能を追い求めよう。

⑥自分で何かをする趣味か？　それとも誰かが何かをしているのを見る趣味か？

私の経験では、他人が汗をかくのを見ている人より、自分で汗をかく人のほうが成功しやすい。

自分にとってどんな趣味が最適なのかを理解したら、趣味のリストを見て、毎日、毎週、毎月、毎年どれくらい趣味に時間を費やしているかを考えてみよう。

その時間を合計してみると、趣味として楽しめる活動は現実的に3つか4つ程度持つのが限界とわかるはずだ（ただし、新しいことに挑戦するのは素晴らしいことだし、趣味は月日の経過とともに変わっていって当然。いずれにしても、趣味にかけられる時間には上限があることを認識しておこう）。

これまでにかなりの時間を費やしてきた趣味をやめることに罪悪感を覚えないでほしい。サンクコスト（埋没費用）〔訳注：ある事業を中止したとき、それまで投じた資金や労力のうちで回収できないコスト〕は、埋没して取り戻せないからサンクコストと呼ばれるのだ。

それに、何年も続けてきた価値あることなら、そのスキルや経験は他の活動にも活かせるはずだ。スポーツはその典型例。私は大学時代のボート部での活動を通してその後の人生に活かせる粘り強さや努力の大切さを学んだが、もう二度と競技用ボートに近づくことはないだろう。リストに入れた趣味は、しっかり楽しもう。

だからといって、無理する必要はない。ポッドキャストを聞きながら気楽に楽しめる活動だと思って料理を趣味のリストに入れたのに、毎月レッスンを受けなければならないとか、毎晩5品のコース料理をつくらなければと張り切りすぎてはいけない。ただし、**時間やコストを惜しまずに趣味を楽しむのは大切**だ。オペラを趣味に選んだら、最高のオペラを観にいき、費用や時間のことは気にせず堪能しよう。これが、趣味を限定することのメリットだ。数を絞って自分の趣味を明確にしたからこそ心行くまで味わえる。趣味こそフォーカスが大切だ。

第2章のまとめ

◆注意、時間、エネルギーを意識的に使う

経済的自立は、最も生産的なことに長期間フォーカスし続けることで実現する。

◆ハードワークの必要性を認める

基本的に、富を得るには、人生の一定期間、生活の一部を犠牲にして仕事に時間と労力を投じなければならない。そのことを受け入れられず、心の整理ができていないと、今すべきことへの集中力や、長期的な満足感が損なわれる。

◆情熱を追い求めてはいけない

自分の才能を追求しよう。

◆時間をかけて自分の才能を見極める

自分にどんな才能があるかが、明らかであるとは限らない。自分自身ですらわからないこともある。自分で「これだ」と思っているものや、「これであってほしい」と願っているものではないことも多々ある。新しい状況に身を置き、まわりの人に「私の強みは何か？」と尋ねてみよう。好奇心をそそられ、ワクワクするものを探ろう。

◆熟達にフォーカスする――情熱は後からついてくる

持続的でやりがいのある情熱はハードワークの産物であり、その原因ではない。

◆努力を継続する

「新しいことに挑戦してチャンスをつかめばすぐに大成功できる」と期待しないこと。「一夜にして成功した」という話のほとんどは、長年の努力の賜物だ。失敗しても、そこから学べばそれは成功のもとになる。

◆一番高い波がくるビーチを探す

市場のダイナミクスは個人のパフォーマンスに勝る。最大のチャンスがあるところに行けば、最大のチャンスが得られる。

◆コミュニケーション力を磨く

どんなキャリアパスでも、コミュニケーション力は武器になるし、成功に欠かせないものであることが多い。小説を読み、映画を観よう。情報を視覚的に表示する方法を学び、優れたプレゼンターがどんなふうに聴衆を魅了しているかを探ろう。

◆スキルだけでなく業界や企業のカルチャーに基づいてキャリアを選択する

自分のスキルに合った仕事をしたいのは当然だが、職場が自分の性格に合っていることも重要だ。自分の能力を最大限に引き出してくれる人たちと一緒に仕事をしよう。

◆一般的なキャリア以外にも目を向ける

学校の成績が良いと、良い大学や大学院に進み、知識労働の分野（経営、テクノロジー、金融、医学、法律等）に進むことになるはずだ。これらは素晴らしいキャリアになりうるが、不幸な法律事務所のパートナーや上級副社長もたくさんいる。世の中には様々なキャリアの道がある。建築学から動物学まで、様々な分野に目を向けよう。メインストリート経済を見逃さないようにして、自分の才能を追いかけよう。

◆都市に出て、オフィスで働こう

20代、30代は仕事のやり方を学び、懸命に働き、人脈を広げ、世の中を存分に知る時期だ。そのため、まわりに人がいる環境で働くほうが望ましい。

◆やめどきを知る

粘り強さは大切だが、それが自殺行為になってはいけない。賭けをしているときは、やめることも選択肢に入れておくべきだ。

◆会社ではなく人に忠誠心を持つ

会社は営利目的の組織だ。あなたのことを第一に考えてくれはしないし、あなたのことを永遠に覚えてくれるわけでもない。組織があなたに忠誠心を持ってくれないことを忘れないようにしよう。

◆趣味に優先順位をつける

仕事以外の趣味は楽しいだけではなく、日々の幸せや人生全体の充実に不可欠だ。しかし、それはフォーカスの妨げにもなる。自分が何を追い求めているかよく考え、自分に合わなくなった趣味は手放そう。

第3章 お金と時間の法則

フォーカス
＋
ストイシズム
×
時間
×
分散投資

時間は長期的には「味方」になり、短期的には「敵」となる

20世紀のアメリカの詩人デルモア・シュワルツ（1913〜1966）は、「時は我々を燃やす炎である」と書いた。[74] 重い表現だが、この言葉は本質を突いている。

時間は容赦なく、不可避的に私たちを飲み込んでいく。過去は記憶であり、変えられない。未来は、夢のようにつかみどころがない。

あなたがコントロールできるもの、そして存在できる場所は、今この時しかない。

過去のことをくよくよ悩んだり、何も行動を起こさなくてもバラ色の未来がやってくると思っていたりすると、過去は変えられないのに、できなかったこと、直せなかったことを悔やみながら生き続けることになる。

あなたは宇宙そのものより機敏で才能がある。

宇宙はあなたのように流暢に誰かとコミュニケーションを取ることも、細かなニュアンスを理解することもできない。

あなたはウサイン・ボルトのように速い。しかし、宇宙は最も不変な武器である「時間」の支配者であるため、結局はあらゆる場所であらゆるものを凌駕する。

宇宙は数十億年単位で見れば、最終的には他のあらゆるものを追い越せるのを知っていて、氷河よりも遅いゆっくりとしたペースで動いている。

時間はあなたの最も貴重な資源だ。

特に若い人たちにはたっぷり時間があるが、本人たちはその武器を持っている自覚が乏しく、使い方も知らない。

まだ25年しか生きていなければ、これから先の人生が50年以上続くことが想像できないのも無理はない。忍耐強さがあれば、時間が持つ大きな力を引き出せる——この概念を理解できるかどうかが、日々のことばかりに目を向けず、富を築くために必要な長期的なマインドセットを持てるかどうかの分かれ目になる。

時間は貴重だ。浪費したお金は取り戻せるが、浪費した時間は永遠に失われる。

ただ、「1秒たりとも時間を無駄にするな、リラックスしてはいけない」という意味ではない。何もしないのはいいことだし、むしろとても大切だ。

だが、ダラダラと無為にすごしてばかりいるのはもったいない。

富を築くことに関して言えば、時間は長期的には**味方**になり、短期的には**敵**になる。

これには3つの側面があり、本章ではそれを1つずつ見ていく。

まず、時間には物事を雪だるま式に増やす力がある。

この概念は、「複利」という言葉で表現される。

複利は、ファイナンシャル・プランニングの中心的な考え方になる。この複利の力のおかげで、資本のわずかな増加が莫大な利益になりえるのだ。

だが、複利が当てはまるのは投資から得られるリターンだけではない。資産の運用コストも複利で増える。そのため、運用方法が悪ければ、その分リターンは減ってしまう。

インフレにも複利効果が生じる。これは資産の基盤を容赦なく侵食する大きな敵になる。複利の法則はファイナンス以外の世界にも当てはまる。習慣の形成から人間関係の構築まで、あらゆる領域における私たちの行動は複利効果の影響を受ける。

2番目は、現在という時間を経験することだ。フォーカス（第2章）とストイシズム（第1章）はどちらも、今、この瞬間を最大限に活用するためのアプローチである。

富を築くには、自分が時間をどう配分し、お金をどう使っているか（この2つは実質的に同じだ）を明確に理解していることと、大小様々な判断を適切に下せるスキルが必要になる。

3番目は、「時間がもたらすトレードオフ」という究極の問題だ。

富を築くとは、考えてみると不思議な概念だ。

なぜなら詰まるところ、それは他の誰か――つまり、未来の自分――を幸せにするために、今の自分の喜びを我慢することだからだ。

私たちが働くのは、近い将来の自分のための食費や住居費を稼ぐためだ。

そして私たちが貯金や投資をするのは、遠い将来の自分が経済的自立や豊かな生活を手に入れられるようにするためだ。

未来の自分を想像し、時間の力を活用したら何が起こるかを想像することが、近い将来の自分と遠い将来の自分の幸せのトレードオフを受け入れるためのカギになる。

どんぐりがオークの木になる複利効果とは？

時間は、小さな変化を大きなものに増大させる。

時間があるからこそ、どんぐりはオークの木に成長し、川は渓谷を切り開く。経済でも、人生でも、時間が持つ力は複利効果に見られる。

時間に関する絶大な権威である理論物理学者のアルベルト・アインシュタイン（1879〜1955）は、「複利は（世界の七不思議に次ぐ）世界の8番目の謎である」と語ったと言われている。

そのとおりだ。しかし、複利は単純な計算で表せるものでもある。

100ドルを年利8％で複利運用したとしよう。

1年目のリターンはわずか8ドルで、100ドルは108ドルになる（図表7）。

しかし2年目は、さらに8ドルが増えることに加え、1年目のリターンである8ドルも8％の利回り（64セント）で運用される。

図表7　100ドルを年利8%で投資した場合の「単利」と「複利」の運用差

単利（非複利）運用		複利運用
108ドル	1年目	108ドル
116ドル	2年目	117ドル
124ドル	3年目	126ドル
180ドル	10年目	216ドル
340ドル	30年目	1006ドル

この64セントは、いつかは**巨木に成長する「どんぐり」**になる。

単利（非複利）で運用していたら2年目終了時点の資産は116ドルだが、複利で運用していれば117ドルになる。

3年目は、元本の100ドルに対して8ドルのリターンが得られ、1年目のリターンである8ドル、2年目のリターンである8ドル64セントに対しても8%のリターンが得られる。

3年目終了後の総額は、単利運用が124ドルに対し、複利運用は126ドルになる。どんぐりはしっかり芽を出している。

10年目、100ドルは複利運用だと216ドルに増えている。これに対し、毎年元本の8%だけを追加する単利運用はわずか180ドルだ。

30年目、100ドルは複利運用だと1006ドルに増えているのに対し、単利運用だと340ドル。複利運用の場合、単利運用よりも元本の7倍近く（1006－340＝666ドル）多く増やせることになる。

どんぐりは、オークの木に成長した。

複利は、銀行が提供するオプションのサービスではない。

これは、利息が増える仕組みに組み込まれている。その影響は、次の式で計算できる。

将来価値＝現在価値×（1＋利回り）^{運用年数}

この計算式は、現実の様々な状況（たとえば複数の投資をしていて、時間の経過とともにリターンが変化する場合）によって複雑になるが、これが基本原則である。実際に計算してみよう。

次の図表8は、年間1万2000ドルを利回り8％で10年間投資した場合にどれくらい資産が増えるかを示したものだ。

25～34歳までの10年間で投資した場合、65歳になったときには資産は250万ドルに増える。

しかし、45～54歳までの10年間で投資した場合は、65歳時点での資産は50万ドル。若いうちに投資すると、年齢が上がる（お金が必要になる時期）につれて複利効果で資産が加速度的に増えることがわかる。

図表8　複利の魔力

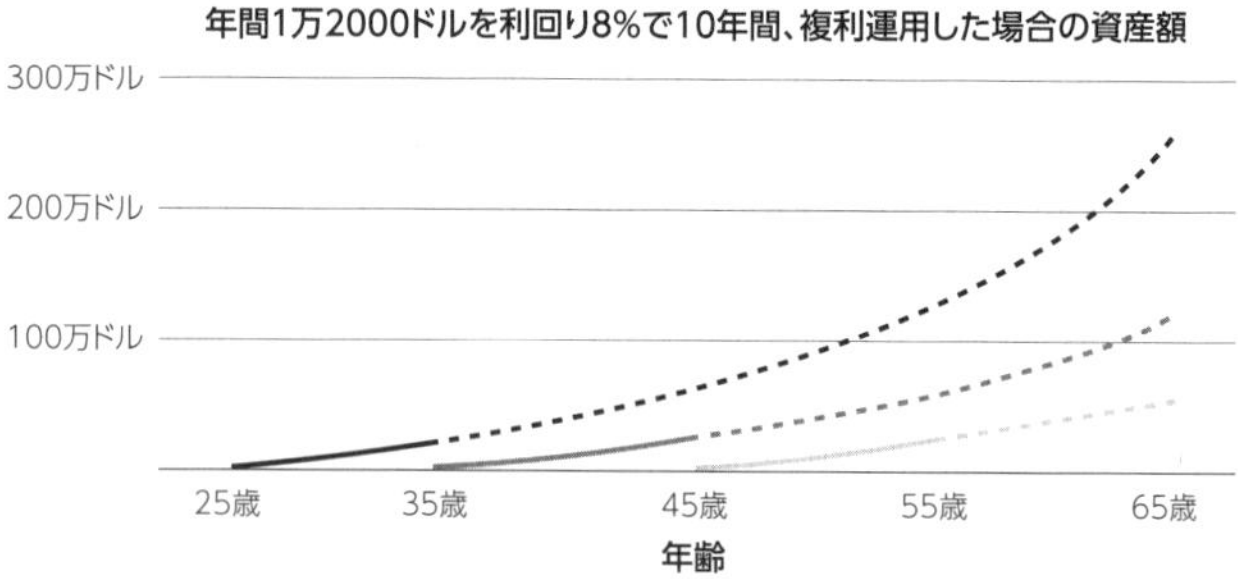

世界屈指の投資家であるウォーレン・バフェットの全資産の99%は、複利効果によって**52歳以降**に得られたものだ。**投資とは、オークの木を植えるようなもの**だ。始めるのに最適な時期は10年前。2番目に良い時期は**今**だ。

インフレは「富の柱をかじるネズミ」で家の土台を腐らせる

複利には悪しき双子の片割れがいる。インフレーションだ。利回りが複利で資産を増やしている一方で、インフレは同じ複利の力を使ってそれを容赦なく減らしていく。それは**富の柱をかじるネズミ**であり、**家の土台を腐らせる**ものだ。インフレは、決して下がることのない上げ潮だ。

私たちは、インフレ自体を避けられない。だが、その影響から逃れる方法が1つある。

それ以上のペースで資産を増やすことだ。

インフレも複利も数学的な仕組みは同じだが、その方向が違う。

インフレ率を年3％とすると、現在100ドルの商品は1年後には103ドルになる。将来的にそれがどうなるかは、想像できるのではないだろうか。年率3％のインフレが続くと、10年後に同じ100ドルの商品価格は134ドルになる。30年後（老後資金を考えるのなら十分に現実的な期間だ）、この商品価格は243ドルになる。

別言すれば、年3％のインフレが続く場合、30年後の老後生活で現在と同じ購買力〔訳注：ある単位の通貨でモノやサービスを買える量〕とライフスタイルを享受するには、今の**2・5倍の生活費が必要**になるということだ。

これは好ましいシステムではない——それは実質的にあらゆるものに課される税金と同じであり、経済的自立に至る道のりを極めて険しくする。

しかも、その税金を取られる見返りとして目に見えるメリットもない。

しかし、インフレが経済を動かす根本的な力であることは間違いない。その力を無視すれば、私たちは危険を冒すことになる。

FRBなどの中央銀行はインフレ率にある程度の影響力を持ち、年率2％前後に抑えようとしているが、成果はまちまちである（インフレ率の測定に用いられる物価指標には様々なものがある。メディアでよく目にするのは消費者物価指数＝CPIで、これは消費財価格を集計したもの）。

21世紀に入ってからのアメリカのインフレ率は基本的に低めだったが、2022年には年率8%に達した。だが、それを上回る国もあった。

アメリカの過去100年間のインフレ率は年平均約3%。計画を立てるには良い数字だ。

30年後の10万ドルは、今日の4万1200ドルの価値しかない

インフレはすべてのモノやサービスに対して一様に作用するのではない。

特に教育費と医療費はここ数十年、インフレ率を上回るペースで上昇している。1980年以降、大学の授業料は年間約8%ずつ上昇している。

テクノロジーにはデフレ圧力がかかりやすい。コンピュータの価格は年々安くなり、性能も向上している。つまり、同じパフォーマンスあたりの価格は急落している。

また、長期的なトレンドとは関係なく、かなりの価格変動が見られる分野もある。たとえばガソリンは、過去20年間に何度も1ガロン（約3・785リットル）あたり2〜4ドルの間を行き来している。

インフレは、所与のものと考えたほうがいい。

そのため資産を築くためには、その分、高い目標を設定する必要がある。

長期的な資産運用の計画を立てるときは、年月の経過とともに物価が上がることを考慮しなければならない。

年収が10万ドルあれば、今なら豊かな生活を送れるだろう。

だが、**30年後の10万ドルは、今日の4万1200ドル相当の価値しかない**ことを忘れてはいけない。

生まれたばかりの子どものために、大学の学費の貯金を始めたとしよう。

現在、大学4年間の授業料の相場が20万ドルとすると、インフレのために、子どもが大学に行くときには約36万ドルが必要になる可能性が高い（これは授業料が年間3％上昇したと仮定した場合だ。実際にはもっと高くなる可能性がある）。

多くの資産を現金で持ってはいけない理由

先ほど、インフレの影響から逃れる唯一の方法は、「それ以上のペースで資産を増やすことだ」と言った。インフレ率が3％とすると、購買力を維持するには最低でも3％の利回りで資産を運用しなければならない。

しかし、購買力を維持するだけでは実質的に資産は増えない。必要なのは、**インフレ率を上回る投資収益率である「実質リターン」**を得ることだ。

実質リターンは、利回りからインフレ率を引くことで概算できる。インフレ率3％のときに利回り5％で資産を運用すると、実質リターンは約2％となる。

収益率や金額などの金融指標は、インフレを考慮して調整されている場合は「実質」、調整されていない場合は「名目」という文字が頭につけられることが多い。

100ドルの商品があり、3％のインフレが10年間続いたとすると、10年前に「名目ドル」で100ドルだったものが、「実質ドル」では134ドルになる。

言い換えれば、10年前の100ドルと同じ購買力を得るには、現在の134ドルが必要となる。実質ドルは「恒常ドル」や、特定の年を用いた「2023年ドル」のように表現されることもある。

インフレを考慮しないことは、ファイナンシャル・プランニングでよくある大きな過ちである。

資産を現金で保有しておくと、安心感を得やすい。株や債券と違ってすぐに引き出せるし、貯金も把握しやすい。金融市場の下落などで生じる短期的な痛みも回避できる。

人間は痛みを避けたい生き物だ。それでも、短期的な場合を除き、資産の大部分を現金で持つのは賢い方法ではない。なぜなら日々、資産を失ってしまうからだ。

現金で資産を保有していると、インフレのために**年3％のコスト**がかかる。しかもその影響にはコストが雪だるま式に増えていく、**負の複利効果**もある。だからこそ、資産は現金で保有せずに投資し、インフレ率を上回る利回りで運用すべきなのだ。

64セントを数百ドルに、1万2000ドルを250万ドルに成長させるために、今すぐ行動を起こそう。

今この瞬間はごく小さなものであるため、その積み重ねがどれほど大きな可能性を秘めているかを想像するのは簡単ではない。これは人間の認識能力の欠点でもある。それを克服し、今この瞬間の力を使いこなすことが、長期的な資産運用のためには不可欠だ。

人生の時間軸を変えれば、人生が変わるのである。

時の流れは人を欺く――投資で気をつけるべきバイアス

時間は大きな力を持つ、とても重要なものだ。にもかかわらず、私たちは時間を理解するのが苦手だ。

人間の脳は、精度の粗い経験則や近似値に基づいて思考する（ある研究では人間の心は「錯覚のフルメニュー」であると表現されている[75]）。

簡単な実験をしてみよう。9日間の休暇を予定していたが、直前になって「そのうち1日は働かなければならない」と言われたとしよう。とてもガッカリするのではないか。

では次に、3日間の休暇を予定していたが、直前になって「そのうち1日は働かなければならない」と言われたとしよう。

ガッカリ度合に、違いはあっただろうか？

人は、目の前の物理的な景色を認識するときに生じるのと同じような歪みを持って時間を認識している。

同じ不快な出来事でも、それが遠い将来に起こると考えたときより、近い将来に起こると考えたときのほうがより悪いものだと感じる。

また、人は同じ2つの出来事でも、遠い将来に予定されているよりも、近い将来に予定されているほうが、その2つの出来事の間隔が離れていると感じることがわかっている。

ある実験では、被験者に1週間間隔で起きる2つの出来事を「連続して起こる」「時間的にやや近い」「遠く離れている」のいずれかで評価させた。

その結果、2つの出来事が遠い将来に予定されているよりも、近い将来に予定されているほうが、2つの出来事の間隔が離れていると答える傾向が見られた。[76]

今持っているお金のほうが将来持っている同額のお金より価値があるように（↓352ページ）、私たちは遠い将来の出来事より近い将来の出来事を重要だと感じるのだ（こうした歪みは人間の脳における多くの複雑な認知機能と同様、理にかなっている部分もある。たとえば、遠い将来に起こると予想される出来事は、近い将来に起こると予想される出来事より実際に起こる可能性は低い。とはいえ、それが私たちの認識を曇らせているのも事実である）。

時の流れは人を欺く。これは特に投資に当てはまる。

私たちの過去の投資パフォーマンスの記憶には、正のバイアスがかかっている。[77]

つまり、失敗より成功をよく覚えている。これは将来の見通しに影響し、結果として過信につながる。

例外的に、過去の失敗を誰かのせいにしている場合は失敗をよく覚えているが、その場合、自らの能力についての判断をさらに歪めてしまう（後述するように支出に関してこまめに記録を取ることがその対策になる）。

同じように、多くの人は良いときの記憶を、その後の基準にしようとしがちだ。

これが、本章で後述する「ライフスタイルクリープ」〔訳注：物質的な豊かさの基準を常にリセットし、上げ続けようとする傾向〕の基本的なメカニズムだ。

たとえば、一度フォーシーズンズのような高級ホテルに泊まれば、それなりにいいホテルに泊まってもそれまでのように楽しめなくなる。

20ドルで買った株がいったん100ドルに上がってから90ドルに下落した場合、実際には70ドル得しているにもかかわらず、10ドル損したと感じてしまう。

これらの問題は、現実の時間だけを前提にしているから起きる。

ファイナンスが教える「機会費用」の重要性

ファイナンスでは、「もしこれとは別の投資をしていたら？」についても考えなければならない。だが、私たちはそれをよく怠る。

私が今言っているのは、経済の専門用語で「機会費用」と呼ばれるものだ。**機会費用とは、実際とは違う選択肢を取っていた場合に得られたであろう利益**を指す。

大学院に進学するコストについて検討している若い人たちは、よくこの間違いを犯す。大学院進学にかかるコストは授業料だけではない。大学院に通わずに働いていたら稼げたはずのお金や、そのお金を投資に回していたら得られたはずの複利効果も考えなければならない。また、時間は均等なペースで進んでいくが、個々の人生はそうではない。

一般的に、年齢が上がるにつれ、収入と支出はある程度予測可能なパターンで増減していく。10代後半から20代前半までは、たいていの人が浪費家だ。

20代になると収入が増え始め（大学院に進学して社会に出るのが遅れない限り）、理想的には支出を上回る。徐々に稼ぐ力が高まり、社会的な責任が増すにつれ、収入も支出も上がり続ける。結婚して子どもがいる場合は、子どもが成人して働き始めると支出が減る。真面目に働き、賢明で、幸運に恵まれた人は、収入が増え続ける。

やがて高齢になるにしたがい、あらゆる物事への興味や体力、欲求などが若い頃に比べ低下していく。収入は徐々に減っていく場合もあれば、会社を退職すると同時に（退職パーティで同僚に見送られて）途絶える場合もある。

老後生活の最後には、医療費などによって支出が増える場合が多い。あなたの優先順位と戦略は、この人生の道のりを進みながら変化していく。

真の通貨は「時間」

どれだけ金持ちでも、どれほど貧しくても、1日は24時間しかない。

誰にとっても同じ時間が、刻々とすぎていく。無駄にしてしまった時間の払い戻しはなく、銀行は時間を貸してくれない。富やチャンスをお金で測るのは現実的だ。

しかし、**本当に重要な通貨は時間**なのだ。

私が子どもの頃、父は出張が多かった。両親が離婚する前は、出張に出かける父を、母と一緒にロサンゼルスのオレンジ・カウンティ空港までよく見送りに行った。

空港に続く通りから階段をのぼっていくと、円形のバルコニーがあり、そこにバーがあった。当時はセキュリティチェックなしで中に入れた。

父はいつも私をバルコニーに連れ出してくれた。航空機のエンジン音が鳴り響くときは、私の耳を塞いだ。

私たちはパイロットがパーキングブレーキを解除し、砂浜に寝転がっていたアザラシのような飛行機の機体が、上空1700メートルを舞うワシへと変身するのを眺めた。

父は727とDC－9の違い（前者はエンジンが3つ、後者は2つ）、L－1011とDC－10の違い（3番目のエンジンが前者は胴体、後者は垂直尾翼にある）を教えてくれた。パシフィック・サウスウエスト航空の飛行機は機首にスマイルマークが描かれており、バルコニーの窓越しに私たちのほうを見てニッコリ笑っていた。その瞬間は、とても有意義な時間だった。

これほど簡単なファイナンスの決断はない——自分専用ジェットを買ったワケ

そのおかげで、私は今でも飛行機が大好きだ。

深夜にスポーツチャンネルのESPNを見たり、ネットでファッション情報を見たりする人もいるが、私は何時間も飽きもせず飛行機のことを調べ、記事を読んでいる。

約6年前、私はあのバルコニーバーで始まった夢を実現した。

自分用のジェット機（ボンバルディア・チャレンジャー300）を購入したのだ。飛行機を買い、フルタイムのパイロットを雇い、格納庫のスペースからカーボンオフセットに至るすべての管理を管理会社に任せるのは、多くのお金と時間がかかる。完全に合理的なことだと正当化はできない。けれども、私は次のように正当化した。

当時、私はマイアミで家族とくらしていたが、週に一度はニューヨーク大学で教えなければならなかった。

それに毎週のように、アメリカのどこかで講演や会議をしていた。出張続きのスケジュールからすると、自分専用ジェットがあれば、家ですごせる日が年間13日増えることになる（自家用機には大きな利点が2つある。スケジュールどおりに飛ぶことと、車を降りてから徒歩2分で機内に乗り込めることだ――チケットもセキュリティチェックも必要ない）。

10年保有すれば、家族とすごす時間が130日増え、2人の息子と4か月多くすごせたことになる。考えるとゾッとしてしまうが、日々成長している息子たちは、いつかは家を出て行ってしまう。飛行機の所有コストは、年間約120万ドル（税込）。

ここで私は自問した。人生の終わりに私が望むのは、10年後、銀行口座に1200万ドル多く残っていることなのか？　それとも息子たちとの4か月分の思い出なのか？

大金ではあったが、これほど簡単なファイナンスの決断もなかった。

あなたの「時間泥棒」を探せ

何があなたの時間を奪っているのだろう？

お金のことばかり考え、時間を無駄にしていないだろうか？

食料品の買い物を例に取ってみよう。

たいていの地域では、様々なタイプの食料品宅配サービスを利用できる。

食料品の買い物に週3時間費やしているとすると（車で店に行き、買い物をし、持って帰る）、年間150時間、つまり1日16時間起きているとすると、10日近くも旅行に行けるくらいの時間を費やしていることになる。その代わりに、ウーバーなどで食料品を配達してもらい、浮いた2週間分の時間をリラックスタイムや仕事に費やせたら、どうなるか？

もっと人生が豊かになるはずだ。特に、食料品を買いに行くのが面倒で、週2、3回、デリバリーフードを頼んでいる人は、ウーバーで週25ドル分追加で食料品を配達してもらえば、ウーバーイーツに支払う100ドルに加え、買い物に行く時間も節約できる。

この計算は簡単だ。とはいえ例外もある。食料品の買い物（または掃除や料理、洗車）がストレス解消になっている人は、存分に楽しめばいい。

私は怠惰であることや、サービスに湯水のようにお金を使えと言っているわけではない。家の掃除や食料品の宅配サービスを利用し、浮いた時間でネットフリックスばかり見ていたら、ネットフリックスにお金を払っているのと同じだ。

大切なのは、そのサービスにお金を払うことでつくった時間を、そのときの気分でやりたいことだけでなく、生産的な活動に使うことだ。具体的には、仕事や勉強、人間関係など。若いうちは、できる限り仕事に時間を使おう。

人類史上最大の「富の破壊者」とは？

SNSは、おそらく人類史上最大の「富の破壊者」だ。

人生の大切な時期にいる若い人たちから、仕事や（現実の）人間関係に費やすべき貴重な時間を何年分も奪っている。

スマートフォンのOSに組み込まれているスクリーンタイムレポート機能を使って、毎日SNSに何時間費やしているか確認してみよう。その見返りとして得ているものは何か？

SNSには、ユーザーのドーパミン分泌を促す中毒性のある刺激をつくり出すために、大勢のプログラマーやプロダクトマネジャー、行動心理学者があの手この手を尽くしている。彼らはあなたの味方ではない。あなたがインフルエンサーなら、SNSに費やす時間は仕事とみなせるのかもしれない。だが、ほとんどの人はそうではないはずだ。

ある研究によれば、SNSの利用は、27種類の余暇活動の中で、「人をどれだけ幸福にするか」という観点からは**最下位**だった[78]（SNSアプリをなるべく開かないようにするヒントを紹介しよう。アプリを使い終えたときは毎回ログアウトし、次回はログイン情報を入力しなければいけないようにする。するとアプリを開くハードルを上げられる）。

「スマホなどのＩＴ機器に時間をかけすぎるな」と言うのは簡単だ。

だが、仕事中にも無駄な時間はたくさんある。

時間を節約するために、メールのフィルタリングやスケジュール管理の自動化、クラウドサービスの使用、業務用専門ツールなどのテクノロジーを活用して身を守ろう。

ネット上には、あなたがダウンロードするのを待っている生産性向上ツールが無数にある。

これから数ページにわたってお金の使い方と節約の方法についてのヒントを説明していく。

だが、本当に大事なのは時間のことだ。

会社がアシスタントをつけてくれるなら、その人に力を発揮してもらえるようサポートしよう。最初は、アシスタントに仕事を任せるより、自分でやったほうが早いと思うかもしれない。だが、これは一種の投資だ。私に超能力があれば、自分一人では大きなことは成し遂げられないと認識し、資本（時間とお金）を投じて、スキルの乏しい自分に代わって様々なことを常に他人や業者に頼んでいるだろう。

これは、私のように根が怠慢な人間だからこそできることだ。

私は若い頃から、何かをしているときにいつも「これと同じことを、自分以上にうまくできる人がどこかにいるはずだ。誰かにお金を払ってそれをしてもらい、自分はその代わりに普段の仕事をしてそれ以上のお金を稼げるなら、そうすべきではないだろうか？」と疑問に思っていた。手始めとして利用できるのは、清掃サービスやデリバリーフードなどだ。現在の私は、自宅のインテリアやパソコンまわり、家事全般、庭の手入れ、税金対策、コンテンツの編集、衣類の管理、夜の外出先（コンシェルジュにお勧めを尋ねる）、休暇やイベントの計画、平日の犬の散歩、フィジカルトレーニング（パーソナルトレーナー）、乗り物の運転、食料品の買い物、栄養管理、さらにはギフト関連など、ありとあらゆるものをアウトソースしている。

お金の使い方がうまい人は、時間の使い方がうまい人

そう、私はほぼすべてのスキルに関して無能なのだ。

でもそのおかげで、自分の時間を大切な2つの活動につぎ込める。

1つは、自分がお金を稼ぐためにしている仕事で世界一を目指すこと。

もう1つは、幸福感を味わうこと（週末に犬の散歩をする、息子たちと時間をすごす等）だ。そのためにテクノロジーも活用できるが、それ以上に役に立つのが**時間管理のスキル**だ。

お金の使い方がうまいということは、時間の使い方がうまいということだ。

既存の時間管理法の中から、自分にぴったり合うものを見つけられる幸運な人もいるだろう。私はそうではないが、デビッド・アレンの『はじめてのGTD ストレスフリーの整理術』（二見書房）がバイブルという人も多い。

私のおもな時間管理術は、**徹底的な優先順位づけ**だ。「徹底的」というのがポイント。

もう何年も、受信トレイをきれいに整理しようとしたり、あらゆるタスクを1つ残らず片づけようとしたりしていない。やるべきことは無限にあり、時間には限りがあるので、何をすべきかよく考えるようにしているのだ。

私の仕事には、テレビ番組への出演や、ポッドキャストの収録、講演のプレゼンテーションづくり、書籍の執筆など、短時間で100%の集中力が求められるものが多い。

講演の依頼者は、前夜の夕食会で私がよそよそしく、上の空でいるように見えるだろう……実際、そのとおりだ。私は翌日の講演で、スライドの図表に合わせてどんな話をしようか、どのタイミングで動画を見せようか、ドラマチックな効果を出すためにどこで話のペースを落とすべきかなどを考えている。そのせいで、ホテルの名前を思い出せなくなったり、アシスタントに言われるまで翌朝食事をするのを忘れたりしてしまう。

貯金の「筋肉」をつけていく習慣

私はよく、アメリカでは高齢者が富を貯め込み、若い世代が富を築くのに苦労していると指摘する。

とはいえ、高齢者にはなく、若者には豊富にある富の源泉がある。それは時間だ。

しかし皮肉なのは、たいていの人がこの時間という富を浪費した後で、初めてその価値に気づくことだ。

本当なら、若者はお金持ちが富を活用するように、たっぷりある時間を活用できるはずだ。だが、それができる人はほとんどいない。若くて時間が豊富にあるのだから、一生懸命働いたお金で人生を楽しむべきなのだろうか?

世の中には、若いうちからできる限り生活を切り詰めて貯金すべきというパーソナル・ファイナンスのアドバイスがあふれている一方で、「若いうちは収入が低いので、貯金はもう少し後からでもいい」という、経済学者が計算に基づいて推奨するアドバイスもある。私はこの件に関しては、経済学者の意見に9割賛成だ。

若いときのエネルギーや情熱、リスクを取る意欲はそう長くは続かない。だから今という時を楽しむべきだ。結婚し、子どもが生まれ、住宅ローンを抱え、犬を飼うようになったら、20代の頃のように気ままな日々を楽しむのは難しくなる。

とはいえ、人間の行動は経済学のアルゴリズムですべて説明できるものではないし、数理モデルのように簡単に変化しない。私は、今を楽しむ一方で、若いうちに貯金の習慣を身につけ、**貯金の「筋肉」**をつくっておくことをお勧めする。この習慣は将来、複利効果をもたらしてくれるだろう。

以降のいくつかのセクションでは、富を築くためのカギとなる予算管理と貯金の方法について説明する。だが、働き始めて10年未満の人は、これをいくら貯めたかという「結果」の問題ではなく、「**行動**」の問題として読んでほしい。

貯金はすべきだ。だが、まず大切なのは貯金を通じてそれを習慣にし、良い行動を培い、**人格を磨く**ことだ。

練習が終わり、大きなゲームが始まるのは、収入が上がる年齢になってからだ。20代の頃はあまり大きな額を貯められなかったはずだから（それは年齢的に難しい）、それ以降で挽回していく必要がある。リンドン・ジョンソン元大統領（1908〜1973）が言ったように、「これからが本番」なのだ。

「幸福な金持ち」になれない人のたった1つの特徴

「お金の心配をしたことがない」とは、金持ちの常套句だ。

だが、それはデタラメだ。私の知っている金持ちはみな、お金に執着している。

ただ、必ずしもお金を手に入れることに執着しているわけではない（それが当てはまる人もいる）。

しかし、どんな金持ちも、映画『ロード・オブ・ザ・リング』に出てくるゴクリにとっての指輪のように、お金に目を配り、管理し、大切にしている。

「お金のことを考えていません」と言うのは、一見謙遜なようでいて、実は自慢である。

なぜなら実質的に、「私は何もしなくても勝手にお金が入ってくるし、長期的な計画を立てたり考えたりしなくてもうまくやっていけます」と言っているのに等しいからだ。

私は大人になってからは常に、今どれくらいのお金を持っているか把握してきた。把握していなかったときは、決まって思いがけないお金の問題を抱える羽目に陥った。

お金や支出を管理していないと、結局、お金が足りないことに気づく。

若い頃はろくにお金がなかったので、有り金を数えるのは簡単だった。

それでも、大学の友愛会からいくら借りているのか、クレジットカードの請求額は把握していた。

今でも毎週、証券会社の担当者と話をしている。こんなふうに自分の経済状況を把握するときに気をつけたいのは、**合理的に執着**することだ。

つまり、感情に振り回されないようにして、収入や支出、投資を把握するということ。知的なエクササイズのようなものだと思って、いたずらに不安にならずにコントロールの感覚を保つのがコツだ。

私はこの原則に基づいてL2社を設立し、デジタルビジネスのマネジメントに応用した。

同社では、顧客企業のＩＴビジネスのパフォーマンス向上を支援した。

私たちはまず、顧客と協力して目標を明確にし、目標達成に何が必要かを特定した。

次に、進捗測定に関する指標を定めた。この指標をどう管理するかが極めて重要になる。

「**測定できるものは管理できる**」（ピーター・ドラッカーが言ったとされることが多いが、おそらく実際は違う）[79]という言葉は、至言であると同時に、注意して受け止めなければならない。指標を定めると、指標の動きを監視することでポジティブなフィードバックが得られるようになる。けれども、どんなものを測定しても、何らかのフィードバックは得られるものだ。そして、間違った対象を指標にすると行動が歪められてしまう。

また、コントロールできないものを指標にすると、フラストレーションが溜まる。

優れた指標とは、**効果**（測定対象が目標に貢献する）をもたらし、**良い影響をもたらす**（指標を測定することで行動が望ましいものに変わる）ものである。

重要事項のすべてが測定できるわけではないし、最良の指標が常に自明なわけでもない。株価が下がったときは、市場全体のパフォーマンスを基準にして測定すべきだ。

1つの指標だけ見ていると、あまり役立たなくなる。「コレステロール値」や「子どものデジタル機器の使用時間」「配偶者の幸福度」などを考慮せず、自分がどれだけお金を持っているかだけにこだわっていたら、経済的には裕福になれても幸せにはなれないだろう。

最終的に測定すべきは**生活の質**だ。つまり、「これが満たされていたら私は幸せだ」という指標をいくつも持っていることが大切なのだ。

「貯金」を「構築」、「予算」を「配分」と呼ぶ投資効果

私はお金の管理について話すとき、「貯金」の重要性や「予算」の必要性を強調する。貯金や予算という言葉に込められた厳しさや、困難なことに向かって備えているという感覚が好きだからだ。私はそこに美徳を感じる。

でも、好みは人それぞれだ。私のようなマッチョな態度が苦手な人は、「貯金」を「構築」や「投資」など、もっとポジティブな言葉に置き換えてもいいだろう。

つまり、あなたの目標は今月1000ドルを「貯金」することではなく、1000ドルの富を「**構築**」することだ。「予算」という言葉が固すぎるなら、「**配分**」に変えてもいい。

ただし、受け身の表現は避けるようにしよう。弱さを助長したり、主体性の欠如につながったりするからだ。何をするにせよ、**主体的にやっている感覚**を持つことが大切だ。

資産形成の初期段階である20代や30代では、貯金より**支出**を管理するほうが重要になる。支出はどれくらい貯金できるかを決定し（**効果**がある）、私たちの行動に直結する（良い**影響**をもたらす）。

支出を記録するのは楽しくないが、これほど重要な習慣もない。

ちなみに、起業家になりたいなら、出ていくお金に注意することが成功のカギになる。

まずは、個人的な支出から始めてみよう。

人生でもビジネスでも、お金は注意していないとすぐに消えていく。

資本主義社会では、あらゆる人に湯水のようにお金を使わせるよう、「ほしいから」ではなく、「必要だから」と思わせる新しい商品・サービスが次々と生み出されている。

現代では、支出の大半は電子化されているので、記録するのは以前より簡単になったように思える。だが、すべてのデータをデバイスで保存できるという便利さは〝落とし穴〟にもなる。私が子どもの頃、母は請求書を紙の小切手で支払い、その都度、律儀に数字を記録し、何にお金を使ったかをメモし、小切手帳で残高を確認していた。こうすると手間はかかるが、リアルタイムで支出を把握できる利点があった。アプリでただデータを集めても、ろくに数字を見ないなら、支出を管理しているとは言えない。

実際の支出を記録すると起こる大きな変化

映画『砂と霧の家』（傑作だ）で、ベン・キングズレーが演じる登場人物は、毎日、スニッカーズといった細かなものに至るまで、あらゆる支出を記録している。

若い人には、これを目標にしてほしい。

これは取るに足らないことにお金を使うべきではない、という意味ではない。

大切なのは、**支出を記録**することだ。

これは、無目的に時間をすごすことにも当てはまる。どれくらいの時間を何に割り当てるかを把握している限り、そういうひとときをすごすのは問題ない。

毎週日曜の夜にキッチンのテーブルに座って家計簿をつけるのは面倒という人は、財布のひもを締めるのに役立つ、別の支出管理法を見つけよう。

オンラインの家計簿ツールには優れたものがあるが（例：Personal Capital, Rocket Money, Simplifi, YNAB等）、モバイルアプリを使ってお金を使うたびにデータを手入力するほうがしっかり支出を管理できる。

週に一度、予算を立てる時間をつくるのも効果的だ。

だが、これを習慣にするのは難しいかもしれない。そんなときは同じ目的を持つ人の力を借りよう。配偶者はもちろん、親や兄弟姉妹、親しい友人などと、支出を管理できているかを定期的に報告し合うのだ。ジム仲間がいると、運動を続けやすくなるのと同じ理屈だ。

起業家マインドのある人なら、自分のパーソナル・ファイナンスをスタートアップ企業のように扱ってみよう。

計画を立て、定期的に業績を報告書にまとめ、損益計算書を作成してみるのだ。

重要なのは、使ったと思っていることや、使う予定のことではなく、**実際の支出を記録**すること。

人は将来の支出を低く見積もりがちだ。それは遠い将来のことだけではない。

図表9　支出における予測値と実績値の違い

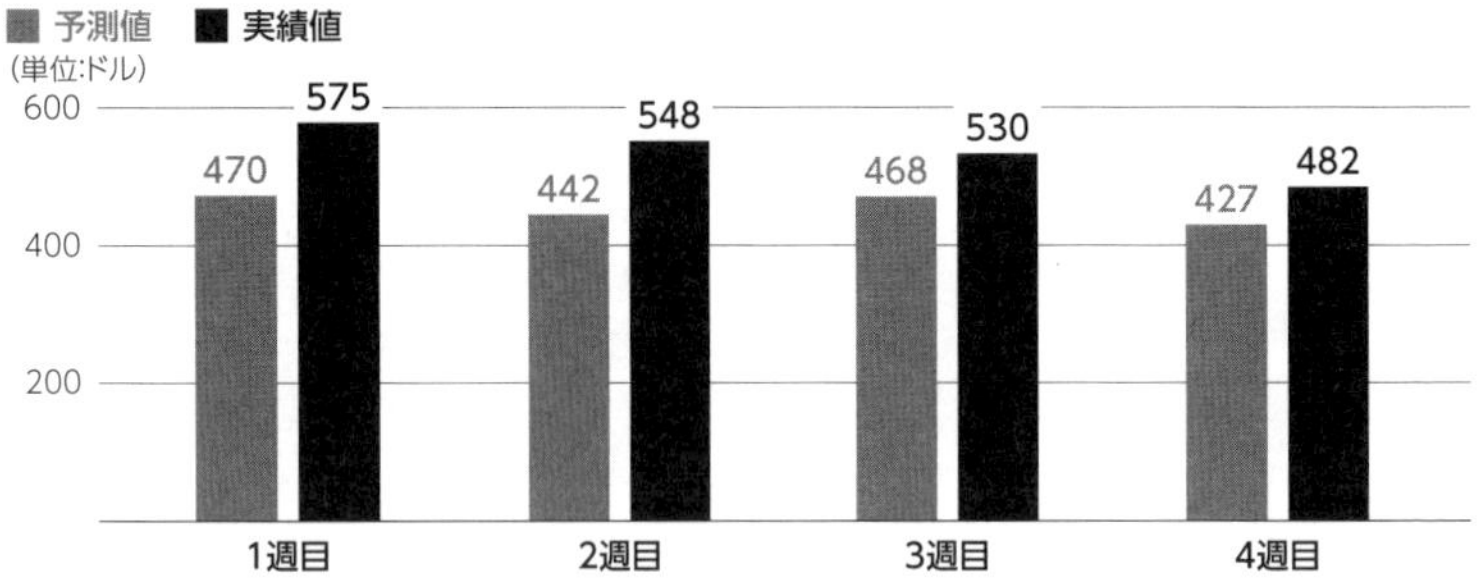

出典：Ray Howard et al., American Marketing Association, *Sage Journal* 59, no. 2, 2022

ある研究によれば、被験者は翌週の支出を１００ドル少なく見積もっていた。その翌週も、同じ月の残りの週にも同じ予測ミスを繰り返した[80]（図表9）。

私のニューヨーク大学の同僚であるアダム・オルターは、人が支出を低く見積もるのは「例外的な」支出を考慮に入れていないからであることを明らかにした[81]。

例外的な支出は、毎月多かれ少なかれ発生しているため、実際には例外ではない。

私たちが頭の中で見積もるより、データのほうが正確に支出を予測できるのである。

測定できるものは管理できる

支出を測定し、管理できるようにしよう。

とはいえ支出の管理は、貯金を殖やすための「中間」のステップにすぎない。

１ドルの資産をつくるために最も簡単な方法は、１ドルを節約することだ。

その際、貯金額を記録することをお勧めする（貯金をどう活用すべきかは後述する）。月に数ドルでも数百ドルでも貯金に回すのは、富を築くための大きな一歩だ。

収入が増え、ボーナスのようなまとまったお金が入るようになると、強い「貯金力」が必要になってくる。私は筋肉をつけながら、ある程度の体重を維持することに苦労している（もちろん、この言い方が嫌味に響くのも知っている）。

やせっぽちなのは不幸なことではない。だが、私は筋肉質でいることでいい気分を味わっているし、科学的にも筋力が健康と長寿に強く関係していることは証明されている。

私は週に数回運動しているので（これは自分にとって抗うつ薬のようなものでもある）、この点は大丈夫だ。だが、食事に関してはうまくいっていない。

幼い頃から、食事は楽しいものではなかった。仕事を持つイギリス人のシングルマザーに育てられたので、食べることは（ほとんど）罰ゲームのようなものだった。

1日1食でも十分だった。そこで、私は食事の目標と何を食べたかを記録する栄養アプリを使っている。

このアプリはカロリーや食事内容の評価、進捗状況、お勧めの調整法などを通知してくれる。こうしたアプリを使うと、「ホーソン効果」が生じやすくなる。

つまり、誰かに見られていると、その相手に良いところを見せたくなる現象のことだ。

その誰かは「自分」であってもいい。アプリや台帳、表計算シートなどを使ってデータを管理すると、誰かに見られている感覚をつくり出せる。**測定できるものは管理できる**のだ。フィットネスは、別の意味で家計管理によく似ている。

つまり、頻繁にしないと意味がないということだ。月に1回、支出の合計を計算するだけでは、月に1回だけジムに行くようなものだ。

クレジットカードの請求額を3週間も見ずに放置しているなら、とても管理しているとは言えない。やがて、貯金が増えるにつれ、本格的に投資を始められるようになる。

投資結果を記録していくことは、感情的な執着から身を守るための手段になる。

市場に資金を投じていると、ボラティリティや下落を何度も経験することになる。

人は利益を得た喜びよりも損失を被った痛みを大きく感じるので、資産が減っていくのを見ながら日常生活に支障をきたさないためには、強い精神力が必要になる。

時間と忍耐力を味方にする2つの習慣

これに対処する方法は2つしかない。

1つは、**運用状況をチェックするのをやめる**ことだ。

しかし市場は常に動いているので、ずっと無視していると後で驚くことになる。

図表10　S&P500に100ドル投資した場合の運用成績

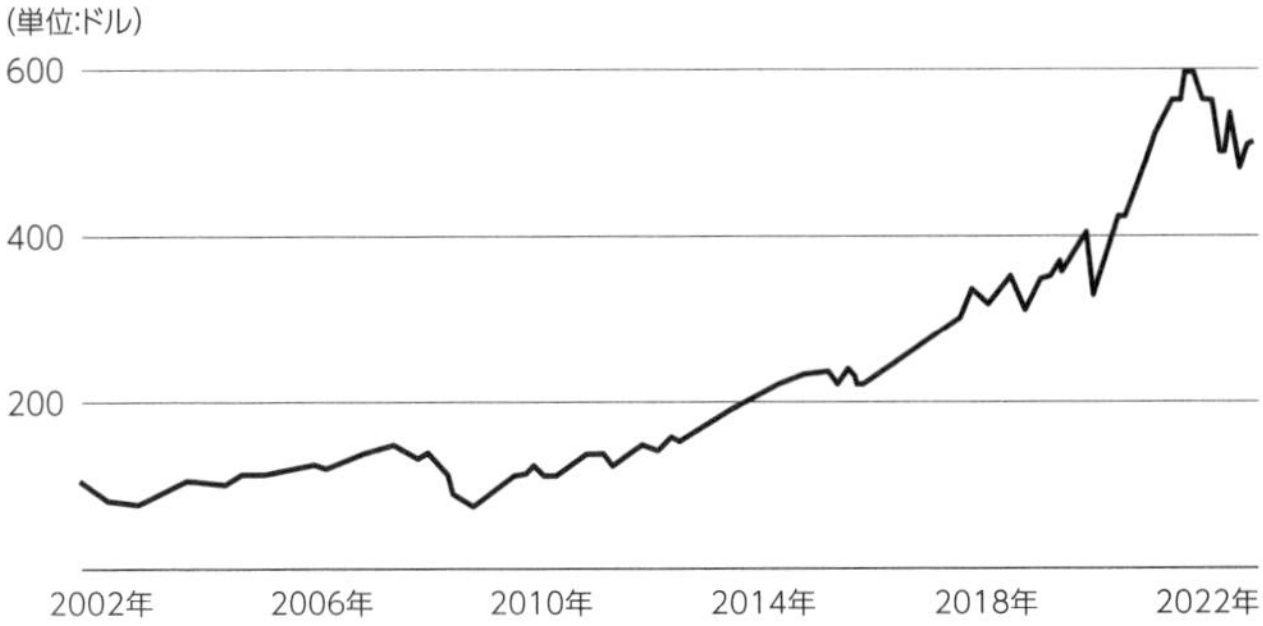

出典:Prof GによるS&Pのパフォーマンス分析

そして、お金に関するサプライズはたいてい良いものではない。

もう1つは、**大局的な視点で（執着することなく）運用状況を定期的にチェック**することだ。投資のポイントは、毎日儲けることではない。毎年儲けることですらない（ただし、ほとんどの年で儲ける必要はある）。大切なのは、**数十年単位で利益を上げる**ことだ。そして、それが実現できる確率はかなり高い。

2002年のはじめにS&P500に100ドル投資したとすると、20年後の2022年末には518ドルになっている（図表10）。

つまり20年間の平均で、年率8%以上のリターン（インフレ率を5・7%上回る）が得られたことになる。

この20年間には、株式市場史上最悪レベルの年が何年かあり、この100年で最も深刻な金融危機があり、世界的なパンデミックがあった。前述のように、**時間と忍耐力はあなたの味方**になる。ある銘柄の1日のパフォーマンスは、コイントスのようなものだ。

しかし**10年単位で見れば、S&P500はほぼ確実に上昇**する。

予算管理の望ましいアプローチと原則

支出を記録できるようになったら、支出をどう管理したらいいのだろうか？

ある意味、それは自然にできるようになる。

自覚は規律を促す。しかし、経済的な未来をしっかりつかむには、計画が必要だ。

とはいえ本書は、15ページもの紙面を費やして家計管理用の表計算シートの詳細を説明したりはしない。

家計の予算管理は、いくらでも深く掘り下げられる。役に立つ書籍やオンラインリソースはたくさんあるので、それらを参照してほしい。

ここでは、予算管理の望ましいアプローチと原則を紹介するので、自分の状況に合わせて応用してほしい。

自分のファイナンス状況をしっかり把握していないと、富への道は遠回りになり、フラストレーションが溜まっていく。

収入が少ないときは、予算管理は慎重になる。お金を大切に使い、その重みを感じなければばならない。重いものを持ち上げると、筋力が強くなる。週末に予算を超える額を使ってしまったり、目標貯金額に達するのに苦労したりしても、不安や恥ずかしさに打ちのめされたりせず、一呼吸置いて計画を調整し、再びジムに戻ろう。節度あるお金の使い方ができるようになれば、富への道が始まる。

ＵＣＬＡの学生時代、私は寮費と食費を友愛会に立て替えてもらっていた

１年後、その額は２０００ドル以上になっていた。（１９８０年代はそれくらい物価が安かった）。私は授業料の分割払い分４５０ドル（80年代は学費が安かった）を支払わなければならないので、私は夏の間に３０００ドルを用意しなければならなくなった。

私の仲間うちでは節約がゲームになり、誰が１週間で一番お金を使わないかを競い合った。最高記録は91ドル（家賃込）。私はカップ麺とバナナと牛乳で８週間すごした。

唯一の贅沢は、日曜の夜にボート部のみんなでシズラーに行ってたらふく食べること（ステーキとマリブチキン、サラダバー食べ放題で４・99ドル。80年代はいい時代だった）。１週間分のカロリーを摂取しようと意気込んでレストランに入ってきた、身長１８０センチ以上、体重80キロ以上の６人の男たちは、さながらテレビドラマ『ゲーム・オブ・スローンズ』でウェスタロス大陸を征服しようと乗り込んできた侵略軍のようだったに違いない。シズラーは１９９６年に会社更生手続きを申請したが、私たちがこのチェーンの終焉に一役買ったことは間違いない。

私はその夏、アルバイトをし、ボートの練習をし、バナナを食べ、サラダバーにアタックした。不思議なのは、あの夏をなつかしく思い出すことだ。

私たちには目的があった。強くなることと、大学の学費を払うことだ。

幸い、私は4・99ドルの食べ放題のフェーズから卒業した。まだの人も、いずれはそうなるだろう。

収入が上がって資産が増えてくると、予算管理では**計画と配分**が重要になってくる。家の屋根の張り替えや、1週間のヨーロッパ旅行など、将来の様々な支出にも備えなければならない。細かな倹約から始めた収支が黒字になってくると、予算管理には旅行先のホテルの予約までが含まれるようになる。義務を果たすだけでなく、選択肢を持てる状態になるというわけだ。

小さなステップから始めよう

それを実現するために、次のようなアプローチをお勧めする。

まずは、ベースラインとなる**支出を算出**しよう。

「現実的」に、毎月の生活費が最低いくら必要かを検討する。

家賃、食費、携帯電話代、水道光熱費、学資ローンの返済費、また外食費や娯楽費、旅行費、衣服費なども含めよう。

これは、「失業したし、景気も悪化しているので、週91ドルで生活しなければならない」といった状況を想定した予算ではない。現実の生活に合った予算を考えよう。

土曜の夜には友人とクラブに行き、日曜にはレストランでブランチを食べる生活をしているのに、「これからはネットフリックスとカップ麺で生きていく」と自分に言い聞かせるのは非現実的だ。自分のライフスタイルやライフステージに応じて、これくらいは必要という額を**無理なく**計算してみよう。それが、自分に合った予算水準になる。

とはいえ、これを正確に行うのは案外難しい。支出の記録法を先に説明したのはそのためだ。予算を立てるには過去のデータが必要だ。良いデータを得るには数か月かかる。

最初のうちは見落としもあるかもしれない。過去1年間のクレジットカードの請求書や銀行口座の明細や、年間購読費や臨時出費も細かくチェックしよう。

年間支出の総額を毎月の金額に分散させておけば、臨時出費が生じたときへの備えになり、「例外的な」出費を減らせる。

たとえば、年間600ドルの維持費がかかる何らかのライセンスを取得しているなら、毎月の予算に50ドルを割り当てておく。

この予算には「貯金」の項目をつくろう。

余裕がない人は、月に10ドル程度の極端な少額から始めてもかまわない。

大切なのは、それを**予算の項目**にすることだ。

ファイナンシャルプランナーは、毎月の貯金を習慣化するアドバイスとして、「給料が入ったら、まず自分にお金を払おう」という言い方をする。

この考えは、貯金力をつけるために有効だ。

また、目標を持つのも良いことだ。予算管理のために予算を管理するのではモチベーションが上がらない。「近い将来」に達成できる目標にすることだ。

大金持ちになるといった大きな目標を立てる前に、毎年の靴代を予算内に収めることを目標にしてみよう。**小さなステップから始める**ことが大切だ。

ベースラインとなる現実的な支出額を算出したら、それを**税引後の収入と比較**しよう。

会社員で源泉徴収されている人なら、手取り額が実質的な収入となる。

フリーランスや副収入がある人など、税引後収入の計算が複雑になる場合は、調べものが必要になる。

ベースとなる生活費が収入より多いなら、ネットフリックスとカップ麺の生活が必要になるかもしれない。節約できるものはないか探してみよう。ほとんど使っていないサブスクリプション費などは格好のターゲットだ。

無駄の多い予算は組まないこと。若いうちに住むアパートは、寝て、シャワーを浴び、食事をするだけの場所と考えてもいい。職場や遊び場に近い、狭くて清潔な部屋を借りよう。仕事に打ち込むほど、アパートにいる時間は少なくなる。

原則として、支出は収入以下に抑えなければならない。収入以上のお金を使って金持ちになる人はいない。

しかし、支出が収入を上回っているからといってパニックになったり、あきらめたりしてはいけない。何より大切なのは、**管理をやめないこと**だ。

支出管理の習慣化では、第1章で触れた**ストイシズムの教訓**が役立つ。人格と行動の好循環を効果的に作用させられるからだ。

たとえば、普段から人格を磨こうと心がけていたら、むやみに散財するわけにはいかない。

この好循環を活性化する方法を探そう。

支出管理が楽しくなる4つの習慣

ここでは、支出管理が楽しくなる便利なライフハックやテクニックを紹介したい。

①現金を使う

カードなどのキャッシュレス決済ではなく、現金で買い物をすると、お金を使うハードルが少しだけ上がる。紙幣を数えたり、そのお金が販売員の手に渡るのを見たり、財布が軽くなるのを感じたりすることで、支出をリアルに体感できるようになる。

また、現金を使うと、支出を手作業で記録しなければならないが、これもメリットになる。こうした手間がかかることで、お金の使い方に対する意識が高まるからだ。

②「お釣り貯金」をする

アメリカの一部の銀行では、カードを使うと自動的に「お釣り貯金」をしてくれるものがあるし、専用アプリもある〔訳注：日本のクレジットカードにも同等のサービスを提供するものがある〕。仕組みは簡単だ。買い物をすると端数が切り上げられ、お釣りが自動的に預金口座に振り込まれる。支出が減るわけではないが、買い物をするたびに貯金が増えていくので成功体験が得られ、貯金の勢いをつけやすい。

③ゲーム化する

望ましい行動をすると、ポイント加算されるシステムをつくろう。

たとえば、職場に弁当を持参することで外食費を減らしたいなら、弁当をつくるたびにポイント加算し、目に見える形で記録する。

朝、弁当をバッグに入れて出かけるたびに、台所のカウンターに置いた瓶にビー玉を1つ入れてもいい。

もっと手の込んだものとして、タスク管理アプリからビデオゲームのようにあらゆる行動をスコア化するものまで、様々なアプリを活用できる。

こうしたゲーム化はそれ自体が報酬になるが、中間目標を達成したときに何らかのご褒美を用意する場合は、目標への行動と矛盾しないよう気をつけよう。

たとえば、弁当をつくったことを記録するビー玉が瓶いっぱいに溜まったご褒美として、1週間ランチを外食するのはやめよう。

④他人の力を借りる

節約や貯金をゲームにして、友人と競争しよう。

もっと簡単なのは、家族などの身近な人に、一定期間の支出目標を伝えることだ。具体的な数字を提示し、結果を報告すること。

たとえば、父親に電話をして、「パパ、今月のランチ代は50ドル以内に収めるわ。1か月後に電話して、どうだったか報告するね」と言ってみよう。

このように測定すればするほど、支出をうまく管理できるようになる。

最終的には、収入が支出を上回るようになるはずだ。

すでに10年前にその状態に到達した人もいるだろうし、あと数年かかる人もいるかもしれない。いずれにしても、収支を黒字にしておくことは極めて重要だ。

収入が支出を上回れば、息ができるようになる。毎月どれくらいのお金が必要かはわかっているし、それを上回る収入があることもわかっている。

こうなれば、余ったお金をどう使うか、自分で選択できるようになる。

凡人でもうまくいく目標の立て方

貯金目標は高く設定したくなるが、それが裏目に出ることもある。

貯金の目標設定に関する研究は、2つのことを教えてくれる。[82]

1つは、多くの人は将来の貯金額について高すぎる目標を設定することだ。

加えて、目標の設定時期が先になればなるほど、自らの貯金力に自信を持つようになる——

そして、それが**間違い**であることが判明する。

たとえば目標の設定時期が今月だと、より現実的な目標を設定し、目標金額を達成しやすくなる。

だが、目標の設定時期が6か月後だと、非現実的な目標を設定しがちで、目標金額を達成できない可能性が高くなる。

これは悪いことだが、研究が明らかにした2つ目の事実は、それをさらに悪化させる。

人は非現実的な目標を設定し、それが実現できそうにないとわかると、目標に対する意欲を失い、それに反する行動さえ取ってしまうことだ。

ある実験では、数か月先の貯金目標を立てるように指示された被験者は、翌月の貯金目標を立てるように指示された被験者より高い目標を立てたが、実際の貯金額は少なかった。長期的に高い貯金目標を設定すると、将来の自分をジレンマに陥《おとしい》れてしまうことになる。まず、非現実的な目標を設定したために、「どうせ失敗するんだろう」という気持ちになる。そのうえ、目標を達成できないフラストレーションのために、目標を立てなかったときより貯金をしなくなってしまうのだ。

予算管理や貯金を始めてまもないうちは、貯金ではなく**支出を重視**し、かつ**達成しやすい貯金目標**を立てよう。**短期的な成功は、長期的な成功につながる。**

マラソンの練習を始めたとき、初日から42・195キロを走る人がいないのと同じだ。

支出を増やさないために避けるべき2つのこと

第1章の「お金とストイシズム」で述べたように、一般的に収入が上がれば支出も増える。収入が上がると、それに合わせて生活レベルを上げようとする「ライフスタイルクリープ」が自然に発生するのだ。

年収5万ドルのときに贅沢に思えた生活も、年収15万ドルになると物足りなくなる。友人

図表11　経済的自立の基盤

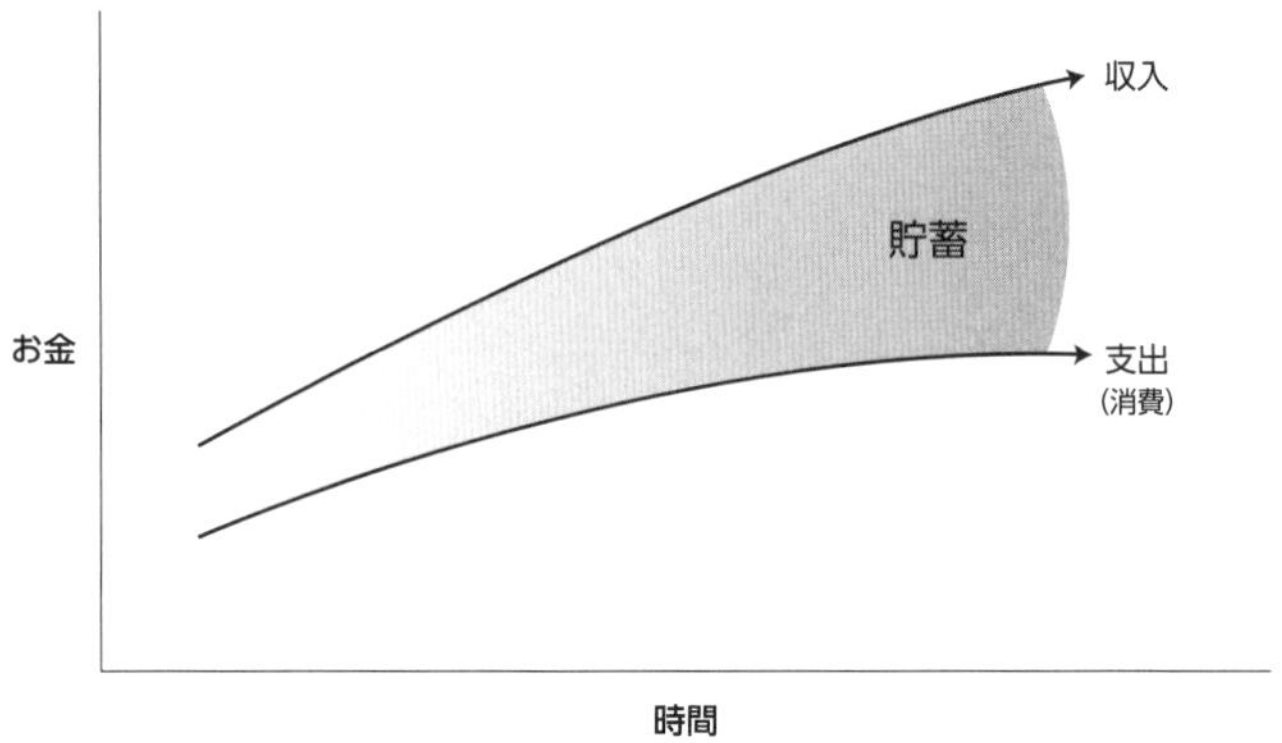

たちはもっと稼ぐようになり、生活水準を上げていく。資本主義は、あなたを誘惑する新しい方法を容赦なく見せつけていく。

その結果、あなたの消費は増えていく。だからこそ、ストイシズムの教訓を用いて、収入以上に支出が増えないようにしなければならない。

人それぞれ置かれている状況が違うため、毎年どれだけ貯金すればいいかについては万人に当てはまる具体的なアドバイスはない。

それでも、昨年の収入が20％増え、支出が25％増えたなら、間違った方向に進んでいるのは確かだ。**経済的自立の基盤は、収入が増える以上に支出を増やさないこと**だ（図表11）。

支出を増やさないために役立つのは、**コミットメント**と**変動**の2つを避けること。

コミットメントは人間関係では素晴らしいものになるが、消費ではやっかいになる。

「コミットメント」とは、サブスクリプションや、メンテナンスが必要な資産（車、ボート、家、ハウスボート――真面目な話、ハウスボートはお金がかかるのでお勧めしない）、何らかの支払計画（つまり「今買って後で払う」式のもの）を利用した買い物などのことだ。

これらはどれも大きな負担になるので、将来の消費をコントロールするのが難しくなる。「変動」は様々な作用をもたらす。予算を立てる際には、予測がしやすいこと、コントロールの感覚があることが重要だが、変動はそれを損なう。たまの散財を楽しめるのは（特に計画を立てて貯金しているならなおさら）、良い人生だ。けれども、毎月のように支出額が大幅に変動していると、幸せな人生は送りにくい。

収入を入れる3つのバケツ

多くの人は、収入をこれから説明する「3つのバケツ」（図表12）のどれかに入れられる（実際にお金をどのような形で保有し、どう投資すべきかは次章で説明する）。

1つ目は「**消費**」だ。これは、ほとんどの人にとって最も簡単な選択肢。つまり、今より質の高い生活を送るために、商品・サービスを買う。その対象は贅沢品や「なくても困らないがほしいもの」ばかりではない。食費や住居費も含まれる。特に若いうちは、消費はほとんどの人にとって最大のバケツになる。毎月の生活費としてお金を使えば、すべて消費にな

図表12　収入を入れる3つのバケツ

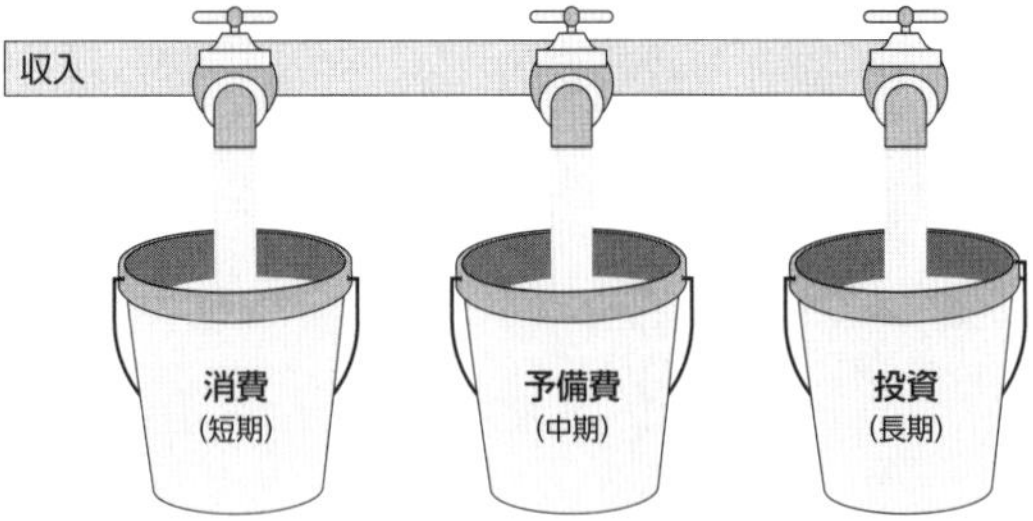

る。消費は投資ではない。

日常的な会話では、「投資」という言葉がカジュアルに使われることがある。本書でも私は「人間関係への投資」といった表現をしている。その意味では、大学や大学院の学費を払うことは、キャリアに対する「投資」と言える。

しかし、自分のお金（資本）を何にどう配分するかを考えるときには、もっと厳密な言葉の定義が必要だ。この文脈での投資とは、直接的な金銭的見返りが期待できるもの、つまり取引が完了すれば資本が増えるものを指す。一般的に、支出は消費と呼ばれることが多いが、これは経済の中で商品・サービスを消費しているからである。

しかし、より正確には、取引が完了したとき、「使ったお金が二度と返ってこない」という意味での「消費」ととらえるべきだ。

直接的な金銭的利益を生まない支出でも、収入の増加や支出の削減が合理的に期待できるものについては、この区別は必ずしも明確ではない。その典型例が高等教育だ。

学位を取得すると、稼ぐ力が高まる可能性があるので、この費用には投資の意味合いがある。しかし、卒業証書を売ることはできないので、学費はファイナンシャル・プランニングにおいては厳密な意味での「投資」ではない。

これを強調するのは、消費を「投資」と言い換えると、それを正当化したくなるからだ。面接前に新しい靴を買ったり、おしゃれなスポーツジムの会員になったりするのは、転職や健康増進につながり、ひいては経済状況の改善に役立つかもしれない。しかし、それでもこれらはあくまでも投資ではなく消費である。

また、他人に贈り物を買ったり、慈善団体に寄付したりと、ある種の消費は他のものより有意義な目的があるかもしれない。

だが、たとえその目的が崇高なものであっても、使ったお金が消えてしまうことに変わりはない。つまり、あなたはお金持ちになることから遠ざかる。誤解しないでほしい。私は消費が大好きだし、あなたには素敵な人生を送る資格がある。しかし、お金を使うときは、毎回が選択なのだ。

後悔しない「消費」「予備費」「投資」の絶妙なバランスとは？

バケツは「消費」の他に、あと2つある。

1つは、先ほど第3のバケツとして紹介した「**投資**」だ。

これは長期的な投資をするためのもので、私の世代が言うところの「老後資金」のためのものだ。しかし、「老後資金」という言葉は時代にそぐわなくなってきている。

これは富を構築するためのものであり、長期的に運用する、経済的自立の基礎となる資産だ。

私の親友のリーがIRA〔訳注：米国の個人年金制度〕に拠出した2000ドルも、これに当てはまる。このバケツにお金を入れていくと、いずれはビーチでトロピカルカクテルを飲みながら孫が波打ち際で遊ぶのを眺めたり、将来の自分が望むものを手に入れたりできるようになる。

第2のバケツである「**予備費**」は、短期的な消費と長期的な投資の間に位置する中期的な支出であり、「**生活防衛資金**」と言える。

想定される大きな出費（あまり想定できないものもある）は、このバケツに入れたお金で賄う。車や家の頭金、大学院の授業料、ビジネスなどへの出資、高額の医療費などだ。

明確にしておきたいのは、予備費と投資の区別や、予備費の支出のサブカテゴリー（「緊急用の資金」「子どもの大学資金」「各種ローンの頭金」等）は、「**メンタルアカウンティング（心の会計）**」として知られているものであるということだ。

これらはあくまでも概念的なカテゴリー（心の中の勘定科目）であり、役に立つこともあるが、物理的に厳然とした区別があるわけではない（つまりどんなラベルを貼っていようとお金はお金だ）。この区別は活用すべきだが、縛られないようにしよう。

まず生活費を第1のバケツに入れ、それを超えた分はすべてこの3つのバケツのどれかに入れる。その際のポイントは、将来後悔しないように「消費」に十分にお金を使いつつ（これはたいてい自分が思っているより少なくてすむ）、経済的自立を得るため、中期的、長期的な投資に資金を投じていくことだ。中期と長期のバケツに入れるお金をどのように運用すべきかは次章で説明する。

「流動性」と「変動性」の原則

若い頃は、よほど幸運でない限り、長期的な「投資」のバケツに大量のお金を入れることはない。それは問題ない。

ただし、**少額でもこのバケツにお金を入れ続けていく**ことが大切だ。

重要なのは、それを習慣にすること。将来資金が増えるときに備え、**貯金と投資の筋肉**をつけていこう。それができていれば、正しい道を進めている。

20代は永遠には続かない（それは良いことでも悪いことでもある）し、一生懸命働いたのだから、稼いだお金で今の人生を楽しめばいい。

とはいえ、人生の中で収入が最も多くなる時期を迎えたら、資金が豊富なうちに貯蓄に力を入れたほうがいい。

理想的なのは、できる限り多くの余剰資金を個人退職年金などの長期投資に回して、それを将来の経済的自立の基盤にすることだ。

ただし、人生ではまとまったお金が必要になることがあるため、ある程度の額をすぐに使えるようにしておく必要がある。これが、中期的な「予備費」を設ける意味だ。

この第2のバケツの目的は、（予期していたかどうかにかかわらず）大きな支出が発生したときに、それをカバーできる現金を用意しておくことだ。

このバケツは、お金の管理において重要な意味を持つ**流動性**と**変動性**という2つの要因に対処するためのものになる。

流動性とは、ある資産を、どれくらい簡単に別の形（投資や消費）に換えられるかということ。たとえば、普通預金口座や当座預金口座のお金は極めて流動性が高い（すぐに現金として引き出せる）。

また、公的に取引されている株式や債券も、取引所で取引されている他の資産のほとんどと同様に流動性が高い（これについては次章で詳しく説明する）。

これに対し、住宅は流動性が低い。売却すれば現金に換えられるし、住宅担保ローンや住宅ローンの借り換えを利用すればある程度の現金はつくれるが、そのためにはかなりの時間や取引コストがかかるからだ。

前述したＩＲＡや、４０１（ｋ）〔訳注：アメリカの確定拠出年金制度〕などに拠出している資金も、現金に換えることは可能だが、アメリカの場合、その際に税金がかかるし、退職年齢でない限り10％のペナルティが課せられる〔訳注：日本の個人型確定拠出年金／iDeCoの場合、原則60歳まで解約できず、途中解約には厳しい条件がある〕。

非公開企業の株式は極めて流動性が低い。当然ながら、お金が必要になるのが差し迫っているときほど、その資産の流動性が低いことが重要になる。

もう1つの要因は**変動性**だ。これについては次章でリスクと分散について説明するときに詳述するが、要点だけ述べると、ファイナンスの計画を立てるうえでは、資産には価格が安定しているものと不安定なものがあると知っておくべきだ。

現金の価格はまったく変わらない（インフレによって価値は下がるが、10ドル札の価値は常に10ドルである）。高成長しているハイテク企業の株価は変動性が高い。どの株式にもある程度の変動性がある。

前述した過去20年間のＳ＆Ｐ５００のパフォーマンスを示した図表10を思い出してほしい

（→249ページ）。長期的に見ると、平均8％以上の成長率だが、リターンは年によって異なる。長期投資では変動性を気にしなくていい。値下がりしている時期には保有し続け、最適なタイミングで売却できるからだ。

しかし投資期間が短くなると、リスクが高まる。値下がりしている時期に売却しなければならない場合があるからだ。つまり、まとまったお金が必要になる時期が近づくほど、**流動性は高く、変動性は低い**（すぐに現金化でき、価格変動が少ない）ほうが望ましくなる。住宅購入のために、近々頭金を20万ドル払うつもりなら、ＩＲＡ（流動性が低い）に20万ドル保有していても役に立たないし、成長著しいハイテク株（変動性が高い）で20万ドルを保有しておくのも賢明ではない。

しかし、家を買う予定が5年後なら、ある程度の流動性の低さと変動性の高さを許容できる。「長期」のバケツと「中期」のバケツはあくまでも比喩であり、必ずしもそこに入れたお金をその名前どおりに扱わなければいけないわけではない。

「中期」的な資産計画とは、全体的な自分の財務状況の中において予想される（および予想外の）状況に対処するために、**資金の「流動性」と「変動性」を確保**しておくことなのだ。

お金をどう「分類」するかより何に「投資」するか

では、この流動性と変動性の原則は、パーソナル・ファイナンスで重視される第2のバケツ「生活防衛資金（緊急用予備資金）」にどう当てはめればいいのだろうか？

まず、こうした予備費がまったくない場合は、流動性が高く、変動性が低い予備費をつくることが最初の大きな目標になる。

この資金は不可欠なものだ。緊急事態は必ず起こるものだからだ。それに、貯金力を鍛える良いトレーニングにもなる。

「生活防衛資金」がゼロの人は、まず1000ドルを目標にするといいだろう。きりのいい数字だし、起こりうる臨時出費の多くをカバーするのに十分で、ほとんどの人にとって達成可能だからだ。

1000ドルの予備費を貯めるのが、貯金プロジェクトの最初の目標となる（この予備費に手をつけることがあってもかまわない。これは家計管理を軌道に乗せる緩衝材の役目を果たすお金であり、「絶対に取り崩してはいけない聖域」にすべきではない）。

1000ドル用意できれば、他の人より一歩抜きん出る。

アメリカの成人の56％は、1000ドル以上の予備費を持っていないのだ。[83]

また、「生活防衛資金」という名称を使うのは便利だが、これは単なるメンタルアカウンティングであることを忘れないようにしよう。

1万ドルの「生活防衛資金」を持つとは、実際には流動性が高く変動性が低い資産を1万ドル持つことだ。具体的には、金利のつく預金口座、マネー・マーケット・ファンド、保守的な投資ファンドなどで資産を保有することになる。世界金融危機後の数年間、金利は非常に低かったため、銀行預金では利息がほとんどつかなかった（変動金利型預金で金利が上がらない限り）。

しかし、ゼロ金利時代は終わったように思える。本書執筆時点では、アメリカの場合、3・5〜4％の金利がつく普通預金のサービスもある。これは「生活防衛資金」をインフレの影響から守るのに十分であり、わずかなリターンを得ることも可能だ。

ファイナンシャル・プランニングのアドバイスの中には、メンタルアカウンティングを重視するあまり、「生活防衛資金専用の口座」「住宅購入の頭金の口座」「子どもの学費の口座」など、目的に合わせた銀行口座をつくるべきというものも多い。

しかし、この方法は自転車の補助輪のようなもので、何万ドルもの資産を管理できるようになれば不要になっていく。お金はお金であり（経済学では「代替可能性」と呼ばれる）、それを**どう「分類」するかより、何に「投資」するか**のほうが重要だ。

プロに騙されない「生活防衛資金」の考え方

予想される支出とその時期を予測し、それに備えて流動性が高く、変動性が低い予備費を用意しておこう。そして時間の経過とともに、さらなる予備費を積み重ねていく。

もし翌年に中間的な支出をまったく予定していないなら、流動性が高く、変動性の低い資金は緊急用のものだけを用意しておけばいい。

それ以外の余剰資金は、流動性や変動性に関係なく、最高のリターンが期待できるところに投資できる（詳しくは次章で述べる）。

予定していた中間的な支出をする時期が近づいてきたら、「生活防衛資金」をより積極的な資産から、流動性が高く、変動性が低い資産に移動させよう。

「生活防衛資金」を1000ドル用意できたら、次の目標はどれくらいに設定すればいいのだろう？

昔ながらのパーソナル・ファイナンスのアドバイスは、生活費3～6か月分というものだ。しかし実際には、ケース・バイ・ケースだ。これほど用意しなくてもいい人（特に若い人）も多い。安定した会社に勤めていて、経済的なコミットメント（住宅ローンや育児費用）が少なく、心身ともに健康で、親が裕福である程度支援してくれるなら、現実的には「生活防衛資金」は少なくていい。逆にこれらの条件が当てはまらない人は、多くが必要になる。

現実に起こりうる最悪のシナリオ（例：失業する等）とは何か？

深刻な状況に陥らずに経済的な困難を乗り切るには、どれくらいのお金が必要か（生活費はどれくらいまでなら切り詰められるか）？

これらを考慮して、適切な「生活防衛資金」を用意しよう。また、「生活防衛資金」は常に一定に保つ必要はない。まず、実際に緊急事態が発生したときは、この資金を使ってもいい。同じく、大きな出費が必要になったときに、取り崩してもかまわない。減った分は、後で元に戻せばいいのだ。

個々の状況にもよるが、人生の重要な決断より、「生活防衛資金」〈または他のメンタルアカウンティングの名称〉に決まった額を入れておくことを優先すべきではない。

ファイナンシャル・プランニングの本に「生活防衛資金は常に3万ドル用意しておく」と書いてあったからといって、理想的なマイホームの頭金に必要な追加の2万ドルをあきらめてはいけない。その場合は、「生活防衛資金」を取り崩して家を買えばいい。

その後、コツコツ資金を増やし、1万ドルに減った「生活防衛資金」を3万ドルに戻せばいいのだ。お金は代替可能で、**使うために貯めている**ものである。貯めることを目的化すべきではない。

また前述のように、税制優遇される退職年金制度は積極的に活用すべきだ。強制的に貯蓄でき、複利の力の恩恵にもあずかれる〈訳注：日本の場合、近い制度に個人型確定拠出年金／iDeCoや企業型確定拠出年金／企業型ＤＣがある〉。

毎月の収入を資産のどのバケツに入れるべきか

毎月の収入を資産のバケツにどう割り当てるべきか、実例を見ながら考えてみよう。

ジャックは大学卒業後、就職して1年が経ったところで、貯蓄を始めたばかりだ。

年収は6万ドル。生活費は月3000ドルで、その大部分が家賃と食費、娯楽費だ。

緊急時の備えとしては、3000ドルあれば十分と考えている。

仕事はかなり安定しているし、賃貸契約は月単位で、両親は近くに住んでいて、最悪の場合、立ち直るまで実家に戻れるからだ。

流動性が高く変動性が低い資産で3000ドルの「生活防衛資金」をつくるために、年利4%の普通預金口座でこれまでに何とか5000ドルを貯めた。

勤務先は401（k）プランを提供していて、給料の5%をそれに拠出しているので、この1年間で3000ドルが長期的な投資のバケツに入った。

その月のはじめ、家賃とクレジットカードの請求額を支払うと、現金が20ドル、当座預金口座に100ドルしか残らなかった。つまり、給料のほとんどを「消費」で使っていることになる。でも、大丈夫だ。重要なのは、彼が**家計管理をしていて、良い習慣**を身につけようとしていることなのだから。

税金と5%の401（k）への拠出金（250ドル）を差し引くと、月の手取りは3500ドル（2週間ごとに1750ドル）。そのうち3000ドルは生活費で消える。

とはいえ、たいてい生活費はこの予算内に収まらず、今月は300ドルの赤字になった。そのため余剰資金の500ドルは200ドルに減った。

401（k）以外に長期投資をする習慣をつくるために、ジャックはフィデリティ証券で証券口座を開き、そこに20ドルを入れた。

次章では、彼がどのようにしてこの20ドルを株式のような高リスクの長期的な資産で運用していくかを見ていこう。20ドルは大した額ではないが、これはあくまでもスタートだ。残りの180ドルは普通預金口座に移したので、「生活防衛資金」は現時点で680ドルに増えた。このペースでは、3000ドルの目標に到達するのにあと約1年かかる。

だが、ジャックが節約し、支出を引き締められれば、わずか3か月でこの目標を実現できる。彼は数日ごとに家計をチェックし、よく考えてお金を使うことを自分に言い聞かせた。将来的にはビジネススクールに通うことを考えているので、いずれは預金口座に3000ドル以上が必要になる。現時点では、「生活防衛資金」を3000ドル貯められたら、余剰資金はすべて長期投資に回す予定だ。

すさまじいレバレッジを生み出す「良い借金」とは？

実は、バケツはもう1つある。それは、この3つのバケツの反対概念である「**借金**」だ。借金はパーソナル・ファイナンスにおいて論争の的になるテーマであり、人によって考え方が違う。

私の場合は、「借金は武器になるが、諸刃の剣なので慎重に扱うこと」と考えている。長期的な資産のために長期的な負債を抱えるのは賢い方法であり、天才的でさえある。

借金は「レバレッジ」を可能にする。

てこと支点があれば、かけた力を何倍にも増やせるように、借金はお金を稼ぐ力を何倍にもする。金持ちや企業が借金を好むのは、このレバレッジの力があるからだ。

もし100万ドルの家を現金で買い、その価値が200万ドルに上がれば、お金を倍に増やしたことになる。それはいいことだ。

しかし、もしその100万ドルの家を20万ドルの自己資金と80万ドルの住宅ローンで買い、価値が200万ドルになったときに売却し、住宅ローンを完済して120万ドルを手元に残せば、自己資金の20万ドルで120万ドルを手に入れたので、資金を6倍に増やしたことになる。これがレバレッジの力だ。

増やしたのはどちらも100万ドルだが、後者の場合は20万ドルでそれを実現できる。

前述した「機会費用」を思い出してほしい。借金をすることで、80万ドルを他の投資に回せるようになるのだ。

基本的に、住宅ローンを活用した住宅購入は、健全なパーソナル・ファイナンスの戦略だ（これについては、次章で資産クラスとしての不動産について説明する際に詳しく取り上げる）。車の場合は少し話が複雑になる。

自動車ローンは、移動手段を手に入れるためというより、高価な車に乗るために使われることが多い。車のセールスマンは、客に「私はどのくらい良い車が買えるだろう？」と考えさせようとする。

だが、客が考えるべきは、「私にはどのくらいの車で十分だろうか？」だ。

車のローンは、消費支出へのコミットメントになる。高級車を所有することに喜びを感じるなら、できれば購入前に十分な頭金を用意するか、一括購入しよう。

そうすれば、その車を所有することをより楽しめるようになるはずだ。

絶対してはいけない「悪い借金」とは？

一方、高金利のクレジットカードローンや、後払いローン、店頭ローンなどの短期的な借金は**泥棒みたいなもの**だ。

たとえ「無利子」のローンであっても、それは将来の消費へのコミットメントであり、現在の自分のために将来の自分にお金を払わせることになる。

1つのルールとして、購入したものを使い終えても返済期間が続くローンは組むべきではない。たとえば、30年間の住宅ローンは、30年後もその家に住むことが考えられるので、このテストに合格する。

しかし、1シーズンしか履かない靴を買うために、12回払いのクレジットカードローンを組むのは好ましくない。自分へのご褒美は必要だが、身の丈に合わない買い物はすべきではない。若いうちは、収入と支出のギャップを埋めるために短期的なローンを組むこともあるだろう。しかし、将来を台無しにしないためには、節度を守ることが大切だ。ローンは賢く利用しよう。たとえば、クレジットカードローンを利用しているなら、他のローンには手を出さない。5つもの口座にお金を振り分け、ローンがあることをわかりにくくしてはいけない。ローンの詳細は家計管理をしている表計算シートの**一番上**に書き、返済計画を立て、返済額を毎月の生活費に組み込もう。

また、ローンを抱えているからといって、貯金力を鍛えるのをやめてはいけない。金利18%のクレジットカード払いをしていても、月に10ドルは貯金に回そう。ローン返済で毎月の収支が赤字になるなら、まずはしっかりとした返済計画を立てよう。生活が成り立たない、ローン総額が毎月増えていき終わりが見えないなどの深刻な状況にあるなら、クレジットカウンセリングを受けるべきだ。その際は、認定されたクレジットカウンセラーがいる非営利のクレジットカウンセリング組織を探すこと。米消費者金融保護局のウェブサイトには、ガイダンスとリンクが掲載されている。[84]

現在の自分は、律儀に家計を管理し、お金を貯めている。

一方、その先には未来の自分がいて、そのお金を使うときがくるのを待っている。

大切なのは、**現在の自分の幸せと、未来の自分の幸せとのバランスを取る**ことだ。

ファイナンシャル・プランニングのアドバイスでは、当然ながら未来の自分に重点が置かれがちだ。だが、そのためにバランスを崩してはいけない。

現在の喜びを過度に奪う計画を立てても、おそらく長続きしない。現在の楽しみを奪われ続けたら、未来の自分はどんな人間になってしまうのだろうか？

リタイア後について今から考えておくべきこと

お金を稼ぐために懸命に働き、お金を貯める習慣を身につけるのは、どちらも大変なことだ。継続的な努力が必要だし、途中で挫折することもある。

だが、遠い将来の計画を立てるのは、別の意味で難しい。未来の自分が何を考えているかは、そのときになってみないとわからない。

それでも、将来のビジョンをイメージするのは重要な計画ツールになり、モチベーションアップにつながるので、努力することは重要だ。

数年前を振り返り、今の自分と当時の自分を比較してみよう。

どんな違いがあるだろうか？　今は喜びを感じているが、以前はそうでなかったものは？

私の場合、自分の人生にいくつかの明確なフェーズがあった（当時はそれほどはっきりと意識していなかったが）。

私は常に、お金に対する不安や、物質的な喜びへの欲求、一番大切な人たちを喜ばせ、感動させたいという欲求を原動力にしてきた。それらのバランスが、時間の経過とともに大きく変化してきた。

では、今度は未来に目を向け、5年後、25年後、50年後の自分を想像してみよう。

自分が変わるペースは遅くなるだろうか？　これまで変化してきた意欲や欲求は、未来ではずっと変わらないだろうか？

自分より20歳か30歳年上の人に、「あなたは、20年前の自分と同じ人間ですか？」「あなたは、20年前の自分が想像していたような〝未来の自分〟になりましたか？」と尋ねてみよう。

「今の自分は未来でもずっと変わらない」という誤った考えは、「**プロジェクション（投影）バイアス**」として知られている。

これは、「将来の好みが現在の好みに過度に似ていると考える人間の認知傾向」として定義されている認知バイアスだ。[85]

「リタイア」についての考え方が変化しているという社会的な理由も、自分の未来予測を難しくしている。リタイアしたアメリカ人の2割は今でも単発や軽めの仕事をしており、その大多数は、「働くのは人生の充実感が増すからだ」と答えている。[86]

また老後生活には、以前よりお金がかかるようになっている。医療費は上がり続け（いくらかの補助は出るが）、平均寿命も延びているからだ。

65歳以上の離婚率はどの年齢層よりも高く、離婚すると経済的に厳しくなる。65歳以降に離婚した場合、**男性は25％、女性は41％生活水準が低下**する。[87]

未来の自分について計画を立てる際には、**「未来の自分は予想外の形で変化するので、正確には予測できない」**と心得ておくべきだ。つまり、未来の計画では、精度にこだわるのは意味がない。「未来の自分は絶対にこれが必要になる」といった具体的な目標で自分を縛らないようにしよう。

経済的自立とは「選択肢」を持つこと

朝のジョギングの途中で通りすぎる、海の見える見晴らしのいい場所に建つ家があるとしよう。あなたはこの理想的な家を、いつか手に入れたいと考える。しかし実際には、その家は未来永劫売りに出されないかもしれない。

すべてのミシュランの星つきレストランで食事をしたり、世界7大陸最高峰を制覇したりするのも立派な目標だが、そこに到達するまでには多くの犠牲を払うことになる。

このような目標（よりひかえめな目標であっても）を「絶対に達成しなければならないもの」にすべきではない。

グラフィックデザインの会社をつくりたくて、10年働いてお金を貯めても、いざオフィスを探し始めたら、そこで働いている自分を想像して何の喜びも感じないということは起こりうる。そのときは、「私は変わった。これはもう目標ではない」と考えてもいい。

海の見える素敵な家をほしいと思うのはかまわない。その夢の家の写真をパソコンのデスクトップ画面にしてモチベーションを上げ、その家の購入資金を貯めることをファイナンシャル・プランニングの目標にするのは素晴らしいことだ。

落とし穴は、**「裕福になること」**と**「夢の家を買うこと」を同一視**してしまうこと。「過去の自分が想像した未来の自分」に縛られていると、「今を生きている自分」の視点で現実的な妥協をすることができなくなる。

あなたは夢の人生を生きているのではなく、現実の人生を生きていることを忘れてはいけない。**経済的自立とは選択肢を持つことであり、選択肢を閉ざすことではない。**

常にブラックスワンは起こり、隕石は落ちる

行動経済学者のダニエル・カーネマン（1934〜2024）は、「驚くべき出来事が起きたときに私たちが学ぶべき教訓は、この世界では驚くべき出来事が起きるということだ」と述べた。[88] あなたの計画を狂わせる出来事は、数年ごとに起こる。世界的なパンデミックや、交通事故、運命の人との出会い――。残念ながら、最大のサプライズはたいていネガティブなものだ。宝くじで大当たりを引くより、ガンと診断されることのほうがはるかに多い。

とはいえ、どんなサプライズが起こっても、適応できるようにしておくことが大切だ。困難は乗り越えていかなければならない。

すぐに引き出せる予備費（ファイナンシャルプランナーが大好きな「生活防衛資金」）があることは、日々のファイナンスの管理が報われていることを証明するものであり、避けられない不測の事態に対処する最初の防衛線になる。

しかし、経済的な防衛策と同じくらい重要なのが、**心理的な防衛策**だ。経済的自立の構築が、結局のところ数字ではなく**人格の問題**であるのもそのためだ。

入念に立てた計画が予期せぬ出来事のために吹き飛んでしまったら、まずはいったん心を落ち着かせ、立ち直って残骸を調べ（「物事は見た目ほど良くも悪くもない」と自分に言い聞かせながら）、家に激突した隕石の状態を吟味しながら計画を立て直そう。

そのクレーター（隕石の跡地）は、素敵なプールになるかもしれない。

専門家のサービスを受ける際に気をつけるべきこと

本書のプロローグでは、経済的自立の達成に必要な資産を見積もるための手っ取り早い計算式を紹介した。

それは、「希望する年間支出額（＋税金）×25」というものだ（インフレ率を4％上回る投資収益率を想定しているため、「4％ルール」と呼ばれる）。

これは、ファイナンス計画の手始めにするには適している。とはいえ、あくまでも開始点と位置づけるべきだ。

稼ぐ力が増し、本書で紹介してきた方法を実践していけば、貯金は増え、人生で抱えているものも増えていくはずだ。当然、税金の処理や投資で求められることも複雑になっていく。

「希望する年間支出額（＋税金）×25」は便利な指標だが、計画と呼べるほどのものではない。

もしあなたが、表計算シートを使って旅行の細かな計画を立てるくらい几帳面で、家計管理の習慣がしっかり身についているなら、自力でファイナンシャル・プランニングをしていくことも可能だろう。しかし基本的には、専門家のサービスを利用すべきだ。

資産や置かれている状況の複雑さによっては、税理士や会計士、弁護士に相談する必要があるかもしれない。しかし、まず検討すべきはファイナンシャルアドバイザーだ。ファイナンシャルアドバイザーは玉石混交なので、選定には注意したい。

まず、専門的なトレーニングを受け、ライセンスを取得している人を選ぶこと。

何より重要なのが、「フィデューシャリー・デューティ（受託者責任）」を掲げている人を選ぶことだ。これは、サービスの提供者が、自らの利益より顧客の利益を優先することに法的な義務を負っていることを意味する。

この基準でアドバイザーを探す際に、注目すべき公的資格が2つある。

1つは、そのアドバイザーが働いている会社が登録投資アドバイザー（RIA）であること。もう1つは、そのアドバイザーが個人的に認定ファイナンシャルプランナー（CFP）または公認ファイナンシャルアナリスト（CFA）のライセンスを持っていることだ。有資格のアドバイザーはたくさんいるので、選定ではこの条件を外さないようにしよう〔訳注：日本にも、顧客に金融商品を販売・勧誘できる職業として、証券外務員資格を保有し、金融商品仲介業者として登録した、独立系ファイナンシャルアドバイザー（IFA）がある。また、「FP（ファイナンシャルプランナー）技能検定」などをはじめとするファイナンシャルプランナー向けの資格制度がある〕。

同じ学校の出身だからとか、スポーツ観戦のチケットをくれるからといった理由で、経済的自立へのアドバイスを受ける大切な相手を選ぶのはやめよう。

もしバスケットボールの試合のチケットほしさにアドバイザーを選べば、あなたが今までに見たニューヨーク・ニックスの試合の中で一番高くつくことになるだろう。

また、アドバイザーのサービスを利用する際に忘れてはいけないのは、「**目的は高い運用リターンを得るためではない**」ということだ。

長い目で見れば、誰も運用成績で市場を上回れない。仮に市場を上回るリターンを得る秘訣を知っている人がいたとしても、わずかな手数料と引き換えに他人に教えたりはしないだろう。あなたがファイナンシャルアドバイザーに支払う料金は、プランニング、説明責任、信頼への対価なのだ。資産が増え、生活が複雑になればなるほど、こうしたサービスの価値は高まっていく。

経済的自立の真の目的

あなたの経済的自立にとって、ファイナンシャルアドバイザーよりも重要な人がいる。

それは**配偶者**だ。配偶者とは、どんなに人として相性が良くても、似た者同士でも、お金に関する考えが完全に一致することはない。お金に関する考え方は、人それぞれだからだ。お金の問題は深く、その根源や複雑さを自分でもよくわかっていないことがある。

時間をかけて相手と話し合い、貯金や支出、計画についての考え方を擦り合わせておこう。

その際、優れたファイナンシャルプランナーがいると便利だ。ファイナンシャルプランナーの大きな仕事は、依頼者の夫婦間の考えを一致させることだ。

忘れないようにしてほしいのは、**経済的自立を築くことは、人間関係に時間を投資し、人生を楽しむことにつながる**ということだ。経済的自立の真の目的はそこにある。

第3章のまとめ

◆どんな資産よりも、自分の時間を大切にする

浪費したお金は取り戻せるが、浪費した時間は永遠に失われる。

◆複利の力を理解する

小さなリターンを何年もかけて積み上げると、驚くほど大きくなる。

◆インフレの力に注意する

複利の力を裏返せば、将来のお金は現在よりも価値（購買力）が低くなるということだ。

貯金目標と投資戦略には、インフレの影響を組み込んでおかなければならない。

◆「合理的」にお金に執着する

感情的に振り回されずに、収入、支出、投資に注意を向けること。

◆実際の支出を記録する

お金に関する指標を1つだけ記録するとすれば、それは支出にすべきだ。使う予定のものや、使ったと思っているものではなく、実際に日々の生活の中で使ったお金を記録しよう。

◆毎月、わずかでもいいので貯金しよう

貯金力は筋肉と同じように、使うことで強くなる。回数をこなそう。

◆金銭的なコミットメントを避ける

コミットメントは人間関係では素晴らしいものになるが、ファイナンスではやっかいになる。サブスクリプション、支払いプラン、メンテナンスが必要な資産には注意すること。

◆支出を安定させよう
支出が毎月不安定だと、家計をコントロールしにくくなる。コントロールできなければ、支出は減らせない。

◆月の予算を決める
現実的に月額いくらくらい必要かを試算し、それを予算管理の基準にする。サブスクリプションや他の臨時的な費用についても考慮しておくこと。固定費以外の出費は必ず発生すると考えておこう。

◆未来の自分に選択肢を与える
未来の自分は予想外の形で変化する。将来の計画を立てる際には、それを考慮しよう。

◆達成可能な短期の貯金目標を設定する
「30歳までに100万ドル」は計画ではなく、そこに到達する助けにもならない。しかし、「10月1日までに普通預金口座に5000ドル」は、日々の判断に良い影響を与える。適切な短期目標を積み重ねていけば、いつかは100万ドルに到達できる。

◆よく考えてお金を使う

多額の借金を抱えていないなら、生活を極限まで切り詰めて残りをすべて貯金することは現実的でないし、望ましくもない。特に若いうちは人生を楽しむべきだし、最高の経験をするにはお金がかかる。

◆支出を3つのバケツに分ける

あなたの収入は、以下の3つのバケツのいずれかに入ることになる。

消費（短期）——衣食住、交通費、ローンの支払い、他の日常的な支出。

予備費（中期）——大学院の授業料や住宅ローンの頭金など、不定期の支出や「生活防衛資金」。

投資（長期）——将来の消費を賄うための投資資金。このバケツは将来の経済的自立につながる。

◆第2のバケツの資金は、流動性が高く、変動性が低い資産で確保する

大きな臨時の出費に備え、現金を用意しておきたい。

そのため、この資金は不動産物件や非公開企業株など、高リスクの資産で保有しておくべきではない。

◆いざというときに備える

悪いことは起こるし、失敗もするだろう。だからこそ、計画はそれに合わせて調整するのであり、放棄すべきではない。何事も見た目ほど良くも悪くもない。

第4章 分散投資の法則

フォーカス
＋
ストイシズム
×
時間
×
☞ 分散投資

おめでとう！　あなたは今や資本家だ

多額の収入があるため、それだけで富を築ける人もいる。フォーチュン100社企業のCEOや、NFLのクォーターバック、一流の映画俳優などだ。それ以外の人にとって、収入はあくまでも富の土台である。

それはスタートであり、やるべきことはまだたくさんある。

具体的には、労働収入をよりスケーラブルなもの、つまり**「資本」に変換**する必要がある。資本は動いているお金であり、価値を築くために使われるお金である。

つまり、それは「**働くお金**」だ。

企業や政府、金融機関は資本を安定して供給されることで運営されており、それに対して対価を支払っている。

偉大な何かを実現するときと同様、富も**他人の力**を借りなければ実現できない――他人のスキル（チーム、従業員、ベンダー）と資本を活用する必要がある。

他人の力や外部の資本なしに会社や富を築くことはほぼ不可能だ。

そして、**他人のために資本を提供すること（そしてその対価を得ること）が投資**である。

投資はまた、これまでの章で推奨してきたハードワークと、冒頭で説明した経済的自立をつなぐ**架け橋**でもある。また、この道のり全体で**最も簡単な部分**でもある。

「お金とストイシズム」（第1章）で説明した自己成長や、「フォーカスの法則」（第2章）で触れた仕事への真摯な取り組み、「お金と時間の法則」（第3章）で説明した規律や日々の意思決定では常に自分自身の努力が問われるが、投資では自分以外の誰かが実際の仕事をしてくれるからだ。おめでとう。あなたは今や**資本家**なのだ。

投資戦略を支える4つの原則

パーソナル・ファイナンスの本では、たいてい資本主義や金融市場の根底にある仕組みの説明は省略されている。これは多くの人にとって正しいアプローチだろう。

ファイナンスは巨大なエコシステムであり、独自の用語やカルチャーが（いくつも）ある。長期的な投資リターンを得るために、それらすべてに習熟する必要はない。

ファイナンスの世界に深入りしなければ時間と認知エネルギーを節約でき、それを他の分野に費やせる（機会費用）。その意味では、プロに任せるのも悪くはない選択だ。

けれども、本書ではそれとは**違うアプローチ**を取る。

この章が本書の中で一番長くなったのは、資本を投資するための戦略をアドバイスするだけでなく、**投資戦略を支える原則**を読者に深く理解してほしいからだ。

金融システムは、目に見えるか否かを問わず、日々私たちの生活に影響を与えているため、その仕組みを理解することは、誰にとっても大きなメリットになる。

これから紹介するのはその基本にすぎないが、それでも高校や大学、家庭の食卓で教えられているものより詳しい内容になっているはずだ。

本章は4つのセクションで構成されている。

1番目は、なぜ投資をすべきなのか、個々の投資と全体としての投資をどう考えるかなど、**投資の基本原則**を紹介する。

2番目は、あなたのお金を働かせる場所である**金融市場の仕組み**を説明する。

3番目は、金融市場で利用できる**おもな資産クラスとお勧めの投資法**を紹介する。

4番目は、私が40年にわたって投資をしてきた経験から得た**実践的なアドバイス**を紹介する。

金融関係の仕事をしている人なら、この章の内容の多くはなじみがあり、初歩的なことだと思うかもしれない。飛ばし読みをしてもかまわないが、見慣れた地面を上空2万フィートから眺めると新たな視点を得られることがあるように、知っていると思っていることでも改めて読んでみたら発見があるかもしれない。

一方、ファイナンスの初心者は、この章の膨大な情報量に圧倒されるかもしれない。

しかし金融は複雑な分野であり、ある部分について学ぶためには、他の部分についての知識も不可欠だ。ぜひ**体系的な基礎知識**を身につけていただきたい。

ファイナンスの基本的な仕組みを知ったうえで投資するか、それとも、何も知らずに投資をするかで、長い目で見れば大きな違いが生じてくる。仕組みを理解していれば、投資を続けるモチベーションが高まるし、相場が下がったときにも耐えやすくなる。成果を得たときにも、自分の意志で資産を築き上げたという実感が得られるだろう。ぜひ、この章を熟読することが今後の人生の大きな変化につながると信じて読み進めてほしい。

ここで取り上げたこと以外にも、お気に入りのニュースサイトのビジネスセクションをフォローし、日頃から経済記事を読むことをお勧めする。

ビジネスニュースはこの数十年の間に主流となり、多くのビジネスニュースが一般的なニュースと合わせて提供されているが、おもに消費者向けの製品や大きな出来事についてのものだ。本書で基本を学べば、さらに深く、詳細にマーケットを追えるようになるだろう。これらの原則を本当に深く理解するには、自分で投資をしてみることだ。

金融の世界と直接関わることで、生きた知識が増え、本書で取り上げた内容がさらに腑に落ちるようになるだろう。そのことは**保証**する。

1　投資の基本原則——「透明人間」が投資に覚醒した瞬間

私は、無数の情報源からファイナンスの知識（日々増えている）を得てきたが、その根底にあるのは、子どもの頃にメンターに恵まれた経験だ。

13歳のとき、私は自分が透明人間だと思っていた。実際に姿が見えないわけではないが、友達もおらず、勉強もできず、存在感が皆無だったからだ。

離婚した母は、テリーという男性とつき合っていた。彼は私にやさしくしてくれた。

あるとき、その日のニュースで知ったばかりの株のことをテリーに尋ねてみた。

テリーは私の素朴な質問に丁寧に答えてくれた。

彼はその後しばらく、私のためにできることはないかと何やら思案していた。そして財布を開けると、100ドル札の新札を2枚取り出し、私に渡して言った。

「街の中心にある高級な証券会社のオフィスに行き、これで株を買うんだ」

「どうすればいいのかわからない」

と答えると、

「君なら頭がいいから自分でわかるさ。私が来週末にこの家に戻ってくるまでに株を買えなかったら、このお金は返してもらうよ」

とテリーは言った。

私は生まれて初めて100ドル札を見た。テリーは親切で、私に心から関心を持ってくれた。実は彼は結婚していて子どももいたが、2週間に一度、私たちの家ですごしていた。いわば私たちは彼にとっての2番目の家族だった。

いずれにしても、その話はここではどうでもいい。

翌日の放課後、私はウェストウッド通りとウィルシャー通りの角まで歩いて行き、証券会社「ディーン・ウィッター・レイノルズ」の店舗に入った。

大きな金の宝石を身につけた女性が「何かご用ですか?」と尋ねてきた。

「株を買いにきた」と答えると、彼女は唖然としていた。

私は急に自意識過剰になり、「200ドルあります」と言って、まだピンとしていた2枚の100ドル紙幣を見せた。

彼女は驚き、表面に透明な窓のついたきれいな封筒を私に渡すと、「少し待つように」と言った。私は椅子に座り、新しい封筒の中にお札を入れ、セロファン越しにベンジャミン・フランクリンが見えるようにした。巻き毛の男性がロビーに入ってきて、こちらに近づいてきた。

「サイ・コードナーだ。ディーン・ウィッターへようこそ」

サイは私を彼のオフィスに連れていき、30分かけて株式市場のレクチャーをしてくれた。売り手と買い手の比率が株価の値動きを決めること、株を持つことはその会社の小さな所有権を得るのと同じであること、アマチュアは感情のまま行動し、プロは数字に基づいて行動すること、「知っているものを買う」のが大切なこと(好きな製品、尊敬する製品をつくっている会社の株を買う)。

結局、私はサイと話し合った結果、テリーからもらった200ドルで、映画会社のコロンビア・ピクチャーズの株を1株15ドル8分の3セントで13株買った。

同社のティッカー〈訳注:銘柄を識別するための略称〉は「CPS」だ。

13歳でもわかる基本原則

それから2年間、昼休みになると、私は10セント硬貨を2枚握りしめ、エマーソン中学校の校舎外にある電話ボックスに行き、サイに電話をかけ、自分の「ポートフォリオ」について相談した。

放課後、彼のオフィスに歩いて行き、直接自分の株の最新状況を聞くこともあった〈前述のように私には友達がいなかった〉。彼はティッカーを打ち込み、その日のCPSの動きと株価が動いた理由を推測してくれた。

「今日は市場が下がっていたね」

それは、買い手より売り手が多かったことを意味していた。

「コロンビア・ピクチャーズが制作した『未知との遭遇』はヒットしているようだ。けれど、『すばらしき仲間たち』は大コケだな」

サイはたまに、母にも電話してくれた。彼女に株を売り込むためではなく（私たちにはお金がなかった）、私といつも電話で話している内容を彼女に伝え、私のことをほめるためだった。高校に進学してからは、サイとは疎遠になった。その後、コロンビア・ピクチャーズはコカ・コーラに買収された。

数年後、私は自分のコカ・コーラ株を売って、UCLAの友愛会の仲間たちとのメキシコ・エンセナダへのドライブ旅行の資金にした。

しかし、私はこの経験を通して2つのことを得た。

1つ目は自信だ。街の中心地にある金融機関のオフィスに入っていき、大人として相手にしてもらえたのだ。2つ目は、株式市場の謎が解けたこと。

サイは、金融の複雑さの下でも、**13歳でもわかる基本原則**があることを教えてくれた。

リスクとリターンの法則

資本家は、単純な銀行融資から、おそらく開発者自身も詳細をよく理解していないようなシンセティック型のデリバティブ証券まで、無数の方法で資金を運用している。

とはいえあらゆる投資形態は、突き詰めると、次の2つのバランスに集約できる。

「リスク」と「リターン」だ。

正常に機能している市場では、投入資本に対するリスクが大きいほど、その見返りとしてアップサイド（利益を得る可能性）も大きくなる。リスクとは、リターンのために支払う対価なのだ。コイントスを例にして、（非常に）単純化して考えてみよう。

1回のトスで表《おもて》に賭けた場合、勝つ確率はイーブン（この場合のオッズは「1：1」）なので、100％のリターンが期待できる。

つまり1ドルを賭ける（投資する）と、表が出た場合に、投資した1ドルと1ドルの「リターン」が返ってくる。

しかし、「2回続けて表が出ること」に賭けると、勝つ確率は低くなり、負けるリスクはその3倍になる。

2回のコイントスで起こりうる4つの結果のうち、勝ちは1つ（表－表）で、負けは3つ（裏－裏、表－裏、裏－表）なので、オッズは「1：3」になる。

1ドルを賭け、勝てば元の1ドルと3ドルのリターンが得られる。

リスクが高くなったので、高いリターンが得られるのだ。

もし誰かから、「〝2回連続で表が出ること〟に1ドルを賭け、勝ったら2ドルもらえる」という賭けをしないかと言われたら、それは悪い取引だ。

しかし、「〝2回連続で表が出ること〟に1ドルを賭け、勝ったら5ドルもらえる」という賭けをしないかと言われたら、その誘いに乗るべきだ。なぜなら、オッズが「1：3」で、勝てば5ドルもらえるからだ。

投資のリスクとリターンは、これよりもっと複雑になる。

まず、投資はコイントスと違い、最初からリスクを確実に把握できるわけではない。

またその目標は、コイントスの場合とは違って収支を合わせることではなく、プラスのリターンを得ることだ。

それに、投資結果は、見返りがあるかないかの二者択一になることはほとんどない。リターンも単発ではなく、連続的にもたらされることが多い。

とはいえ、不均衡（潜在的なリターンよりリスクが**少ない**）を認識することが、投資を成功させるカギであることに変わりはない。繰り返すが、リスクはリターンを得るために支払う代償だ。**冒険しなければ、何も得られない**のである。

投資の2大軸①——アクティブか？　パッシブか？

投資活動は、「アクティブ」か「パッシブ」か、「分散投資」か「集中投資」か、という2つの特性で分類できる。

あなたの投資は、図表13のどこに位置するだろう？　これを知ることは、時間と資本をいつ、どこに配分するかを判断するうえで重要なポイントとなる。

図表13　アクティブかパッシブか？　分散投資か集中投資か？

パッシブ ―― **必要な時間** ――→ アクティブ

分散投資 ―― **リスク** ――→ 集中投資

	パッシブ	アクティブ
分散投資	・インデックスファンド ・投資信託 ・ロボアドバイザー ・定期預金 ・普通預金	・ポートフォリオ戦略
集中投資	・単一株のバイ・アンド・ホールド ・金 ・ビットコイン	・個別株 ・デイトレード ・会社員 ・住宅所有

アクティブかパッシブかとは、投資にどれだけの時間を費やすか、あなたの行動がその結果に対してどれだけの影響力を持つかということである。費やす時間と影響力が大きくなるほどアクティブ、少なくなるほどパッシブになる。

銀行の普通預金口座にお金を預けるのは、100％パッシブだ。

お金を預ける以外に何もする必要がなく、あなたが何をしているかにかかわらず、銀行が提供するものが返ってくるだけだからだ。

一方、最もアクティブな投資は、会社で被雇用者として働くことだ。

あなたは自分の仕事を投資と考えていないかもしれないが、実際には（大事な人との人間関係を大切にするという意味での投資を除けば）、これは私たちにとって最も重要で、最も時間のかかる投資である。その会社の株式を所有していればなおさらだ。

他のアクティブな投資としては、賃貸物件の所有（経験者からのアドバイス：アクティブ部分の仕事はDIYの得意な義理の両親にやってもらおう）や、株のデイトレードなどがある。

アクティブな投資戦略は多くの時間が必要なので、リスクは同程度だが、パッシブな投資より大きなリターンを期待したくなる。資本に加え、時間に対するリターンも求めたい。

また、自分が関わることが成功に直結するため、自分のスキルを活かせる投資であるかどうかも熟慮したい。たとえば、私はアートが好きだが、アート市場については素人だし、学ぶ気もない。だから、国際競売会社のサザビーズでコレクターに競り勝とうとするのは、私にとって良い投資戦略ではない。しかし私は飛行機に詳しいので、数年前にはジェットエンジンのサービスを提供する会社にそれなりに大きな額を投資した。この投資は管理に時間がかかるという難点があるが、個人的な専門知識を活用できたと考えている。

投資の2大軸②——分散投資か？　集中投資か？

もう1つの投資の軸である、分散投資か集中投資かとは、投資対象のリスクプロファイル（特定された全リスクの種類と量）の性質を指している。

これは投資の本質的な概念であり、「分散投資」を本章のタイトルにしたほどである。

分散投資とは基本的に、「すべての卵を1つのカゴに入れないこと」だ。

図表14　時価総額ランキング
── 2003年4月と2023年4月におけるアメリカの時価総額トップ10企業の比較

2003年		2023年
1	マイクロソフト	2
2	ゼネラル・エレクトリック	71
3	エクソンモービル	11
4	ウォルマート	13
5	ファイザー	28
6	シティグループ	82
7	ジョンソン・エンド・ジョンソン	9
8	IBM	68
9	AIG	216
10	メルク・アンド・カンパニー	20

出典：フィナンシャル・タイムズ、CompaniesMarketCap.com

私は長年アップル株を所有しており、その間に同社は驚異的なリターンを生み出してきた。

それでも、これが依然として高リスク株であることに変わりはなく（リスクを取っているからこそ大きなリターンを生み出せる）、いつかはそのリスクは株主にマイナスの影響をもたらすだろう。長期的にトップの座に君臨し続ける企業はほとんどない（図表14）。

投資の深遠な真理

分散投資は守りの戦略である。

しかしスポーツと同じように、**優れたディフェンスは投資でも勝利**をもたらす。

なぜなら、投資には基本的な非対称性があるからだ。

つまり、無限のアップサイドを期待できるが、ゼロになってしまえばもう挽回できない。成長株やデリバティブといったリスクの高い投資資産は、ゼロになる可能性がある。

こうした投資資産のどれか1つに全資産を集中投資していると、賭けに失敗したときに壊滅的な打撃を被る。分散投資をすれば、このデメリットを軽減できる。

たしかに、分散投資はアップサイドの足かせにもなる。だが、1つの投資資産に全資産を賭けて資金がゼロになってしまえば、アップサイドの可能性もゼロになる。

何より重要なのは、**投資ではアップサイドを最大化する必要はない**ということだ。

これは**投資の深遠な真理**である。

メディアが発するメッセージとは違い、投資の目標は世界一の金持ちになることではない。分散投資したポートフォリオを適切に運用すれば、経済的自立を達成できるリターンは十分に生み出せる。その状態を維持したうえで、さらに大きなリターンや大勝利を追求したい人はそうすればいい。

金融市場で経験を積んでいくと、本物のチャンスとうさんくさい儲け話の違いを感覚的に嗅ぎ分けられるようになってくる。

安全で、着実に成長する資産基盤を持っていると、さらに貴重な資産である時間を使って、大きなチャンスを追求していく自信が得られる。

今すぐ取るべき2つの最善策

私たちが取るべき最善策は、本書のプロローグで紹介した富に至る次の2つの道の両方を進むことである。

現在の収入を最大化するために**時間を集中（フォーカス）**させる。

長期的な資産を最大化するために**投資を分散**させる。

分散投資とは、単に複数の資産を所有することではなく、**リスクの違う資産を所有**することだ。先ほどのコイントスの例では、リスクが単純化されていた。考慮すべきは、コインが表と裏のどちらを上にして着地するかという1点のみだ。しかし、投資のリスクはこのように単純ではなく、多面的である。

先ほど挙げたアップルを例に取ろう。同社は様々な種類のリスクと隣り合わせだ。景気が減速し、消費者が2年ごとに1200ドルを払って新しい携帯電話を購入する意欲が低下するかもしれない。中国が台湾に侵略すれば、同社にとってメインの製造拠点（台湾）と世界で2番目に大きな市場（中国）へのアクセスを失う可能性もある。ティム・クックが同社のCEOを辞して他の面白そうなことを始め、彼ほどのマネジメント力がない人が後継者になる可能性もある。これら（と他の多く）のリスクが、アップルのリスクプロファイルを構成している。アップルはこれらのリスクに日々「さらされて」おり、私のアップル株も同様だ。もし私が全財産をアップル株につぎ込んでいたら完全な集中投資となり、私の将来の経済的自立は習近平の言動やティム・クックの気分と血糖値にかかっていることになる。これはまずい。

分散投資とは何か

では、どうすれば自分でコントロールできないリスクを減らしながら、大きなリターンを維持できるのだろうか（ヒント：分散投資）？

アップルが直面しているリスクは、非常に広範なもの（景気減速）から、アップルを超えてはいるが同社に大きな影響があるもの（米中戦争）、完全にアップルのみに関連するもの（ティム・クックの引退）まで多岐にわたっている。

もし私が資産をアップルとナイキの株に分散させておけば、ティム・クックの引退に対するエクスポージャー（リスクにさらされている資産の割合）を半分に減らせる。

クックはナイキに何の影響も与えないからだ。これは素晴らしいことだが、私はまだ中国の影響下にある。

ナイキも中国での製造と消費者に依存しており、両社とも一般消費財を販売しているため、広範な消費経済にさらされているからだ。

実際、製造業や消費財分野では、中国の影響下から完全に逃れるのは難しい。たとえば、ハーレーダビッドソンはアメリカでオートバイを製造しているが、部品の大部分を中国メーカーに依存している。高級ブランドのＬＶＭＨも、製品の大半を欧州で製造しているが、売上の４分の１を中国に依存している。

アップルのような企業のリスクプロファイルを相殺するには、たとえばエネルギー企業株が適している。エネルギー企業の大半は中国経済との結びつきが弱く、中国経済全体が減速しても業績にあまり影響はないからだ。

また、住宅用不動産の供給業者や管理業者（ホーム・デポ、エクイティ・レジデンシャル等）など、基本的に国内／地域的な規模で事業を営んでいる企業株も適している。

このように資産を分散させるのは、大変な作業のように聞こえるかもしれない――そう、実際に大変だ。だからこそ、利用者が投資額のわずかな割合（理想的にはごく少額）をファンドマネジャーに支払い、その対価として分散ポートフォリオを組むために必要な調査と計算をやってくれる、投資信託や他の投資手段が存在しているのだ。

分散投資の背後にある理論はポートフォリオ理論として知られている。これは経済学者が複合的な投資ポートフォリオのリターンを測定するのに十分なデータを集められるようになった１９５０年代に登場した。分散投資の対象は個別銘柄だけではない。分散投資とは、分散型の投資ポートフォリオを持つことだ。

資産クラスとしての株式は全体が連動して値動きする傾向があるため、株式の売買を含む投資戦略では、株式全般に共通するリスクをポートフォリオ上で完全に分散させることはできない。とはいえ、分散投資の秘密の力は1980年代に秘密でなくなり、機関投資家があらゆる地域のあらゆる種類の資産に投資し始めると、状況が少し変わった。

皮肉なことに、そのことがかえって分散化を難しくしたのだ。資本の流れが、以前は無関係だった投資先を結びつけたからだ。たとえば、オーストラリアで鉄鉱石株が暴落すると、ドイツの債券価格にも影響が及ぶ可能性がある。この暴落で打撃を受けたオーストラリアの投資家が、損失をカバーするためにドイツ国債を売却して、資本を調達しようとするからだ。これは現在でも正しい投資戦略だが、以前より実行するのが難しくなり、かつてのような効果も見込めなくなっている。

まとめると、**分散投資とは、リスクプロファイルを拡大することで、1つの失敗や世界的変化で致命的なダメージを被らないようにするための「技術」であり「科学」**である。

過去最悪の投資判断と「防弾チョッキ」

ご多分に漏れず、私も分散投資の価値を痛い目に遭うことで学んだ。

1990年代後半、私が設立したeコマース会社のレッドエンベロープは、ドットコムブームに乗り、IPO（新規株式公開）に向けて突き進んでいた。

私は34歳にしてプライベートジェット機を買おうとしていた。無敵になったような気分だった。だがその後市場が急転し、IPOも撤回された。その余波で会社は苦境に陥った。

私たちは経営陣を入れ替えた。私はベンチャー投資家たちと（社交辞令的な表現をすれば）意見が合わなかったが、それでも会社に残った。同社は2003年に上場したが、私は保有していた株式を現金化せず、このブランドに入れ込んでいたこともあって、さらに株を買い増した。そしてそのまま5年間、点滅する危険信号を無視し続けた。

2008年に会社が倒産したとき、私は**純資産の7割**を失った。

そんなことになるとは思ってもみなかった。港湾労働者のストライキや、会社の物流施設でのトラブル、ウェルズ・ファーゴ証券のクレジットアナリストに低評価をつけられたことなど最悪の事態が重なり、わずか**10週間で会社は倒産**した。最悪の事態は稀にしか起こらないが、いつか必ず起こる。

私は分散投資についての2つ目の教訓を、2011年に**過去最悪の投資判断**をしたことで学んだ。私はネットフリックス株を、1株12ドルで（大学院教授の報酬を基準にすれば）大量に買った。それは悪い決断ではなかった。

私は同社のビジョンと経営者の能力を評価していたし、メディア業界の展望や、ストリーミング技術が市場に変革をもたらすことについてそれなりの自信があった。

しかし、市場は同社に疑問を持っており、株価は上がらなかった。

結局、その半年後、私は年末の節税目的もあり、同社の株を1株10ドルで売却した。

その後の10年間、スマートフォンの画面に同社のティッカーである「NFLX」の緑色のテロップが表示されるたびに、身体の具合が悪くなった。

その痛みがピークに達したのは、同社株が、私が買った値段の50倍をつけたときだ。

しかし、胸に弾丸を受けたような痛みはあったものの、ケブラー素材の防弾チョッキを着ていたので大丈夫だった。

つまり私のポートフォリオは、ネットフリックスだけではなかった。

私が保有していたアップル、アマゾン、ナイキなどの株も、同期間に株価を上げていた(ネットフリックスほどではないが)。節税目的でネットフリックス株を売ってしまったのはボディブローのように効いたが、分散投資によって致命傷には至らなかった。

投資の世界では、必ず**流れ弾**が飛んでくる。だから、それを防ぐ備えが必要だ。

この流れ弾を免れる人はいない。株価が暴落したときの画面をスクリーンショットに撮ってまわりに見せびらかす人はめったにいないので、普段誰かが大損をした情報をあまり目にしない。だが、そんなケースは至るところにあり、誰もその可能性からは逃れられないのだ。

バフェットに反旗を翻した投資会社のその後

2000年代後半、バークシャー・ハサウェイの年次総会で、ウォーレン・バフェットは、「今後10年間、市場平均に連動するS&P500指数を上回る運用パフォーマンスを出すアクティブファンドはないだろう。もし上回るファンドがあるなら、100万ドルを賭けてもいい」と申し出た[89]（S&P500がよくわからないという人は、とりあえず一般的な株価の平均と理解しておいてほしい。後ほど詳述する）。

プロテジェ・パートナーズという投資会社がバフェットの賭けに乗った。

プロテジェは5つのアクティブファンドを選び、その10年間でパフォーマンスの低いファンドを、成功する可能性が高いと思われるファンドといくつか入れ替えながら運用した。

1年目、5つのアクティブファンドのパフォーマンスは、いずれもS&P500を大幅に上回った。翌2009年はS&P500の勝ち。2010年、2011年、それ以降もずっとS&P500が勝ち続けた。2017年時点でS&P500のリターンは126%に達した。プロテジェ・パートナーズのリターンは？

わずか36%。賭けは2017年12月31日に公式に終了したが、その年の夏までにバフェットがはるかにリードしていたので、プロテジェは早々に負けを認めた[90]。

このバフェットの物語は、ウォール街の金融業界が世間に知られたくないものだ。

なぜなら、一貫して市場に勝ち続けられるファンドはほとんどいない（仮にいたとしても）ことを一般の投資家に気づかれたら、株式ブローカーやヘッジファンド・マネジャー、投資アドバイザーが大量に失業することになるからだ。これは金融市場における公然の秘密だ。どれだけ金融の知識があり、資本やスタッフが充実していても、長期的には誰も市場平均には勝てない。たしかに、短期的には市場平均を上回るパフォーマンスを出すことは可能だ。2021年には、まさにそれが起こった。暗号資産やミーム株（訳注：SNSなどで大きな話題になり、急騰した株）に投資し、市場平均より桁違いに大きく資産を増やした人がたくさんいた。私の11歳の息子も見事にドージコインを買っていた。

だが、良いときは長くは続かなかった。2022年には、暗号資産トレーダーの4人に3人が初期投資で損失を出した。[91]

一方、投機資産が暴落する中、株式市場は着々と上がり続けていた。

私の（あるいはバフェットの）言葉を鵜呑みにせず、**データ**にも目を向けて確かめてほしい。

「ランダムウォーク理論」への2つの疑問

過去20年間、大型株ファンドの94％はパフォーマンスでS＆P500を下回っている。[92]同じ期間の平均的な株式ファンドのリターンは8・7％で、S＆Pコンポジット1500指数は9・7%[93]。ある調査によれば、この15年で、アクティブ運用のアメリカ株ファンドの生存率は約5割しかなかった[94]。

このテーマに関する代表的な書籍に、プリンストン大学の経済学教授バートン・マルキールが書いた『ウォール街のランダム・ウォーカー』（日本経済新聞出版）がある。

マルキールは、資産価格（特に株価）は「ランダムウォーク理論」に従うと述べている。つまり、長期的には株価の値動きを予測できないというのだ。

彼は、**個別株投資は「ランダムウォーク（無作為）」な行為であり、時間をかける価値はない**と主張した。マルキールは1973年にこの本を書き、以来12回も改訂している。最新版は2023年に発行され、グーグルやテスラ、SPAC、ビットコインについて論じられているが、今回も同じ結論に達している――長期的なアクティブ投資は、市場に勝てない（同書の議論は株式に焦点を当てているが、その大部分は他の資産クラスにも当てはまる。どの市場でも、アクティブな個人投資家が分散化されたパッシブなインデックスファンドに勝つことは稀だ）。

ここで2つの疑問が生じる。

1つ目は、これはバフェットにも当てはまるのかということだ。

「オマハの賢人」と呼ばれる彼は、何年も市場を打ち負かし、優秀な投資家として尊敬されているではないか？

2つ目に、負けることが確実なら、なぜ私はアクティブ投資を勧めるのか？

いくつか説明させてほしい。

まず、全資金をS&P500（本章の後半で触れるように、ETFを使えばそれが可能になる）に投資するのは優れた投資戦略ではない。

投資では、長期的に最適なリターンを得ることだけを考えるべきではないからだ。市場全体の変動性は高い。たとえば2000〜2022年にかけて、S&P500が値下がりした年は7回もあり、そのうち3年では20％以上も値下がりしている。

前述のように、数年以内に必要になることが予想される大きな出費に関する資金運用先として、変動性の高い投資資産は適していない。

住宅購入の頭金として10万ドルを貯め、それをS&P500のETFで運用していたら、いざ必要になって現金化しようとしたときに値下がりしているかもしれない。

長期的なリターンはパッシブな分散投資から得るべきだが、中間的な支出のための資金を運用するには、変動リスクを抑えておく必要がある。

それに、全財産をS&P500に投資したいと思っても、おそらく実際にはそうならない。家を買えば、大きな不動産投資になる。

勤務先の会社や、自分で起業した会社などの株に投資する機会もあるかもしれない。

広範な市場指数が最良のリスク／リターン比を提供する一方、確固とした経済的自立を得た後は、より高いアップサイドと引き換えに、大きなリスクを取る方法も探すべきだ。

お金の使い方が上手になるとは、お金のことを深く理解することだ。そのためには、金融市場の情報をただ読む以上のことが必要なのである。

次に、アクティブ投資をしても、絶対に負けるわけではない。「ランダム・ウォーク理論」を突き詰めると、誰も株価を予測できないことになる。そのような主張には賛否両論あるが、私はそれは言いすぎだと思う。

市場価格は「投票機」としての市場の産物であり、不合理で情報不足であることが多い人間の判断の産物である。明晰かつ冷静な観察者は、実際の価値と株価が乖離している場所を見抜き、その差から利益を得る（特に忍耐強くその資産を長期保有することによって）。

バークシャー・ハサウェイは保険会社である

相場の格言にあるように、「成功は市場で最適なタイミングを見つけることではなく、**市場に長くいる**ことでつかめる」のだ。そしてこれが、バフェットがキャリアを通して追求してきた投資戦略だ。

彼が100万ドルの賭けを通して「市場平均より劣る」と言いたかったのは、投資家が短期的な値動きに応じて株式などの資産を頻繁に売買するような、極めてアクティブな投資戦略だ（バフェットは自身の会社バークシャー・ハサウェイを通じて公開企業の株式を購入しているが、同社は実は多くの企業を直接的に所有し、その経営を監督している事業会社だ。ネブラスカという土地柄の魅力や数々の投資に関する名言でその名を知られているものの、意外にもこの会社の業種は**保険業**である。バークシャー・ハサウェイは、非常に収益性が高く、その利益を他の事業につぎ込むことで**分散投資を図っている保険会社**と言える)。

リスクとリターン、分散投資、「市場を打ち負かそう」とするのは（ほとんどの場合）無駄な試みであること――これらは、投資の基本原則である。

2　賢明な投資家になるための経済システムの基本

賢明な投資家として投資の選択肢を正しく理解し、最終的な投資戦略を立てるには、資本とそれが生み出す経済システム（またの名を「資本主義」）についての基本的な理解が必要だ。このセクションでは、資本主義システムの基本を包括的に説明する。

ここで説明する概念は、どれも学問分野の対象になっている。

経済のすべての分野を専門家レベルで理解している人がいないように、私にも詳しい分野とそうでない分野がある。とはいえ、投資家として成功するために、全経済分野の専門家である必要はない。これらの概念はたしかに複雑で、奥深いものだ。だが、その基本を理解し、資本主義システムの中でそれらがどう組み合わさっているかを理解するのは重要だ。上空から俯瞰することで、これらのシステムがどのように連動しているかよくわかるようになるだろう。ファイナンスの知識が豊富な読者は、ここでの説明は教科書的で基本的すぎると思うかもしれない。しかし、投資に関するアドバイスが多すぎると、本当に重要なのは基本的な概念であるにもかかわらず、実際に起こっていることが複雑に見え、かえってわかりにくくなることもある。

お金とは時間を交換するための手段

すべての生物種には欲求がある。植物は水と日光を必要とし、毛虫は葉っぱを必要とし、人間は様々なモノを必要とする。

経済には、人間が必要とする新しいモノを生み出す力がある。とはいえ、現代に興隆する消費主義は、食べ物や住む場所、人間関係といった、現実的で必要不可欠な欲求を超えるものを対象にしている。

自然界の生物は、幼い頃は親に必要なものを与えられ、種によっては仲間との協力によって必要なものを得るように進化しているが、基本的には大人になれば自らの力で必要なものを獲得して生きている。

だが人間は違う。未来を想像し、予測し、複雑な言語を通したコミュニケーション力に恵まれた私たちは、必要なものを交換し合うだけでなく、自らの能力の真の限界である**「時間」を交換する手段**を開発した。これが、お金についてあなたに考えてほしい基本となる。

つまり、**お金は時間を交換するための手段**なのだ。

週40時間労働の工場労働者を例に取ろう。週の終わりに、工場主は労働者に賃金を支払う。これは時間とお金の直接的な交換である（経済学者は工場主が労働者の労働の対価として賃金を支払っていると言うだろう。たしかにそうだ。だが、たとえ工場主にとっては労働者から提供された労働が価値あるものだとしても、労働者が工場主に提供したものの本質が時間であることに変わりはない）。

工場労働者は給料を受け取り、帰宅途中にバーに立ち寄って、10ドルとビール2本を交換する。少なくとも表面上はそう見える。

しかし、より深いレベルでは、彼は工場で働いた時間を、ビールの醸造所で働く他の人たちの時間と交換しているのだ。さらに、バーテンダーや大麦農家の時間も買っている。

また、その10ドルのごく一部は、その夜、バーを掃除する清掃員の賃金となり、バーを守る警察官や消防士を雇用する市に納める税金になる。

もしまだ残りがあれば、それはそのバーを開店させるために時間を費やしたオーナーの報酬になる。

「時間を移動させる手段としてのお金」は、経済学用語でいう比較優位、すなわち「**特化**」

の力を解き放つ。

この特化の力は、アダム・スミス（1723～1790）がピン工場の例で説明したことで有名だ。スミスによれば、従業員10人がそれぞれ製造工程すべてを担当してピンをつくった場合、生産量は1日に数百本程度でしかない。

しかし、彼が訪れたある工場では、従業員10人にそれぞれ製造工程の一部を担当させることで、生産量は1日4万8000本以上に達していた。[95]

バーも同じだ。バーやレストランを一人の力で建造し、材料を仕入れ、運営することは不可能だ。現代社会を構成するほぼすべてのものも同様だ。

特化は経済を動かす原動力となる。私たちは本の執筆やキャブレターの修理などの限られた領域の仕事に大量の時間を費やし、その時間と引き換えにお金を得て、それを他人が限られた領域に大量の時間をかけてつくり出した商品・サービスと交換することで生活している。

経済学者は、この交換の「真」の性質と、財に投入される労働とその財の価格との関係について、何世紀にもわたり議論してきた。とはいえ、本書の目的からすれば、この論争は無視できる。

お金とは私たちが時間を交換する方法であり、お金に価値を与えるものは、人が自分の時間（その時間を使って生産した商品）を、他人のお金と交換できることだと覚えておけばいい。ひとまず、それ以外の話には耳を貸さなくていい。

市場と価格の仕組み

すべての時間が平等に評価されるわけではない（すべての物事も同様だ）。

私は高校を卒業した夏、時給18ドルで棚の取りつけの仕事をしていた。クリスティアーノ・ロナウドはサッカークラブのアル・ナスルとの契約で、ピッチで1時間すごすごとに約250万ドルの報酬を得ている。[96]

しかし相対的に言えば、私は給料をもらいすぎていた。棚の取りつけがうまくなかったからだ。交換が行われるときは、必ず値段がつく。その冷たいビールに何ドル払うか？　そのドルを稼ぐために工場での仕事にどれだけ時間を費やすか？

交換にとって適切な価格を見つけることで、経済の歯車は回り続けている。これは極めて複雑な作業だ。

工場は顧客にとって魅力的な価格で製品を製造するためにコストを抑えつつ、労働者にも十分な報酬を支払わなければならない。またそれは、その顧客が労働時間の対価としてどれくらいの報酬を得ているかにも左右される。同時に、工場労働者は自分たちが必要なもの、ほしいものを買えるだけの労働時間に対する対価を必要としている。「自由市場経済」の大きな特徴は、需要と供給の市場によって（ほとんどの場合）価格が決定されることだ。

対照的に「計画経済」では、中央当局（通常は政府機関）によって価格が設定される。

夢想家は計画経済に惹かれるが、これが大規模な形で成功したことはない。いつかはそれが実現するかもしれないが、本書では世界の現状に基づいて話を進めていく。

21世紀の世界経済は（ほとんどが）市場ベースだ。

各取引には需要と供給が必要だ。ガンの即効薬には大きな需要があるが、供給がないため価格もつかない。すべてのガンを治癒できる薬が発明されても、1日に1錠しか製造できなければ、価格は天文学的なもの（おそらく数億ドル）になるだろう。

このような高価格は競争を呼び、ガン治療薬の供給量が増えていく。それに伴い、価格は下がっていくだろう（ワシントンD.C.にロビイストが群がり、政治家に供給制限を働きかけるような状況にならない限り）。しかし、膨大な量のガン治療薬が製造されたら、価格は暴落する。価格は、需要と供給のバランスが取れた時点で安定するからだ。

つまり、安定した価格とは、製造が促されると同時に需要も刺激され、製造者が利益を得られると同時に競争の激化を防ぐような価格のことだ。

価格は市場によって「設定」されるのではなく、「発見」される

この安定化は、市場を通じて行われる。市場には、商品の適切な価格を発見するメカニズムが備わっている。市場参加者がそれぞれの思惑で行動することが、結果的に価格の均衡化

につながる。市場価格は市場によって「設定」されるのではなく、「**発見**」されるのだ。価格が需要と供給をどれくらい反映しているかは、市場の「効率性」と呼ばれる。

これは主として情報の問題だ――すべての市場参加者が互いに完全な情報にアクセスできれば、均衡価格をすばやく見つけられる。

市場の効率性が高まるのは、取引コストが低く、取引量が多く（需要と供給に関する多くの情報が得られる）、取引対象が金（ゴールド）のような均一的で代替可能な商品（過去の取引データを将来の取引に適用しやすい）である場合だ。

逆に、芸術品や労働力のような、質が変わりやすいものの市場は効率性が低い。

非効率的な市場は裁定取引（アービトラージ）を引き寄せる。

裁定取引とは、真の需要に気づいていない売り手から安く商品を買い、真の供給に気づいていない買い手（または距離や文化の壁のために直接取引できない人）にそれを高く売って利ざやを得ることである。

1980年代〜90年代にかけ、リーバイスのジーンズ、特にクラシックな「501モデル」は、ヨーロッパとアジアではアメリカよりはるかに高価だった。

リーバイ・ストラウス社はこれらの地域で501をファッションアイテムとしてうまく売り出し、供給をあえて低く抑えた。この高需要・低供給の力学により、小売業者はアメリカでは30ドルでしか売れないジーンズを海外では100ドル以上で売れた。

リーバイスの市場の効率性は低かった。アメリカには十分な供給があったが、それをヨーロッパやアジアに行き渡らないようにしていたからだ。

裁定取引が市場を効率的にする理由

だが、しばらくすると状況が変わった。裁定取引が跋扈するようになったからだ。流通業者は、アメリカ向けのジーンズを大量に外国市場に流した。さらに、リーバイスが「スーツケース・トレード」と呼んだ取引もさかんになった。外国人観光客がアメリカでリーバイスを何着も買い込み、帰国後に転売するのだ。

リーバイ・ストラウス社は私がコンサルタントになったばかりの頃に担当したクライアントだ。初期のプロジェクトは、この裁定取引の状況を調べて同社に報告することだった。私たちはコンサルタントを西海岸と東海岸の空港に派遣し、ヨーロッパとアジア行きのフライトを待つ人たちにインタビューした（9・11以前は空港のセキュリティはかなり緩かった）。アメリカ滞在中にリーバイスのジーンズを買ったかどうか、何着買ったか、帰国後にそれをどうする予定か尋ねた。

その結果、驚くほど多くの人が荷物の中にリーバイスのジーンズを入れていて、帰国後に転売するつもりであることがわかった。

裁定取引は市場を効率的にする。各取引が市場に少量の情報をもたらし、需要と供給の結びつきを強めるからだ。リーバイス501の市場で起きていたのは、次のようなことである。アメリカを訪れた観光客が裁定取引をしたことでアメリカ国内での需要が高まり、501の価格は上昇した。そして、観光客が帰国後に501を転売したことで、供給が増え自国市場での価格を低下させた。また、eコマースの登場で、効率性の低い市場を意図的につくり出すことが困難になった。現在、ベースモデルの501は世界中で約90ドルで販売されている。1990年当時のドルに換算すると約40ドルだ。

資本とは?

これまで説明してきたのは、経済の基本的なダイナミクスだ。

人々は時間をお金と交換し、お金をモノ（他のお金と時間の交換の産物）と交換する。

このような交換は、スーパーマーケットのホールフーズのような文字どおりの市場《いちば》から、統計の世界でのみ存在するがほとんどの人が生きているうちに参加する現実的で重要な「労働市場」まで、様々な市場で行われている。とはいえ、投資活動が最も多く行われている、詳しく説明すべき市場がある。「金融市場」（別名「貨幣市場」）だ。金融市場は、貨幣を単なる交換手段以上のものにする。それはお金がスーパーマンの衣装に着替え、「資本」に変身するための**電話ボックス**のようなものだ。

先ほど、資本は「**働くお金**」だと述べた。それは実際には何を意味するのか？中小企業や大企業、政府、慈善団体などの組織は、その使命を遂行するために様々な資産を持っている。たとえばバーなら、お酒やグラス、ビールタップ、什器が必要であり、これらを購入し、従業員に給料を支払い、店舗の家賃を支払う現金も必要だ。

どれもお金がかかるが、有能なオーナーがそれらを組み合わせてバーを経営すれば、購入費や経費の総額以上の価値を生み出せる。

うまくいけば、バーがその資産を使って稼ぎだす収益という形で、具体的に測定できる。**資本とは、より多くのお金を生み出すためのお金**のことなのだ。

他の市場がそこで取引される商品の価格をつけるのと同様、金融市場も資本に価格をつける。バーのオーナーが2店舗目をオープンして事業拡大したい場合は、さらなる資本が必要になる。一番簡単な方法は、銀行からお金を借りることだ。これは金融市場の基本的な取引だ。

バーのオーナーは「将来、借りたお金より多くのお金を銀行に返す」という条件で、大金を手にする。この差額は「利息（利子）」と呼ばれているが（あるいは、さらに深い意味では「時間の代償」）、実際にはこれはお金の価格である。

通常、利息は年率ベースで設定され、それによって「金利」が算出される。

銀行がバーのオーナーに金利8%で10万ドルを融資した場合、バーのオーナーはその10万ドルを借りるために年間8000ドルの利子を支払わなければならない。

しかしバーのオーナーにとっては、店舗を増やしたことで8000ドルの利子を支払う以上の収益を上げられるなら問題ない。このような単純な銀行融資は、金融市場で行われている無数の金銭取引の一例にすぎない。しかし、それらはすべて同じ原則に基づいている。そこでは、お金は「将来、それ以上の額として返済する」という約束の下で提供される。取引がローンの場合、この2つの金額差は「利息」と呼ばれるが、より一般的な用語は「リターン」である。

投資とは?

「投資」とは、お金を出した側（投資家）に利益を「返す」というお金の移動である。

取引の相手側は、喜んでその利益を支払う。そのお金を資本として活用することで、投資家に支払うべきリターンよりさらに多くの利益を得られると信じているからだ（例：融資にかかる8000ドルの利子以上の収益を上げるバーのオーナー）。

こうした取引がうまくいけば（実際、健全な経済ではほとんどの場合、うまくいく）、双方に価値が生み出され、経済は成長する。

これは重要なポイントだ。投資はゼロサムゲームではなく、**パイを大きくする**のである。

ここまでくれば、本書の説明がどこに向かおうとしているのか、おわかりいただけるだろう。投資をすれば、お金はいい仕事をする。誰かにお金を渡せば、しばらくするとそれ以上のお金になって返ってくる。これを何度も繰り返せば、お金は指数関数的に増える。

投資は絶え間なく、着実に資金を増やしていく。映画『ウォール街』に登場するやり手の投資家ゴードン・ゲッコーの言葉を借りれば、「お金は眠らない」のだ。ただし、うまくいかない（投資したお金を取り戻せない）場合もある。

そこで重要になるのが「信用度（信用の質）」だ。

貸し手は、借り手がローンを返済できるか、返済できない場合に貸し手が差し押さえられる担保を提供できるかを評価しなければならない。

お金を貸すのは簡単だが、信用度を評価するのは難しい。賢く投資をするには、資本の基本的な仕組み以上のことを理解しなければならない。投資は金融市場で行われる。金融市場で活動する主体は、「企業」「金融機関（銀行等）」「政府」の3つに大別される。それぞれについて見ていこう。

賢い投資家になる必須知識①——労働を組織化する「企業」の役割

投資というと、まず企業の株を買うことが最初に頭に浮かぶのではないだろうか。それはごく自然なことだ。企業は経済における資本の最大の利用者であり、大量の人を雇用し、製品を製造し、サービスを提供しているからだ。

人類史の大部分において、民間事業は家族経営の農場や鍛冶屋、靴屋といった小規模な形態だった。軍事作戦や道路建設のように大がかりなものは、民間事業ではなく、おもに政府（時には宗教団体）が担っていた。

19世紀に産業革命が起こると、民間事業は規模の拡大を迫られた。工場には数百人規模の労働者が必要であり、家族や身近な集団では賄いきれない。

大きな事業を手がけたい企業家は、経営資源を共同出資する方法を模索し始めた。

赤の他人同士が大勢集まって事業に共同出資するには、様々な障壁を乗り越えなければならなかった。

事業が成功したら、利益をどのように配分するのか？　失敗したら、誰が責任を取るのか？　何より、誰が責任者なのか？

こうした問題を解決するために、長い年月をかけて進化したのが企業なのである。

企業は法的な構成概念である。物理的な存在ではなく、建物や人の集団でもない。しかし、**法的な人格**を持っている。

そのため、人間と同じように財産の所有や契約の締結、お金の貸し借りができる。

訴訟を起こすことも起こされることも可能だし、税金も支払わなければならない。ただし、完全に人と同じではない。たとえば、投票はできないし、結婚することも、子どもの親権を持つこともできない。

しかし、事業が必要とするほぼすべてのことにおいて、個人事業主の代わりを務められる。企業には内部規則があり、意思決定者が定められている。この規則には法廷での強制力があるが、そのような事態になることは稀である。

内部規則は、意思決定を経営者に委任し、従業員を雇用・解雇し、企業の資本を配分する権限を企業の役員に与える。

また、何重もの監視と説明責任が定められている。それによって、個人とは異なり、企業は行動が予測可能で、意思決定の透明性が高く、合理的な存在になる――少なくとも理論上は。銀行が短期の預金を長期の融資に変えるように、企業は集合知を通して人間の感情を熟慮された決断や行動に変える。

それは理にかなっている。たしかに企業も毎日のように誤った判断をしてしまうかもしれないが、個人はそれよりはるかに頻繁に愚かな判断をするからだ。

法人格と組織的構造という特性は、企業がその使命を果たし、大量の資本を扱うために欠かせない。企業に資本を供給することは、金融市場の大きな（おそらくは一番の）目的である。その仕組みについては、本章の後半の株式と債券のトピックのところで詳しく説明する。

賢い投資家になる必須知識②――資本を組織化する「金融機関」の役割

事業者（法人・個人）は直接ではなく、銀行などの金融機関のサービスを利用して金融市場に参加する。

金融機関は、小売銀行、投資銀行、証券会社、投資会社の４種類に大別できる。

ただし、これらの境界線は明確ではない。ＪＰモルガン・チェースやバンク・オブ・アメリカなどの大手銀行は、４つのカテゴリーすべてで事業を展開している。

最も基本的な事業は、**小売銀行**（従来型の銀行）が行っているものだ。（ごく）単純に言えば、それは顧客から資本を借り、別の顧客にそれを貸しつけることだ。収益は、前者に渡す利子と、後者から得る利息（と手数料）の差額になる。

多くの人は、お金を銀行に預けるという形で小売銀行と出会う。それは利息を得るためでもあるが、おもにお金を安全に保管することが目的だ。

銀行の古典的なイメージが、大きな金庫室を備えた大理石の堂々とした建物であることには理由がある。銀行が預金者に与える基本的な価値は、「靴箱よりも安全にお金を保管できる場所」なのだ。

いずれにしても、銀行は資金を保管しており、そのサービスを魅力的なものにするために、小切手の提供や処理、電子決済、電子預金の受け入れなど、金融取引の仕組みも提供している。とはいえ、それは新規参入者との競争が激しく、勢力図が常に塗り替えられる分野でもある。

たとえば決済ビジネスでは、ペイパルや類似サービスを提供する企業が存在感を示している。また、暗号資産（仮想通貨）の熱烈な支持者たちは、このテクノロジーがあれば銀行は不要だと主張している。

お金を安全かつ便利に保管することは経済システムの基盤であり、それをおもに担っているのが小売銀行なのである。

また私たちは、銀行からお金を借りることもある。融資の利息は銀行の利益となり、融資によって経済に新たな資金が追加される。

融資には、将来の返済を約束してお金を貸す単純な無担保ローンから、長期にわたって様々な義務や約束を伴う複雑な契約まで多様である。住宅ローンは有担保ローンとして知られているる銀行ローンだ。借り手が返済できなければ、銀行はその家を売ってお金を取り戻せる。クレジットカードで買い物をして、自分のスケジュールに合わせて毎月一定額を返済するリボルビングローンと呼ばれるローンもある。

小売銀行以外に、**投資銀行**と呼ばれるまったく異なる種類の銀行もある。

投資銀行はゴールドマン・サックスやモルガン・スタンレーなどに代表され、ファイナンス・コンサルティングと資本管理を組み合わせたサービスを提供する。

大規模で複雑な金融取引について顧客に助言し、（おもに他の投資家が見つかるまでの間、暫定的に）自己資本を投入して、これらの取引を促進する。また、金融市場で自己資本と顧客資本を取引する。

証券会社は、顧客の日常的な金融取引を促進する。おもな取引は株の売買だが、多くの金融資産のための市場も形成している。

小売銀行と投資銀行も仲介サービスを提供していることが多く、チャールズ・シュワブのような伝統ある会社や、ロビンフッドやパブリック（私はパブリックで投資をしている）などのオンラインの新興企業を含め、大規模な独立系証券会社もある。

投資会社は顧客の資金をプールして投資し、リスクとリターンの不均衡を見極めることで得た投資の収益の一部を自らの収益にしている。

様々な種類の投資会社があり、世界の金融資本の多くがそれらを通じて投資されている。すでに投資会社を通じて投資をしている人もいるだろう。たとえば401（k）の資産はフィデリティなどの投資会社が運用している。

新興企業への投資に特化しているベンチャーキャピタリストのように、特定の投資を専門とする投資会社もある。また、あるタイプの投資家に特化している投資会社もある。

バンガードやフィデリティなどは個人の小口投資家の資金をプールして様々な方法で投資することで、ヘッジファンドは富裕層や機関投資家向けに様々なリスク／リターン・プロフアイルの大胆かつ集中的な投資を行うことで、それぞれサービスを提供している。

投資のテクニックや哲学に特化した投資会社もある。バークシャー・ハサウェイは、創業者であるウォーレン・バフェットの投資の原則を適用し、安定した永続的な事業をしていると判断した企業に大規模かつ長期的な投資を行っている。

高頻度取引《ハイフリークエンシートレード》の実践者は、膨大な計算リソースと複雑なアルゴリズムを駆使して、ごく短期間のわずかな価格変動で利益を得ようとする。

ここ数十年の大きな変化として、プライベートキャピタルの重要性が増したことが挙げられる。これは、公開株以外の方法で資金を得ることを指す。ある種の投資会社は規模が大きくなり、数も増えている。

たとえば、ベンチャーキャピタルは一世代前にはニッチな分野だったが、今では年間数千億ドルが投資される市場に成長した。

これらの分野で富を創造する機会にアクセスするのは、何百万ドルもの投資資金を持たない個人投資家にとっては難しいが、それが革新的であることはたしかだ。

これについては、後述する資産クラスの箇所でもう少し触れることにする。

賢い投資家になる必須知識③——「巨大クジラ」政府の2つの役割

金融市場には、政府という重要なプレーヤーもいる。政府には極めて重要な2つの役割がある。

1つは、市場運営の基本的なルールを提供し、規制措置や訴訟、稀に物理的な差し押さえや実刑判決を通じてそれらを施行することだ。税制は、市場の全体的な投資判断の方向性に影響を及ぼす。

金融業界の多くの人は、自分たちは政府とは別の効率的で魅力的な世界にいると信じたがるが、実際にはそうではない。

金融市場の信頼性は、このゲームのルールを確立し、施行する政府の権限に100%依存している。政府の権限がなければ、市場は詐欺や、約束違反、窃盗（例：2022年頃の暗号資産）などの泥沼に陥るだろう。この機能を完璧に果たしている政府はない。

だが、どんな市場であれ、政府の規制の力がなければ、市場への参加を促すために必要な信頼は築けない。政府による役割の中で議論の的になるのは、苦境に陥った市場参加者への支援だ。専門家筋のほとんどは、ある程度の支援は必要だと考えている。

たとえば、連邦預金保険公社（FDIC）は、普通預金と当座預金に保険をかけており（本書執筆時点で最大25万ドルだが、今後増額される可能性がある）、銀行取りつけ騒ぎが起こらないよう、経営難に陥った銀行を差し押さえる権限を持っている。

これは、一般的には良いことだと受け止められている。

しかし、2008年と2020年には、航空会社や自動車会社、そして多くの銀行に対する政府の「救済措置」が物議を醸した。

自分が選挙で選ばれた任期中に、経済的な大惨事を起こしたい政治家はいない。だから、政治家には常に経済に介入する動機がある。その結果、政府に救済される側はますます増えている。

政府の2つ目の役割は、金融市場への主要な参加者であることだ。

アメリカ政府は世界でダントツに多くの金融資本を集めている。

本書執筆時点で、米国債保有者によるアメリカ政府への投資額は25兆ドル近くに達している。[97] これはニューヨーク証券取引所に上場している全企業に投資されている資本総額と同程度である。つまり**アメリカ政府はマネー市場における最重要プレーヤー**であり、その動きの一つひとつがまわりの海流を乱す**巨大なクジラ**のような存在なのだ。

金融市場で最も活発な政府機関は中央銀行であり、アメリカの場合はFRB（連邦準備制度理事会）がこれに相当する。

FRBは政府にとっての銀行（政府の預金を扱い、支払いを促す）だ。商業銀行を規制し、投資家にとって重要なデータを数多く提供し、銀行システム自体で資金の貸し借りを行う。財務省は国債を発行し、証券取引委員会、労働省、商務省を含む多数の機関が金融市場の様々な側面を規制・支援している。

経済がわかる5大指標

他にも、金融市場には投資家が理解すべき基本的な側面がある。それは、**経済の測定方法**だ。個々の投資判断（たとえば「株を買うなら住宅にいくらお金をかけられるか」）は、その投資に固有の状況にも左右される。

しかし投資判断はその時点における**経済全体の状況**も反映すべきだ。そのための経済指標がいくつも開発され、広く参照されている。これは、政府の重要な役割でもある。政府はその法的権限を使ってこれらの経済指標に必要な大量のデータを集め、投資家や納税者から提供された資本を使ってこのデータを処理し、無料で公開している。

アメリカ政府のウェブサイト、特に労働統計局（www.bls.gov）、商務省（commerce.gov）、FRBの「経済指標データ」（fred.stlouisfed.org）は、投資家にとって不可欠な情報源だ。経済指標には広く参照されているものだけでも数十もあり、ニッチなものを含めると数千もある。次に、理解しておくと役立つ、金融メディアにも頻繁に登場する経済指標のカテゴリーと具体的な5つの指標を紹介する。

①国内総生産（GDP：Gross Domestic Product）

すべての経済指標の母。ある国で1年間に生産された財とサービスの総額を表している。これはその国の経済の価値ではなく、「年間の生産量」を示すものであり、企業の収益と似ている。GDPには様々な測定方法があり、データ収集や分析の手法は複雑だが、こうした詳細は投資家にとって重要ではない。

実際、重要なのは、GDPそのものより**変化率**のほうである。GDPが横ばいか縮小している場合、その経済圏で行われた投資はプラスのリターンを生み出さないため、将来の投資が促されず、成長が抑制される。

GDPが数四半期にわたって減少し、他の経済指標も低調な場合、経済は「景気後退（リセッション）」にあるとみなされる。稀に、1930年代のようにGDPが何年間も減少し続けると、「恐慌（デプレッション）」と呼ばれる。

②消費者物価指数（CPI：Consumer Price Index）

様々な財やサービス「全体」の価格の標準的な尺度で、時間の経過に伴う物価の相対的な変化——通常はその上昇、すなわち「インフレーション」——をとらえようとするための経済指標である。

通常、インフレ率は年率で報告される。メディアがインフレ率を4・5％と報じた場合、CPIが1年前に比べ4・5％上昇したことを意味する（ただし前章で述べたように、あらゆるカテゴリーの財やサービスの価格が同じペースで変化するわけではないため、エコノミストはより細かな視点を得るためにCPIを複数のカテゴリーに分けている)。

CPIはいくつかの理由から重要な指標である。まず、個人消費は経済活動のおもな原動力であり、急激な物価上昇は消費を抑制し、経済成長を鈍化させる。

しかし投資家にとってさらに直接的で現実的な懸念は、FRBが影響力を持つ2つの経済指標のうちの1つが**インフレ**ということだ(もう1つは後述する「**雇用**」)。FRBのインフレ目標は2%。インフレ率がそれを大きく上回り始めると、FRBは通常、金利の引き上げ(お金の価値を上げる)によって対処する。これは経済全体に大きな波及効果をもたらす可能性がある。

③**失業率**

これは、重苦しい気分を感じさせる雇用の測定方法だ——代わりに雇用率を用いれば、もっとポジティブな気持ちで議論できるはずだ。いずれにしても、ここで注目するのは、労働市場における需要と供給の圧力である。

失業率が低いとき、需要に対する労働力の供給が少ないことを意味し、労働力の価格、つまり賃金は上昇しやすくなる。

「完全雇用」という誤解を招きやすい用語は、失業率が労働市場の需給バランスに見合った状態であることを指している。

絶対的な数字はないが、経済学では通常5％前後を「完全雇用」とみなす。仕事を探している失業者が常に一定割合で存在するのは理にかなっている。最近仕事を辞めた人や解雇された人、初めて労働市場に参入する人、求職活動を再開した人などがいるからだ。

直感的には、失業率が低いほうが好ましく思えるし、賃金を得る労働者が増えて全体的な消費マインドが上がることで、短期的には良い経済効果がある。

しかし、失業率が低すぎると（目安としては5％以下）、雇用が確保できずに賃金が上昇し、物価も上昇しやすくなるため、インフレやGDPの減少につながりうる。

ファストフードや一部の小売業のように、低熟練労働者や半熟練労働者をコスト構造に多く抱える企業にとっては、高い失業率は（短期的には）好都合である。

なぜなら、労働力の供給が多いために人件費が下がり、経費を抑えられるからだ。

しかし、高い失業率は最終的に個人消費を押し下げ、経済成長を鈍化させる。

インフレと同様、FRB（および他国の中央銀行）は失業率を望ましい範囲内に維持する責務を負っており、必要と判断した場合には金利の変更によって対処する。

④金利

金利については、お金のコスト、具体的にはローンのコストという文脈ですでに何度か言及した。とはいえ、投資家が気にすべきは、自分の投資に関する金利だけではない。誰もが支払っている金利にも注目すべきだ。

金利は重力のように常にあらゆる人やモノに影響を与え、高くなるほど成長と利益を抑制する。

「金利」には、失業率やGDPのような、集計された単一指標は存在しない。代わりにアナリストや金融メディアは、住宅ローン（30年固定金利、変動金利）や3か月物コマーシャルペーパー（無担保の約束手形）、米10年物国債、譲渡性定期預金証書など、おびただしい数の金融商品の金利を報告している。

これらの金利は、当該金融商品に投資していなければ大して重要なものとは感じられない。だが、投資を始めると猛烈に気になる（たとえば住宅購入を検討し始めると、住宅ローン金利に強い関心を持つようになる）。

とはいえ、投資家にとってより重要なのは、これらの金利がどのようにつながっているか、特にFRBが設定する金利とどのように連動しているかを理解することだ。

FRBは政府の資金を預かり、取引サービスなどを提供している。しかし前述のように、**政府は金融市場における最大の参加者**であり、その**審判役**でもある。

FRB（および各国の中央銀行）は政府と特別な関係を持つことで、銀行取引における巨大な力を手に入れている。日々、銀行は何十億ドルもの取引を処理しており、十分な資本を確保するために、他の銀行やＦＲＢから非常に短い期間（通常は１日）でお金を借りている。ＦＲＢは、これらの融資の金利を「フェデラル・ファンド・レート（ＦＦレート）」と呼ばれる目標金利に誘導するため、銀行を説得し、経済的誘因を提示している。

メディアが「ＦＲＢが金利を引き上げている」と報じるとき、それはＦＲＢがＦＦレートを上げていることを意味する。これはなぜ重要なのか？

ＦＦレートは、他のすべての金利の土台になるからだ。

ちなみに、これは政府が命令するからそうなるのではなく、それより強い力――すなわち**需要と供給の法則**によるものである。

もし銀行の頭取が１０００ドルを融資したいとしたら、最も安全な投資は、その資金をＦＲＢの金庫に預けるか、ＦＲＢが支援する銀行に融資することだ。

ＦＲＢに投資するということは、アメリカ政府に投資するということだ。

アメリカ政府は、２００年以上の債務返済の歴史と、世界最大の経済大国に課税する権利を持っており、いざとなれば年間７０００億ドルの軍事予算もある。

「アンクル・サム」の愛称で知られるアメリカ政府にお金を貸すことは、実質的にノーリスクなのだ。たとえば、アメリカ政府にお金を貸すときの金利（ＦＦレート）が３・５％なら、他の誰かにこれより低い金利でお金を貸す合理的な理由はない。なぜなら、その相手はアメリ

図表15　金利のはしご

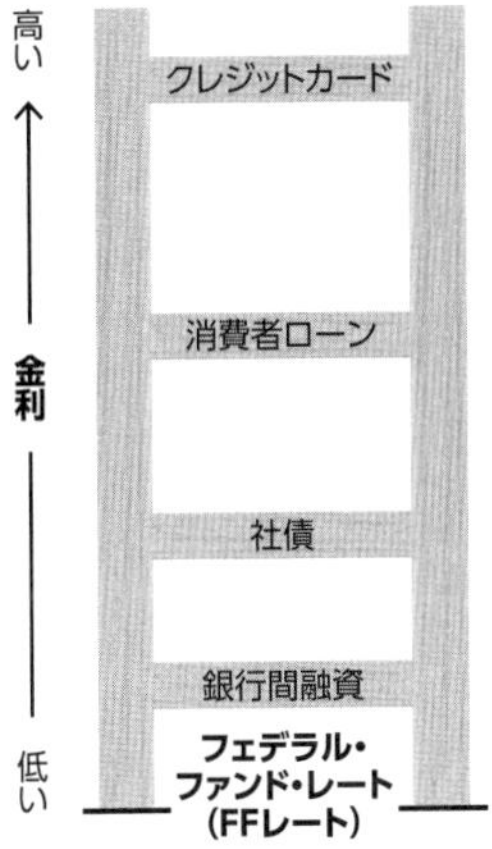

カ政府よりリスクの高い債務者だからだ。この場合の3・5％の金利は、「リスクフリーレート」と呼ばれる。顧客が1000ドルの融資を求めて来店した場合、あなたはその融資に伴うリスクに応じてリスクフリーレートより高い金利を設定することになる。同じ理由で、FRBがFFレートを5％に引き上げた場合、それ以下の金利で融資を受ける人はいなくなる。

図表15のとおり、すべての融資は「金利のはしご」のどこかに位置する。

最下段はFRBの金利（FFレート）だ。政府、大銀行に次いでリスクの低い債権者は、負債を多く抱えていない収益性の高い大企業である。こうした大企業の融資にはFFレートに近い金利がつく。

次に、経営状況があまり芳しくない企業が続く。これらの企業は、もう少し高い金利を払わなければならない。これらの企業の融資は「ジャンク債」

と呼ばれることもある。

これはどぎつく印象的だが、誤解を招く言葉である。なぜなら、もっと安定した企業ほどではないが、それでも比較的信用リスクは良いからだ。住宅や自動車を担保に融資を受けようとする消費者は、リスクは高いが、担保となる資産を持っているので特にひどくはない。

それよりリスクが高いのは、クレジットカードのような無担保の消費者ローンだ。

FRBが金利を0・5ポイント上げれば、この金利のはしご全体に影響が及ぶ。その影響は均等ではなく、上に行くほど増幅される傾向がある。

そのため、大企業のローン金利は1%未満しか上がらないのに、クレジットカードの金利が数%跳ね上がるといったこともある。

また、金利は基本的に小さな数であり、ごく小さな変更でも大きな影響を与えうるため、アナリストはほんのわずかな変化に関心を払っている。そこでよく耳にする専門用語は、金利を「ベーシスポイント」で測るというものだ。

ベーシスポイントとは、1%の100分の1、つまり0・01%のことである。たとえば、金利が1・5%から1・8%へ引き上げられた場合、これは30ベーシスポイントの引き上げを意味する。

⑤株価指数

最後の指標は株価指数だ。ダウ・ジョーンズ、S&P500、ナスダックが代表的だが、他にもたくさんある。最も古く、また最も奇妙なのは、単に「ダウ」と呼ばれることの多いダウ・ジョーンズ工業株30種平均だ。何十年もの間、ダウが株価の「平均」だったことは先行者利益について何かを物語っている。

この指数は1896年にチャールズ・ダウによって考案されたもので、大手製造業数十社の時価総額の平均に「ダウ除数」をかけることで算出される。

ダウ除数は、指数の計算時に生じる微妙な違いを考慮するためにダウが考案したものだ。これは、株式市場の状態を評価する独特の方法である。

S&P500は、それより合理的と言える。これは、代表的な上場企業500社の時価総額の加重平均で算出される。

ナスダックは、ナスダック取引所で取引されている全株式の加重平均であるため、さらに幅広い企業が対象になっている。同時に、1980年代から90年代に台頭したナスダックにはテクノロジー企業が不釣り合いに多く含まれているため、偏りがある（図表16）。

株式市場はリードにつながれた「犬」、経済はリードを持っている「飼い主」

しかし実際には、算出方法に大きな違いがあるにもかかわらず、この3つの指数（ダウ・ジ

図表16　ダウ・ジョーンズ、S&P500、ナスダックのパフォーマンス

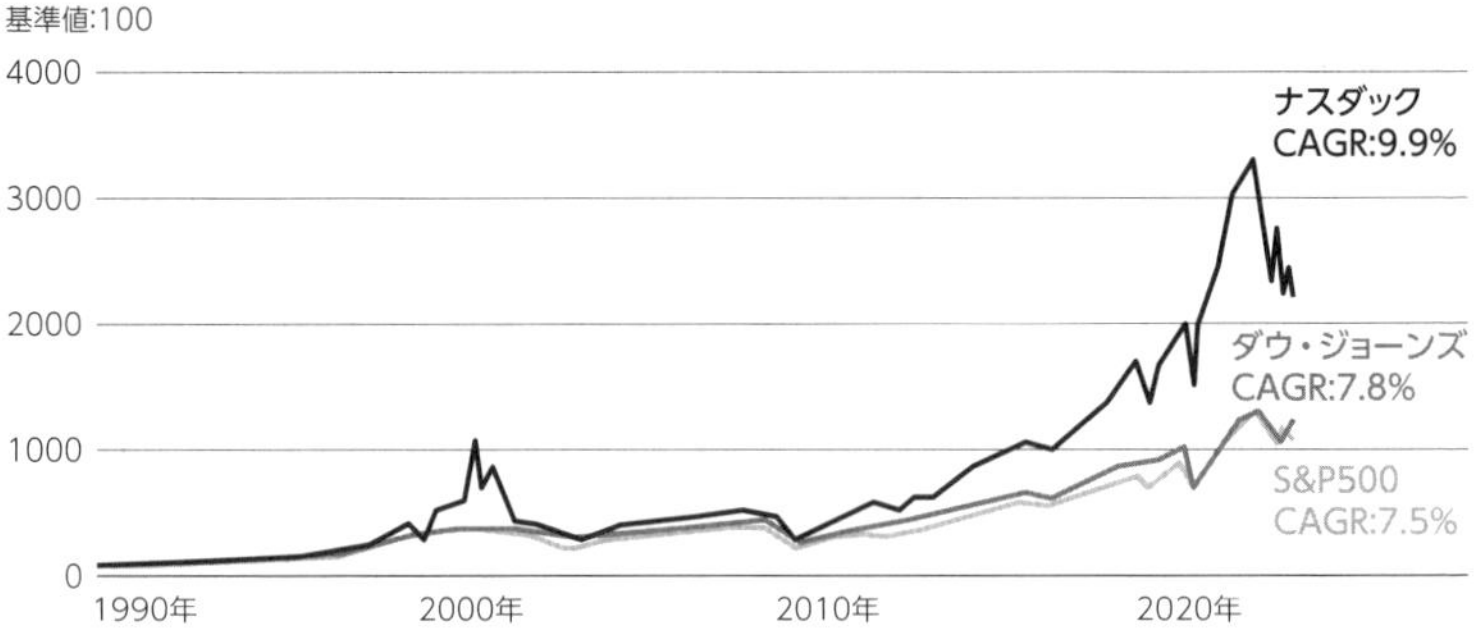

出典:Rogo　　注:CAGR＝複合年間成長率

ヨーンズ、S&P500、ナスダック）は似たような動きをする。ただし、この中ではナスダックが一番変動性が高く、ハイテク株が急成長したこともあり、過去数十年において他の2つの指数を上回ってきた。これらの指数についていくつか説明しよう。

まず、これらの指数は大企業の成長可能性について投資家の信頼度を測るという点では重要だが、メディアで大々的に報道されているほど重要ではない。

重要なのは、これらは株式市場の部分的な指標にすぎず、経済そのものの指標ではないことだ。経済活動の大部分はこれらの指数に含まれていない企業によって行われており、経済のような複雑な概念は1つの指標ではとらえきれない。**株式市場はリードにつながれた「犬」で、経済はリードを持っている「飼い主」**のようなものだ。

犬も飼い主もどちらも最終的には同じ場所に行き着くが、散歩の途中で犬（株式市場）は何度も前後左右に行き来するので、犬だけを見ているとどちらに向かって進んでいるの

か、傍目にはわかりにくい。

2番目に、これらの指数が投資家に提供する価値ある機能は、投資リターンのベンチマークである。株式市場では、投資資金に対してできる限り多くのリターンを得たいため、投資のパフォーマンスを測るための基準が必要になる。

「市場に勝った」銘柄や「市場に負けた」銘柄とは、株価指数に比べてどれだけ株価が増減したかを指している。

ハイテク株にはナスダック、それ以外にはS&P500を基準にすることが多いが、さらに詳しく知りたい場合は、おもに業界別にまとめられていて、規模や他の要因によっても分類されている何十もの指数を使える。

誰かに「X社の株は、前年比で何%も上がって（下がって）いる」と言われたら、まず市場全体と比べてみるべきだ。

注意すべきは、**長期的には、株価指数は「平均的な」個々の企業よりもかなり優れたパフォーマンスを示す**ということだ。これは、生存バイアスのためである。

つまり株価指数では、業績が低迷している企業の銘柄は、業績が好調な企業の銘柄と入れ替えられるからだ。長期的に見れば、**市場に勝てる企業はほとんどない**のである。

「価格」と「価値」は何が違うのか

株価指数は、カバーする企業の価値を反映している。

あらゆる投資判断の中心にあるのは、対象となる資産のバリュエーション（価値評価）だ。投資の機会とは、株式、金の延べ棒、評判の良い学区にある3LDKの家などの資産を購入する機会だ。投資家が目指すべきは、その資産を実際の価値を下回る価格で購入することである。価格と価値は同じものではない。一般的に、資産の価格は簡単に参照できる。市場での販売価格を見ればいい。株価は取引所によって随時報告され、住宅価格はアメリカの場合、納税記録に掲載される。

一方、資産価値とは、将来その資産がどれだけのお金を生み出すと期待できるかということである。資産は買い手によって価値が異なる。評判の良い学区にある住宅は、老夫婦より子育て世代にとって価値がある。熱烈なファン顧客を持ち、製造技術の特許を何件も保有しているニッチなシューズメーカーは、マクドナルドよりナイキにとって価値が高いはずだ。

金銭面以外で所有者にメリットをもたらすものは多い。

たとえば、見映えの良いサングラスは、太陽から目を守る、異性を惹きつける、自信を与えてくれるなどの価値がある。

効率的な市場では、価格と価値が一致する。だが、真に効率的な市場は稀であり、完全に効率的な投資市場は存在しない。価格は価値に大まかに連動しているが、投資家心理や時事問題、政治力学、不完全な情報などの要因のために正確には一致しないのが一般的である。ただし長期的に見れば、こうした混沌とした要因は一過性のものとなり、資産価格は本来の価値に収斂していく。伝説的な投資家ベンジャミン・グレアム（1894～1976）は、これを「市場は短期的には人気投票機であるが、長い目で見れば計量機である」と表現している。[98]

グレアムが開発したバリュー投資は、価値を下回る価格の対象を見つけて投資を行い、価格が価値に追いつく（すなわち上昇する）のを待つという投資戦略である。

バリュエーションには、ほぼすべての資産に適用できる原則と、各資産クラスに特有の考慮事項がある。

ここでは一般的な原則を取り上げ、次のセクションでは各資産クラスについて具体的に説明しよう。

バリュエーションの基本方程式

バリュエーションとは資産価値を予測することである。

具体的には、**収入**（インカム）、**ターミナルバリュー**（その資産が将来的にどれくらいの価格で売却できるか）、**リスク**の3つを予測することである。

まず、その資産を所有している間にどれくらいの収入（インカム）が得られるかを予測する。資産によっては簡単だ。たとえば、100ドル札をそのまま保有していた場合の収入はゼロである。一方、100ドルを利率4％の普通預金口座に預けておくと、年間4ドルの収入になる。資産の多くは、かなり正確に収入が予測できる。たとえば社債には、満期時に支払われる金額が発行元によって記載されている。

逆に、予測が難しいものもある。住宅は、賃貸に出すか、あるいは自分で住む（家賃を節約できる）ことによってかなりの収入を生み出せるが、その価値を正確に予測するのは難しい。また、住宅をはじめとする一部の資産には保有コストが発生するものもあり、収入を予測するには、コストも適切に予測しなければならない。

2つ目に、その資産が将来的にどれくらいの価格で売却できるかを予測する。これはバリュエーション用語で「ターミナルバリュー」と呼ばれる。この予測の難易度も資産によって様々だ。

インフレを無視すれば、100ドル札も、預金口座の100ドル（利息を除く）も、将来の価格は100ドルで変わらない。だが、住宅の場合はどうだろう？ 経済状況や地価の変化、メンテナンスの程度などによって変わってくるはずだ。

3つ目はリスクだ。この文脈では「不確実性」と呼ぶこともできる。

最初の2つ、すなわち収入とターミナルバリューの予測はどの程度正確だろうか？

将来のキャッシュフローとターミナルバリューが同じである投資機会が2つあるとしたら、その予測が信頼できるほう、つまり低リスクのほうを選びたい。リスクが大きくなるほど、その投資を価値あるものにするには、必要なリターンも大きくなる。

バリュエーションの基本的な方程式は、この3つの予測を組み合わせたものである。

価値＝（将来の収入＋ターミナルバリュー）×リスク控除

これは厳密な計算式ではなく、別の重要な要素もあるが、原則として投資や大きな買い物をする際には、常にこのような考え方をしたい。**所有している間にどれだけの収入が得られるのか、将来いくらで売れるのか、**その2つの予測にどれだけ自信があるか。

世界の強豪スポーツチームの収入は、通常すべてフィールド（選手）に再投資されるため、収入やキャッシュフローはゼロまたはマイナスだが、フランチャイズの市場価値は上がるため、ターミナルバリューは莫大なものになる。

この世界に極端な貧富の差がある限り、スタジアムのオーナー用VIPルームで4人目の妻や友人をもてなすために数十億ドルを払ってクラブを買うことを望む、中年の危機を迎えた億万長者を生み出し続けるだろう。

レンタカー大手のハーツは購入した車を貸し出すことでかなりの収入を得ているが、車両のターミナルバリューは時間とともに減少する。

アメリカの場合、賃貸住宅用不動産物件は収入源（賃貸料）が増え、売却価格（ターミナルバリュー）が上昇し、賃貸料と売却価格の両方が上昇し続けることが（他の資産と比較して）将来的に十分保証されていることから、この50年間、大きな富を生み出してきた。

お金の時間的価値（割引率）を加えた方程式

資産価値評価では他にも重要な点がある。「明日のお金は今日のお金より価値が低い」ということだ。複利の力のために、現在のお金の価値は数年後にはかなり下がる。これは「**お金（貨幣）の時間的価値**」として知られる、投資の基本原則だ。

将来に支払いを得ることが100％確実でも、そのお金の将来価値は2つの要因によって下がることになる。**インフレと機会費用**だ。

インフレについては前章で触れたとおり、物価は時間の経過とともに上昇する傾向があるため、お金の実質的価値は時間とともに下がっていく。つまり、今100ドルで買えるのとまったく同じ量の商品は、1年後には100ドルでは買えなくなっているのだ。

お金の価値が将来的に下がるもう1つの理由は、機会費用だ。今持っているお金は、リターンを得るために投資できる。だが、そのリターンが得られるのは遠い将来だ。そのため、今そのお金を使うことで将来得られるメリットを逃してしまうことになる。その意味で、お金の将来価値は現在価値より低いと言えるのだ。

資産の価値は、将来に戻ってくるお金（キャッシュフロー）に基づいている。そのため、正確に価値を導くためには、**お金の時間的価値**を考慮しなければならない。

先ほどのバリュエーションの基本的な方程式では、投資のリスク（つまり予測の不確実性）を考慮に入れた。これに、時間的価値を考慮して加えよう。

投資のリスクと、時間的価値を考慮したもの（キャッシュフローを受け取るまでの期間に基づいた価値の減少）を組み合わせたものは、「**割引率**」と呼ばれる。

これにより先ほどの方程式は、次のように更新できる。

価値＝（将来の収入＋ターミナルバリュー）×割引率

投資家はよく、期待されるリターンを「割引く」ことについて語る。

これは割引率を適用しているという意味だ。

将来のキャッシュフローはすべて現在に対して割り引かれるべきである。

仮にその将来のキャッシュフローがリスクフリーであっても、機会費用は発生する。基準となる割引率はリスクフリーレートになる。これは資本からノーリスクで得られる利回りである。理論的にはそのようなものは存在しないが、先に述べたようにアメリカ政府にお金を貸すことは実質的にかなりそれに近い。

銀行は融資決定の際にリスクフリーレートとしてFFレートを使用するが、投資家はそれを使えない。そのためプロのアナリストは通常、米90日物国債のレートを評価モデルに使う。とはいえ個人投資家にとってより実用的なリスクフリーレートは、普通預金口座やマネー・マーケット・ファンドへのシンプルで安全な投資で得られるベストレートである。

リスクフリーレートに何を使うにせよ、重要なのはそのリターンが必ず得られることであり、それ以下のもので妥協すべきではない。リスクの高い機会であればあるほど、投資を正当化するためにはリスクフリーレートを上回る期待収益率が必要になる。

まとめると、富は現在の収入をできるだけ多く投資資本に置き換えることによって得られる。投資先は、最大のリターン（将来のキャッシュフロー）をもたらすものを、リスク（そのキャッシュフローに対する信頼度）に基づいて分析し、選択する。

次のセクションでは、投資の選択肢、つまり金融資産の主要カテゴリーについて見ていこう。

3 投資を自動化し、経済的自立を築く3つの方法

金融の高度な専門的知識がなくても投資はできる。

次の3つのステップに従うだけで、**投資を自動化し**、**資本主義の恩恵**を受けられる。

これは投資を成功させるための唯一のアプローチではないが、**経済的自立を築くための信頼できる方法であることが証明**されている。とはいえ、この方法は決して簡単ではない。

お金を稼ぐためのスキルとグリット、そして貯金と投資のための3つの規律に従うことが必要だからだ。

①フィデリティやシュワブのような実績のある証券会社の手数料無料の標準口座に、長期資金（投資資金）を預ける。

②この資金の大半を、アメリカ企業株を対象とする、低コストで分散型の上場投資信託（ETF）数種類に投資する。

③目標金額（パッシブな収入だけで生活できるだけの額）に達するまで、この投資口座に資金を追加し続ける。

これは堅実な戦略だが、あくまでも大筋だ。成功した投資家の多くは、時折この戦略から

外れている。理由は2つ。

まず、人生では良いことも悪いことも含めて思わぬ出来事がある。そのため、マイナス面から身を守るためにも、プラス面を最適化するためにも、この戦略から外れるべきときがある。

具体的には、初めて家を買う、予想外の医療費を支払わなければならなくなる、子どもが生まれる、魅力的な投資機会に出合うなどだ。

あなたの場合、この基本戦略から外れるべきなのはどんなときだろう？

どのような基準でその判断をするのだろうか？

この戦略から外れる理由の2つ目は、起業したり、会社のオーナーになったりする場合だ。あなたのキャリアやライフスタイルがどのようなものであれ、それは資本主義の枠組みの中にある。ビジネスを所有することは、資本主義システムの仕組みを理解して、それをうまく利用するうえで大きな経験になる。

自分のお金を資本にして経営に関わることで、経済理論ではなく、現実経済についての生きた知識が得られるようになるだろう。頭で理解するだけでなく、価格と価値、市場のダイナミクス、リスクへの評価や対処に関する自らの能力について本能的な感覚も磨かれてくる。

私は幸運にも、子どもの頃に証券会社の親切な従業員（サイ・コードナー）に株の仕組みを教えてもらった。誰もが彼のようなメンターに恵まれるわけではない。しかし、どんな人であれ、ビジネスや金融に関する知識を養うことはできるし、そうすべきだ。

画家のアンディ・ウォーホル（1928～1987）はかつて、「ビジネスを成功させることは、最も魅力的な種類の芸術である」と言った。[99]

社会思想家のフリードリヒ・エンゲルス（1820～1895）は、父親が興した繊維工場を経営しながら、経済学者のカール・マルクス（1818～1883）とともに『資本論』を執筆した。

初めて家を買うなら、その前に、金利や税額控除について腑に落ちるレベルで理解しておきたい。起業のために資金を調達しようとしているなら、その会社でつくろうとしている製品や、当該市場、会社の戦略を理解するだけではなく、投資家の視点も理解すべきだ。

なぜ投資家がいて、あなたに何を求めているのか、彼らから何を得られるのか（バリュエーション、希薄化〔訳注：新株発行による1株あたりの価値減少〕、ガバナンス、流動性選好〔訳注：流動性の高い貨幣で資産を保有することへの傾向〕等）を理解しておくのだ。

3つのバケツの投資戦略

万人に当てはまる唯一絶対の投資法はない。

それぞれが自分のニーズにリスクやリターン、他の考慮事項を照らし合わせながら、生涯にわたって様々な投資を行うことになる。

前章では、お金を「消費（短期）」「予備費（中期）」「投資（長期）」の3つのバケツに入れて管理する方法を提案した。

消費バケツに入れるお金は投資に回せるほど長くは残らないが、予備費と投資のバケツに入れるお金は投資資本として扱うべきだ。

緊急用資金をつくる場合、その資金は予備費のバケツに入れることになる。大学院の学費や住宅購入の頭金などの大きな出費も、予備費のバケツに入れる目標金額に加えるべきだ。予備費の資金は、長期的な運用には向いていない。今後1、2年以内に必要となる資金は、変動性の高い投資対象や流動性の低い投資対象に投資すべきではないからだ。

予備費の資金運用には、価格が安定していて、出し入れが簡単にできる資産クラスが適している。ある程度金利の良い普通預金口座が最も簡単だが、米国債や高格付け社債も検討しよう。401（k）に拠出しているのなら、その資金はすべて投資のバケツに入っていることになる。

このプランは基本的に投資対象が限られているため、投資方法については選択の余地が少ないかもしれない。それでも、その選択肢について学び、適切に資産を配分することは、投資の勉強になるし、長期的なリターンにも大きな影響をもたらす。

本章を読み終えたら、これまで目を通していなかった401（k）のパンフレットを手に取り、そこに書かれている選択肢を理解できるかどうか確認してみよう——投資のベストプラクティスは、できる限り401〔k〕のようなマッチング拠出〔訳注：企業が支払った拠出金に従業員が給料天引きで拠出金を上乗せする〕や税制優遇の機会〔訳注：日本の新NISAやiDeCoなども極めて有利な税制優遇がある〕を最大限に活用することだ。個人年金制度を利用する以外の資金を手に入れたら、それは長期的な資本、つまり自分の指揮下にある軍隊のようなお金になる。これはボーナスや他の思いがけず手にした大金である場合も多い。緊急時の資金があり、予備費のバケツに必要額を入れていて、税制優遇措置のある個人年金制度を最大限に活用しているなら、長期投資用の資本を運用することで、実践的にファイナンスを学び始められる。前述したように、これは難しいと思うかもしれないが、心配はいらない。第2、第3のバケツに資本をつぎ込んでいくには、収入以下の身の丈に合った生活を送るために**自分を律する**ことが大切だ。また、この資産を増やしていくためには時間がかかる。「象を食べるのも一口ずつ」というアフリカの格言もある。**辛抱強く、だが今すぐ**始めよう。

投資における「80:20の法則」

自分の好みに合わせて調整すればいいが、私は長期投資用の、401〔k〕に拠出する以外の最初の1万ドルは、次のように8対2の割合で運用することをお勧めする。

8割は、パッシブ投資〔おもに後述するETF〕で運用する。

これらの資産を買い、そのまま何年も、もしかしたら永久に（**自動運転モード**で資本主義の恩恵を受ける）持ち続ける――これがパッシブ投資だ。

残りの2割は、アクティブ投資で運用する。

2000ドルあれば、十分に取引ができる。これくらいの額だと、負けたときにはしっかり痛みを感じるが、将来の経済的自立を不必要なリスクにさらすほどではない。

目標は一攫千金を狙うことではなく、市場やリスクについて、何より**自分自身について学ぶ**ことだ。ただ、アクティブ投資を長く続けることは、誰にでも適しているわけではない。アクティブ投資には時間がかかる。時には感情が乱れ、頭が疲れることもあるので（特に若いうちは）、心の準備をしておこう。では、なぜアクティブ投資をすべきなのか？

私のニューヨーク大学の同僚であるアスワス・ダモダランによれば、最大のメリットは**投資の教訓**が得られることだ。

私たちはたいてい（特に若いうちは）、自分が運用すれば市場に勝てるという妄想を抱いている。そして実際に挑戦してみれば、そんなに甘いものではないことに気づく。長期的に見れば、アクティブ投資のパフォーマンスはパッシブ投資を下回る。

だが、資産運用をせずに消費を楽しんでいる人がいる中で、あなたはその経験を通して投資について深く学べる。これからの人生で、金融市場よりアクセスしやすく、投資対象の価値がよくわかっているものに大きな投資をする機会が巡ってくることもあるだろう（たとえば隣にある元々しっかりした造りだが手入れの行き届いていない家が、持ち主が亡くなり競売に出されそうになっていることや、高校時代にアルバイトをしていたのでよく知っている母親の友人が営んでいる事業が、その友人が引退したために売却されようとしていること等）。理想的には、あなたにとってそれが最初の直接的な投資ではないほうがいい。そのとき、アクティブ投資での経験が活きるのだ。

アクティブ投資の資金は、**取引手数料が無料かごくわずかな証券口座**に入れよう。

それは、**パッシブ運用をしている証券会社とは別の証券会社の口座**にすることをお勧めする。そのほうが区別しやすいし、アクティブ運用で足りなくなった資金をパッシブ運用から「借りる」こと（これはやってはいけない）へのハードルが上がるからだ。1つの証券会社でパッシブ運用とアクティブ運用の両方を行う場合も、**口座は別**にすることだ。

アクティブ投資で注意すべき4つのこと

1万ドル以上の資金ができたら、基本的にすべてパッシブ投資で運用しよう。

2万ドルをアクティブ投資して学べることは、2000ドルをアクティブ運用して学べることとほぼ変わらない。それでもアクティブ投資に2000ドル以上投資したい場合は、事前に資産配分の計画を立て、それに従おう。アクティブ投資の損失を、パッシブ投資の資金で埋め合わせないようにすること。損失や税金、手数料などを差し引いた正味のリターンを管理しよう。

きちんと**記録**をつけることが大切だ（いずれにしても、税金を納める際に記録は必要になる）。これは趣味ではない。アクティブ投資を始める前に、自分が目指すべき経済状態を把握しておこう。くれぐれも、一か八かでゲームストップ株にオプション取引で全資金を突っ込むようなマネはしないように〔訳注：2021年、一部の個人投資家がゲームストップ社の株を吊り上げ、大手ヘッジファンドに大損失を与えた有名な事件が起こった〕。

アクティブ投資については次の4点について確認しよう。

①実際の支出や臨時の支出を考慮した、毎月の生活費を確保している
②税制優遇される退職年金制度を最大限に活用している
③自分の状況に応じた予備費（第2のバケツ）を賄うための資金を用意している
④投資（第3のバケツ）の資金を増やしている。これがパッシブ8割、アクティブ2割で、これから説明する資産クラスに投資する資金になる

これらをすべて確認したら、準備完了だ。では、いよいよこの資金を、何に投資すればいいのか考えていこう。

資金の大半を預けるべき投資先とは？

最も簡単な投資法は、利子付きの普通預金口座にお金を預けることだ。銀行はそのお金を（おもに他の顧客に融資することで）運用し、そこで得た収益の中から（非常に）低い金利であなたに利息を払ってくれる。

半年や1年といった一定期間、預金を引き出さないことを条件にお金を預けると、銀行は（わずかに）高い金利で利息を支払ってくれる。これが定期預金だ。

しかし普通預金や定期預金のリターンは小さく、本格的な富を築くには不十分だ。そこで、資金をもっと積極的に運用し（つまりリスクを多く取り）、多くの見返りを与えてくれる何かに投資する必要が出てくる。

そのために古くから取られてきた方法が、マイクロソフトやマクドナルドなどの会社に投資する（株を買う）ことである。

これらの企業は、株を売って得たお金で原材料を買い、人件費や家賃を支払い、製品の製造コストを賄って収益を上げ、株主に還元する。

どの企業に投資するかを選ぶのは大変な作業であり、専門知識も必要になるため、様々な形態の投資会社が、出資者から集めた資金をプールし、自らが良いと判断した企業の組み合わせに投資するようになった。投資信託（加えて近年では上場投資信託＝ETF）はその代表例で

図表17　様々な投資先（左からリスクの低い順）

普通預金口座	定期預金	社債、国債	ETF、投資信託	個別株	オプション（デリバティブ等）

低 ——— リスク ———→ 高

ある。ヘッジファンドやベンチャーキャピタルの根本的な考え方も同じである。また、直接または投資会社を通じて企業に投資するだけでなく、土地や原材料といった経済の基盤に投資することもできる。

図表17のように、様々な投資先をリスクの小さい順に並べたとき、右の端にある（リスクが高い）デリバティブ投資を選択する投資家もいる。これは実質的に、金融市場自体に賭けることを意味する。

プットオプション〔訳注：ある金融商品を特定の期日に特定の価格で売る権利〕、コールオプション〔訳注：ある金融商品を特定の期日に特定の価格で買う権利〕、空売り〔訳注：持っていない株を借りて売り、買い戻して利益を得る〕、先物取引〔訳注：ある商品を現時点で取り決めた価格で将来の特定の期日に売買する〕などはすべて、デリバティブ投資で用いられる方法だ。

デリバティブは経済や貨幣市場で重要な機能を果たしているが、ハイリスク・ハイリターンになるという副作用がある。

これから、これらの資産クラスについて1つずつ詳しく説明していく。

それぞれが金融システムにとって重要な役割を担っており、たとえ投資対象にしなくても、各資産クラスについての基本的な知識を得ておくことは価値がある。

これらの資産クラスについて知れば知るほど、「この資産クラスには投資したくない」と確信を抱くものもあるかもしれない。

ほとんどの人が投資資金の大半を投じるのは、最後に紹介する「ファンド」になるだろう。**投資のバケツ、つまり将来の経済的自立のための資金の大部分は、ファンド（具体的には低コストのETF）に分散投資**すべきだ。そのことに留意しながら、少しばかり遠回りすることになるが（ETFとは何かについてはその際に詳しく説明する）、各資産クラスの説明を読み進めてほしい。

株式が投資の主役である理由

株式は、間違いなく投資の主役である。

CNBCやウォール・ストリート・ジャーナル紙をはじめとする金融メディアでも、企業業績や株価がメインニュースになる。投資関連のSNSでも話題の中心は株であり、投資について考えるときに真っ先に頭に浮かぶのも株だ。なぜか？

株式は経済の原動力であり、歴史上最大の富を生み出す機械である「アメリカ株式会社」にアクセスするための最も直接的な手段だからだ。

企業がこのような巨大な経済力を持ちうることの善し悪しについては議論の余地がある。だが、いずれにしても、現実世界において、経済的自立を得る最善策が、企業というロケットに自分の馬車をくくりつけることであるのはたしかだ。

株式が経済の血脈である理由を理解することは、株式と株式所有の仕組みを理解することにつながる。自分が何に投資しているのかを深く理解していなくても株の売買はできるが、株式はあなたのポートフォリオの中で最大または（不動産に次いで）2番目に大きな資産クラスになる可能性が高い。経済的自立を追求するための柱となる資産の基本を理解するために、数分間をかける価値がある。前述のように、会社は複数の関係者が経営リソースを共同出資できるよう設計された法的な構造だ。株式は、この共同出資を可能にするための仕組みなのだ。

投資家に重要な「株式を所有する経済的な側面」とは？

株式（「エクイティ」とも呼ばれる）の所有には、「コントロール」と「経済」という2つの側面がある。

コントロールは、私たち個人投資家にとってあまり関心のない側面なので、手短に説明しよう。CEOは会社を経営し、取締役会の問いに答える義務がある。

一般的に、株主は年に1回投票し、取締役会のメンバーを選出する。通常、株式1株は1票に相当する。最近の傾向として（私個人としては残念なことだが）、「デュアルクラス」という株式の仕組みが見られる。

これは、一部の株式に1株あたり複数の投票権を与えることで、その株式の所有者（通常はその会社の創業者や初期の投資家）が会社を効果的に運営できるようにするものだ。

しかし、こうした投票規則がどのようなものであれ、基本的な構造は同じだ。株主が取締役会のメンバーを決定し、取締役会がCEOの採用や解雇を含む重要な決定を下し、CEOが四半期ごとに会社を経営する。会社の売却のような重要な決定は、株主投票の対象になる。投資家にとって重要なのは、株式所有の**経済的な側面**だ。

株式は会社の経済的利益を表している。これが具体的に意味するものは2つある。

1つは、株主が会社の資産に対する「残余請求権」を有すること。

会社に有効期限はないが、ダイナミックな資本主義市場で永遠に続くものはない。会社が買収、倒産などによって消滅した場合、負債がすべて支払われた後、残った価値は株式の保有率に従って株主に分配される。

とはいえ投資家は、消滅ではなく成長が予想される会社の株を買う。

そして、残余請求権の場合と同様、株主は1株ごとに、将来の利益に対する取り分を請求できる。会社は利益を生み出すための機械であり、株式は利益を分配するための手段である。一般的に、これは直接の形では行われない。株主が毎日、あるいは四半期や年度の終わりに集まり、会社の銀行口座にある現金を分配することはない。その代わりに、会社の経営者（CEOと取締役会）が、いつ、どれくらいの利益を株主に分配するかを決める。

多くの場合（特に若く急成長している会社では）、経営陣は利益を再投資して事業を成長させようとする（従業員の増員や工場、営業所の開設等）。経営陣が賢く利益を使えば、会社の将来性が向上する。そのため株主はすぐに現金で利益の分け前を得られなくても、市場が将来のその会社のキャッシュフローが拡大することを予想し、株価が上昇することでメリットが得られる。

利益を分配する「配当」と「自社株買い」の仕組み

会社の好業績が続くと、やがて利益のすべてを再投資によって有効活用することが現実的に難しくなり（「成熟」段階に到達する）、利益の一部を株主に還元し始める。

これは現金で直接支払う「配当」や、会社が利益を使って自社株を購入する「自社株買い」を通じて行える。配当は従来型のアプローチであり、今日でも多くの安定した大企業がこの方法を用いて株主に利益を還元している。配当金はタダでもらえるお金でも、贈り物でもない。そのお金は常に株主のものであり、株式という所有権から現金という所有権に移されるだけだ。

実際、企業が配当を支払うと、株の市場価値はその分だけ下がるのが一般的である。これは株式から配当へ価値が移動したことを反映している。

一方、自社株買いは、配当金ではなく、株式の価値を高めることで株主に利益を還元する遠回りな方法だ。

自社株買い後に株価が上昇するのは、会社の総合的な市場価値を分割する「発行済株式」の数が減るため、1株あたりの株式の価値（会社の資産と将来利益が占める割合）が大きくなるからだ。

自社株買いは、株主への利益配分の手段として配当に取って代わりつつある。

歴史を振り返ると、配当の利点は、投資家が株を売ることなく投資収益の一部を現金で受け取れることだった。

一昔前（といっても2020年以前、2000年以前ならなおさら）は株式売却の手数料が高く、特に一度に100株未満を売却する場合はそうだった。

しかし、株式取引や端株《はかぶ》取引（訳注：1株未満の株を取引すること）が低手数料または無料となった現在では、配当金は投資家にとって実質的なメリットをほとんどもたらさなくなった。

今では、投資家が保有株から現金を得たいときは、数株または1株の一部を売ることで「合成的な配当金」をつくり出せる。

株価が上昇している限り、株主は少量の株を売り続けることで安定したキャッシュフローを受け取れるのだ。

一方、自社株買いは、株主に「納税時期をコントロールできる」という税制上の大きなメリットをもたらす。

配当金は、受け取った年に課税される（一般的に譲渡所得税率が適用される）。

自社株買いによって株式の価値が上がった場合、株主はその株を売却するまでは、価値が上がった分に対する税金を支払わなくていい。売却は何年後でもいいので、税金を支払わずに投資資産を増やしていける。

企業の利益の大部分は、現金という形では株主に分配されない。

株主にとって最も重要なリターンは、株価の上昇である。

株を買うということは、「今の株価はその銘柄の真の価値と同等または（できれば）それ以下を示しており、いずれ市場がそれに気づき、株価を真の価値まで引き上げる」ことへの賭けである。

ここで、話は「株式の真の価値はどのように測ればいいのか？」という株式のバリュエーションにおける本質的な問題に戻る。

端的に言えば、「その銘柄が将来受け取るすべてのキャッシュフローの現在価値」になる。

しかし、将来のキャッシュフローの現在価値はどうすればわかるのか？

そのために便利なのが、企業が株主への経営状況の報告に使う「財務諸表」を理解することだ。これからポイントだけ簡単に説明しよう。

財務3表で一番重要なものとは？

上場企業には内部に膨大な情報があるが、株主への報告ではそれらを「損益計算書（P／L）」「貸借対照表（B／S）」「キャッシュフロー計算書（C／S）」の3つの財務諸表に集約する。

上場企業は四半期ごとにこれらの報告書を作成し、証券取引委員会に提出する。それらは証券取引委員会のEDGAR（エドガー）サービス（sec.gov/edgar）で一般に公開されている。

ここではまず、貸借対照表とキャッシュフロー計算書について簡単に説明した後、投資家にとって最も興味深く重要な損益計算書について詳しく見ていこう。

貸借対照表には、企業の資産と負債、そして株式に関する基本情報が記載される。

資産はおもに、現金や投資資産などの金銭と、工場設備や建物などのモノである。特許や著作権のような知的財産も資産である。

また、その企業が貸し手である場合は貸付金も資産になる。その企業が借り手である場合の貸付金（すなわち負債）は、他の債権と同様に負債である。

負債には、将来の年金の支払い義務や、経営陣が認識している潜在的なコストの引当金（訴訟による損失等）なども含まれる。経営状態が健全な企業では、資産の合計が負債の合計を上回る。この差額は「株主資本」と呼ばれる。ただし、貸借対照表上の株主資本の価値は、その企業の株式の市場価値ではない。株式の市場価値には、その時点での企業の資産だけでなく将来の利益も含まれているため、一般的に株主資本を大きく上回る。

キャッシュフロー計算書は、その名のとおり会社の現金の出入りを記録するものである。企業がキャッシュフロー計算書を必要とするのは、「発生主義会計」という会計手法を採用していることが多いためだ。発生主義会計では、実際の入金や支払いのタイミングではなく、その収益や費用が発生した時点で記録を行う。

たとえば、2023年12月31日に100ドルの商品を販売し、2024年1月31日に支払いを受けた場合（これは一般的な商取引の慣行である）、入金は2024年になるが、その売上は2023年に発生したものとして記録される。

キャッシュフロー計算書は、会社が100ドルの売上を上げたことと、そのお金がまだ銀行口座に振り込まれていない事実を一致させる。

貸借対照表と同様、詳細な分析に役立つ重要な情報は含まれているが、これは企業の経営状態を理解するための主要な手段ではない。

図表18　損益計算書の「川」

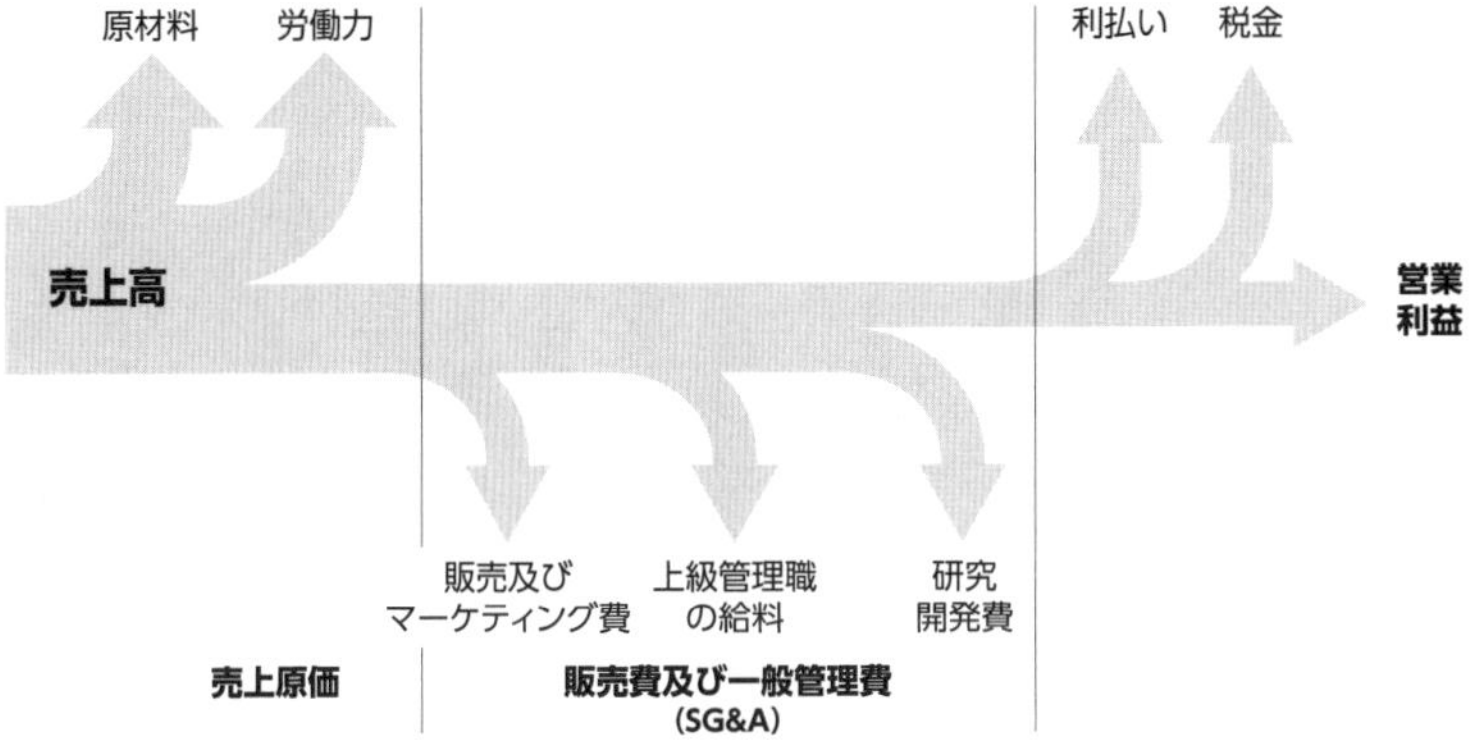

その主要な手段になるのが、**損益計算書**である。

これは企業がどのようにして収益を上げているか、将来どのくらいの利益が期待できそうかを最もよく表す財務諸表だ。

損益計算書は「川」に喩えるとわかりやすい

損益計算書を上から下まで読むと、お金が川のようにして、事業から生まれ、事業に水を注いでいるのがわかる（図表18）。

川の源流は売上高、つまり企業が商品・サービスを販売して得たお金だ。

ある会社が10ドルの商品を10個販売して100ドルの売上高を得たとする。

損益計算書では、売上高という大河が、事業の構成要素を養うために、下に進むにつれて少しずつ支流に分岐していく。最大の分岐はたいてい、最初の段階で発生する売上原価だ。これは商品の原材料コストと、製造に直接的に必要となる労働力から成る。

売上原価を支払うと、売上総利益（粗利）が残る。

次は、事業を運営するための様々なコストが発生する。

通常、それは販売費及び一般管理費（総称して「SG&A」と呼ぶことも多い）だ。これはおもに、販売・マーケティング部門、上級管理職、他のサポートスタッフの給料を意味する。研究開発費はこれに含まれる場合もあれば、別途計上される場合もある。販売費及び一般管理費を取り除いた後に残るのが、営業利益だ。

なぜ「EBITDA」が重視されるのか？

営業利益は重要な数字だ。本業以外の財務活動などによる損益や、税金の影響が出る前に、企業が事業活動によってどれだけ利益を上げているかを示しているからだ。

もちろん、こうした財務活動や税金もコストになるが、それはその事業に対する根本的な疑問、すなわち「顧客はその会社の商品をほしがっているか、そのために高い対価を支払う意志があるか？」「その会社は顧客が支払う価格より安く製品を製造し、販売できるか？」「その会社は新製品の開発を通じて将来に投資しているか？」などを考える際には分けておく

図表19　3つの利益の計算式

売上総利益＝
売上高 − 売上原価

営業利益（EBIT）＝
売上総利益 − 販売費及び一般管理費（SG&A）

純利益＝
営業利益 − 利払い − 税金

べきだ。

アナリストは営業利益のことを「**EBIT**」（イービット）という専門用語で呼ぶことがあるが、これは「利払い及び税引前利益（earnings before interest and taxes）」という意味である（図表19）。EBITのバリエーションとして、**EBITDA**（訳注：日本語の読み方はイービットディーエー、イービットダー、イービッダー、エビーダなど様々）も注目されている。これは「利払い、税引、減価償却、その他償却前利益（earnings before interest, tax, depreciation, and amortization）」という意味だ。

減価償却費と償却費も、発生主義会計の特徴である。企業が1年以上使用する予定の資産を購入した場合、損益計算書にはその資産の購入費は費用として計上されない。その代わり、その購入費を予定使用年数で割り、その額を毎年減価償却費として損益計算書に計上する。

たとえば、5年間使う予定の価格1000ドルのコンピュータは、損益計算書では5年間、毎年200ドルの減価償却費として計上される（ただしこれは原則で、実際の計算はもっと複雑になる）。

償却費も基本的な考え方は同じだが、特許などの無形資産に適用される。減価償却費は会社が実際にその期間に負担した費用ではないため（これらの資産に対する現金の支払いは過去に発生している）、その企業が当期に上げた利益をより正確に把握したい場合は、それを割り引いた数字を導けると便利である。EBITDAの存在意義はそこにある。

EBITDAを算出するには、損益計算書に記載されている営業利益に、キャッシュフロー計算書に記載されている減価償却費と償却費を加算する。

EBITDAに批判的なバフェットの言

CEOがEBITDAを強調したがるのは、会社がより利益を上げているように見せられるという単純な理由からだ。

私がL2社を経営していたときも、EBITDAはプレゼン資料でよく使った数字だった。しかし、この数字をどうとらえるかについては議論の余地がある。

減価償却費は現金支出ではないものの、企業は設備投資（機器の購入や研究費等）を行う必要がある。

ＥＢＩＴＤＡはこれらの現実的なコストを、企業の財務状況から実質的に除外してしまう。ＥＢＩＴＤＡに批判的なことで知られるウォーレン・バフェットは、「ＥＢＩＴＤＡを重視する経営陣は、設備投資費は妖精が支払ってくれるとでも思っているのだろうか？」と語っている。[100]

近年、特に創業まもない企業では、マーケティングや従業員報酬などのコストを除いた「調整ＥＢＩＴＤＡ」と呼ばれる指標をはじめとする、より積極的な指標が使われる傾向にある。ただし、これらの指標の正当性には疑問の余地がある。除外されたコストがその企業の成長段階に特有のものであり、将来の事業モデルの一部と考えるべきではないためだ。喩えるなら、車のセールスマンが下り坂でのリッターあたりの燃費を教えてくれるようなものだ。

損益計算書の営業利益（ＥＢＩＴ）の下には、資金調達コスト（おもに債務の利払い等）と税金が計上される。

会社が自己資金を投資していた場合や税金の還付を受けた場合、さらに他の雑収入があった場合は、この時点で利益が増える（川に水が戻る）ことがある。

借金の元金（借りたお金）は損益計算書には表示されず、支払利息（または利子所得）のみが表示されることに注意しよう。融資は企業の本業ではないため、売上高には含めない。

川の残りの水はすべて利益になる。これは一般的に「純利益」や「収益」と呼ばれる。

上場企業はこれを具体的な金額として報告し、さらに「1株あたり純利益」も報告する。これは純利益を発行済株式数で割って計算されたもので、「EPS（earnings per share）」と表現されることも多い。1株あたりの純利益がどれだけあるかを示す（ただし、そのほとんどの資金は企業に残る）、企業の収益性を表す重要な指標である。

株式の価値を見積もる一番簡単な方法

株式の価値を見積もる一番簡単な方法は、1株あたり純利益に「倍率（マルチプル）」を適用することである。これは直近の収益に基づき、その企業の将来のキャッシュフローの価値を概算する方法である。期待される成長率が高いほど、収益に適用する倍率は高くなる。

上場企業の場合、株価と1株あたり純利益の比率に基づき、その企業の将来性に対する市場の評価を測定できる。これが**株価収益率**（**PER**／price earnings ratio）と呼ばれるものだ。株価収益率が高いほど、市場はその企業が将来利益を伸ばすと信じていることを表す。株価収益率が30倍を超えると、高成長企業とみなされる。低成長企業の場合は10倍前後になる。株価収益率は、「市場倍率」として知られている。これは最も一般的な指標だが、唯一のものではなく、最も便利なものですらない。

投資家はよく、損益計算書の主要項目の倍率を見る（図表20）。

図表20　株価の価値評価で使われる倍率

	収入(ドル)	時価総額(ドル)	倍率
売上高	100	1000	**10**
売上総利益	50	1000	**20**
EBIT	25	1000	**40**
純利益	10	1000	**100**

たとえば、時価総額が1000ドルで、売上高が100ドル、売上総利益（粗利）が50ドル、EBITが25ドル、純利益が10ドルの企業があった場合、売上高倍率は10倍、売上総利益倍率は20倍、EBIT倍率は40倍、純利益倍率は100倍になる。

倍率は、財務諸表上の任意の数値に基づいて計算できる。サブスクリプションビジネスは契約者一人あたりの価値で、配当株は配当利回り（年間配当総額を株価で割ったもの）で評価される。

アナリストは、市場価値以外の数値の比率にも注目する。売上総利益（粗利）率は、売上総利益（粗利）が売上高のうちに占める割合のことで、企業の価格決定力を示す。在庫回転率（売上原価を在庫数で割ったもの）は、企業が製品をいかに効率的に生産・販売しているかを示す。

倍率はそれ自体ではあまり役に立たないが、ある業界に精通していれば、その業界内の一般的な倍率を知ることで多くの情報が得られる。

倍率は、同じ業界内での複数企業を比較する際に役立つ。同じ業界内のA社のEBIT倍率が20倍で、B社が35倍だった場合、市場がB社に対してより楽観的な見方をしていることがわかる。私たちはよく、こうした倍率に基づき、A社株は「割安」、B社株は「割高」と言うが、それは相対的なものである。一般的に、損益計算書の下流に位置する営業利益の倍率のほうが、企業の真の収益性を反映しているため、より価値が高いと言える。

しかし、収益は営業外の要因（税金や財務活動）の影響を受ける可能性があるため、優れた投資家は、企業価値評価にとっての最良の尺度としてEBIT倍率に注目することが多い。

「時価総額」と「企業価値」の決定的な違い

ただし、高成長企業や買収対象として検討されている企業にとっては、収益倍率が企業価値評価の最良の尺度になりうる。

倍率を計算する際には、**時価総額と企業価値の違い**を理解することが重要だ。

時価総額とは、株価に発行済株式数をかけたものである。

これは、その企業の株式の価値を表す。

時価総額＝株価×発行済株式数

多額の負債や現金を持たない企業にとって、株価は企業そのものの価値に等しい。

しかし負債と現金があると、この計算は複雑になる。

直感に反して、企業の市場価値を導くには、時価総額に負債を**加え**、現金を**差し引く**。その結果が企業価値である。倍率を計算する際には、時価総額ではなく企業価値を用いるほうが正確だ。ただし前述のように、多額の負債や現金を持たない企業の場合は、時価総額で十分だ。

企業価値＝（時価総額＋負債）－現金

単一の倍率でもある程度の情報は得られるが（倍率が高いほど市場はその企業の成長を期待している）、倍率はおもに相対的な尺度である。つまり、倍率を活用するには「コンプ」、すなわちバリュエーションの比較対象となる類似企業が重要になる。

コンプの選定は常に簡単なわけではない。競合他社がはっきりしている場合もある。たとえば、ホーム・デポとロウズは同じ業界（住宅リフォーム、建築資材小売）に属する同規模の企業だ。もしこの2社の倍率が異なる場合、市場は（倍率が高い）一方を他方より成長見込があると判断していることになる。

しかし、マイクロソフトにとっての適切なコンプはどの会社になるだろうか？

同社はクラウドサービスでアマゾンと激しく競争しているが、アマゾンの本業である小売業にはまったく関わっていない。

企業はどこから収益を生み出し、どんなコストがかかっているか

また、「Microsoft Office」は「Google ドキュメント」や「Google スプレッドシート」と競合しているが、グーグルはこれらの製品を無料で提供している。

一方が製品に課金していない場合、この2社の財務状態をどう比較すればいいのか？倍率は相対的であり、比較対象となるコンプがどの程度いるかによって使い方が制限される。これよりさらに直接的なバリュエーションの方法に、ディスカウントキャッシュフロー法（DCF法）がある。

プロの投資家にとってDCF法の知識は欠かせないが、個人投資家は詳しく理解する必要はない。簡単に言うと、DCF法は損益計算書をベースにするが、企業の直近の業績を示す代わりに、将来の業績を予測する。

将来のキャッシュフローはすべて割り引かれるべきものであるため、前述のように将来の収益に割引率を適用し、それらを合計して企業の現在価値を算出する。

上場企業の現在価値の計算結果が市場価格と異なっていた場合、あなたの仮定が市場のコ

ンセンサスとは違うことを示唆している。

つまり、それは投資の機会かもしれない。

どのような方法でバリュエーションを実施するにしても、その企業の事業実態をある程度理解しておくべきだ。

コンプを見つけるのと同じように、それは見かけ以上に難しい場合がある。業界が違えば、求められる企業の種類も違う。

たとえば、エクソンやシェブロンのような世界的な石油会社は、何十年も投資回収できないかもしれないことを前提に、油田事業に数十億ドルを投資しなければならない。しかし最初に莫大な資金が必要になるものの、ひとたび石油が出始めたら莫大な利益が得られる。この意味で、石油会社とソフトウェア会社のビジネスとは似ていなくもない。どちらも何年もかけて先行開発に投資しなければならないが、一度製品を手に入れれば、ほとんどコストをかけずに無限のコピーを出荷できるからだ。

このビジネスモデルを法律事務所と比較してみよう。

弁護士とパラリーガル（法律事務員）が一人ずつしかいない小さな法律事務所は、初日から利益を上げられる。諸経費がわずかですむし（ノートパソコン、専門職業賠償責任保険、オフィスの賃料、上質のスーツ数着等）、1時間働くごとに最高レベルの時間単価で料金を請求できるからだ。しかし第2章「フォーカスの法則」で触れたように、サービス企業はスケールメリットが得にくい。

創業者弁護士の予約がいっぱいになった場合、事務所の収益を2倍にしたいなら、別の弁護士を雇わなければならないし、収益を10倍にするには10倍の数の弁護士を雇う必要がある。そして、弁護士10人分の仕事を見つけられなくても、彼らに給料を支払わなければならない。

表向きの印象とは違った内容のビジネスをしている企業もある。

たとえば、グーグルは検索エンジンのトップ企業だが、売っているのは検索エンジンではなく広告である。それが同社の本業だ。グーグルは技術的に高度なシステムを開発し、展開しているが、ビジネスの観点からすると、マイクロソフトやアップルのようなテクノロジー企業というより、従来型のテレビ局や新聞社に近い。なぜなら、注目を集めるコンテンツを作成し、それへのアクセスを広告主に販売することをコアビジネスにして収益を得ているからだ。

企業が実際にどのように収益を生み出していて、どんなコストがかかっているのかを理解することは、その企業の財務状況や成長見通し、ひいては企業価値を理解するうえで極めて重要である。

株の売買でやってはいけないこと

株主は基本的に、企業から直接株式を購入しない。株式の売買は、第三者が相互に株式を売り買いする「流通市場」で行われるのが一般的である。そして、あなたが株を買うために使ったお金は、実際にはその企業ではなく、株を買った株主に支払われる。あなたは株を買うことで、その企業に投資しているが、実質的には以前に誰かが行った投資を引き継ぐことになるのだ。

企業が流通市場で自社株の購入に使われた資金を受け取らなくても、経営陣は株価に熱心に注目する。なぜなら、株価が上がることは彼らの報酬に大きく連動しているし、会社に新たな人材を惹きつけやすくなるからだ。

また、他の企業の買収にも使えるし、株を売れば会社の資金源にもなる。企業は市場で株を買うことがあるように、資金調達のために株を売ることがある。

ある企業がそれを初めて行うのは、「新規株式公開（ＩＰＯ）」として知られている。これは企業の発展における重要な出来事になる。その後の販売は「売り出し」と呼ばれ、ＩＰＯに比べればあまり騒がれない。

個別銘柄を売買することは、投資のゲームに参加し、その企業や投資について学びたいという意欲を高める良い機会になる。

私自身も個別株を保有しているし、情報に通じた慎重な個人投資家が個別株を保有することには賛成である。

逆に、**私が強く反対するのは、短期間での頻繁な株の売買だ。データもそれがうまくいかないことを裏づけている。**

株は、取引をすればするほど損をする。頭も疲れるし、神経もすり減る。何よりうまくいかない。アメリカでは保有期間が1年未満の資産は譲渡所得税の優遇措置の対象にならないため、税金面でも効率的ではない。**デイトレードはすべきではない。**

リスクは分散させよう

あなたがキャリアのある時点で、やむをえない形で個別株を所有することになる可能性は十分にある。勤務先の会社が、報酬の一部を株式で支払うケースがあるからだ。

アメリカでは最近、これは「譲渡制限付株式ユニット（RSU）」〔訳注：勤務期間などの特定の条件を満たした社員を対象とする株式報酬制度〕という形式で行われることが多い。

そのような状況に置かれている人への私からのアドバイスは、「できるだけ早く、税金面で一番有利な方法でその株を売却すること」だ。

税金面を考慮すると、報酬として受け取った株式を持ち続けることを正当化できる場合はあるかもしれない。だが、そうでなければ、勤め先の会社の株式を保有することにほとんど意味がない。なぜなら、あなたはすでにその会社のリスクに十分さらされているからだ。

株を持つことで、そのリスクはさらに集中してしまう。**リスクは分散**させるべきだ。

あなたは、将来の報酬や労働市場での評判、仕事から得る心理的報酬などを、その会社の成功に依存している。これ以上、その会社のリスクに自分をさらすべきではない。

株式は非常に流動性が高い。報酬が現金ではなく株式であるからといって、特別扱いをしてはいけない。このように考えてみてほしい。もしその会社の報酬を、株式ではなく同等額を現金で受け取っているとしたら、そのお金で自社株を購入したいと思うだろうか？

おそらくそうは思わないはずだ。

20年間の経験に基づいた投資

にもかかわらず、自社株を保有し続けたいと思うのはどんな人だろうか？

創業者や初期メンバー、投資家は、株の売却には慎重であるべきだ。

なぜなら、派手に売ると、会社の将来性に対する疑念を市場（さらに悪いことには従業員）に示すことになりかねないからだ。

ただし、そのことを重く考えすぎるべきではない。

ベンチャーキャピタリストや銀行は決まって、創業者に「あなたのお金を会社に残しておいてください」と言う。

これは株価をできるだけ高くし、創業者にできるだけビジネスにコミットさせることが、彼らの利益になるからだ。私はいつも、創業者に全資産を会社に賭けるようなことはせず、一部を自分のお金に換えておくことを勧めている。

創業者にとって大切なことは、家族のために経済的自立を実現させることだ。

その視点からすると、成長株はリスクが高すぎる。

中小企業の経営者を長年続けている人（つまり第2章「フォーカスの法則」で説明したメインストリート経済で事業を営んでいる人）は、自社の資産を徐々に個人資産に転換することで、自社の売却や後継者への事業譲渡など1つの出来事に経済的自立の達成が左右されないようにしておくことが重要だ。

なかには、業界に精通していて、外部のアナリストより自社の可能性をよく理解している従業員もいる。

「自分の会社は現在の株価が示すより大きく利益を伸ばせる」と信じられる十分な理由があるなら、自社株を持ち続ける（あるいは買う）ことで、その会社のリスクに自分をさらす割合を高めてもいいだろう。

ただし、職場や同僚、自分が開発した製品に対する愛着のために、目を曇らせてしまわないように気をつけよう。

また、ある医薬品の有効性が証明されたとか、大口顧客が契約したとかいった「インサイダー情報」に基づいて取引してはいけない。そのような行為で刑務所行きになる人は少なくない。従業員でいること以外にも、その会社や業界についての深い知識を得る方法はある。いつもつき合いのある取引先企業は、相手の会社のビジネスに関して他にはない鋭い視点を持っていることがある。学者や科学者は、ある産業について独自の考えを持っているかもしれない。

私は2000年代半ばまでに、小売業界のトップ企業数社が電子商取引に移行するのを支援することを通じて、これらの企業と20年にわたって密接に関わっていた。また、自分自身でも、電子商取引の会社を数社設立していた。私はこの分野に可能性を感じながら、これから何が必要かを深く研究していた。当時、市場がアマゾンを相当に過小評価しているのが明らかだったので、私は自分の純資産のかなりの部分をジェフ・ベゾスが率いるチームに賭けた。その結果、過去20年間でこの投資は25倍になった。これは軽い気持ちで行ったのではなく、**20年間の経験に基づいた投資**だ。

個人投資家はESG投資をするな

近年の投資トレンドに、投資家が自らの社会的な価値観を反映した投資先企業を選ぶというものがある。いわゆるESG（環境・社会・ガバナンス）投資がその代表だ。

私は、**個人投資家がＥＳＧ投資をするのはお勧めしない。**

個人としての投資が投資先企業の意思決定を大きく左右することはないが、その企業によってあなたの将来の経済的自立が大きく左右されることになるからだ。

もちろん、社会に特に有害な影響を与えていると思う企業の利益を共有したくないという気持ちは理解できる。私も長年フェイスブック株を所有していたが、この会社が若者や社会全体に大きな損害を与えていると確信するようになり、最終的に売却した。

とはいえ、社会的価値観ばかりを優先させてポートフォリオを組むことはお勧めしない。社会を変える方法は、投票や政治家へのロビー活動、地域社会での行動など他にもある。あなたの資本は、あなたが投資先の企業に与えるよりはるかに大きくあなた自身に影響する。特に、ＥＳＧラベルは企業のＰＲに使われており、何の意味もない（ただし、大規模な機関投資家が社会的責任を重視した投資を行う場合は、個人に比べてはるかにその影響は大きくなる。とはいえ、その詳細は本書のテーマではない）。

投資家のための債券の仕組み

企業も政府も債券を発行している。債券市場は１２０兆ドルを超える巨大市場だ。

債券は借金の一種だが、単なる二者間の貸し借りではなく、「証券化」された借金である。

図表21　アメリカにおける株式市場と債券市場の成長比較

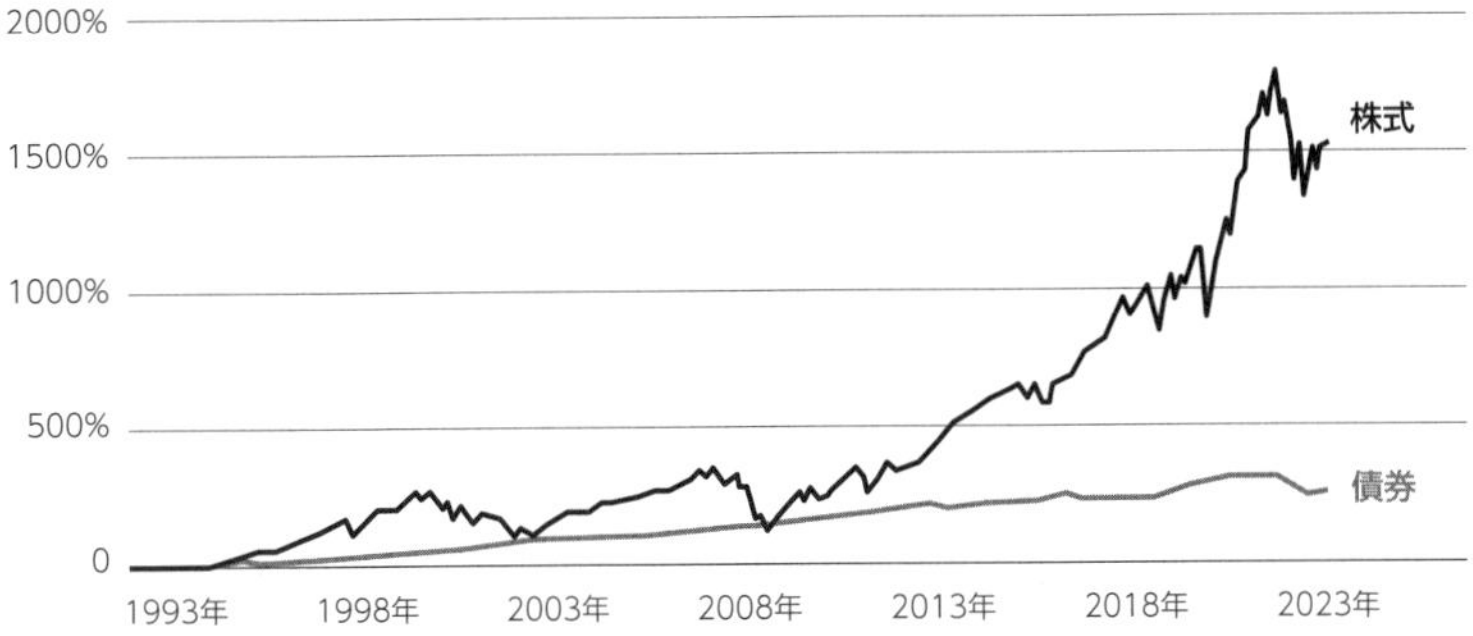

出典：モーニングスター、債券：バンガード・トータル債券市場インデックス・ファンド、
株式：バンガード・トータルストック・マーケット・インデックス・ファンド

証券とは、基礎となる資産とは独立して売買できる、その資産に対する権利である。

株式も一種の証券であり、企業の資産に対する権利であるが、企業の関与なしに市場で売買できる。かつ、その企業に対する拘束力のある法的な権利である。債券も基本的な考え方は同じだが、それが借金に適用されるところが違う（図表21）。

簡単な例を使って、債券の仕組みを見てみよう。

アマゾンが、１００ドルを借りるためにウェルズ・ファーゴ銀行に行くとする。

ウェルズはアマゾンの帳簿を見て同社の信用リスクが高いと判断し、利率６％での融資を提案する。するとアマゾンは、「私たちは電子商取引とクラウドの最大手企業で、莫大なキャッシュフローがあります。４％ではどうでしょう?」と食い下がる。

結局、両者は利率５％で折り合いをつける。つまり、ウェルズは1年後に105ドルにして返してもらうという条件で、アマゾンに100ドルを貸す。

ただしウェルズは、アマゾンから1年後に105ドルを支払ってもらうのを待つのではなく、その約束を100個に分割し、それぞれ1年後に1・05ドル（1・00ドルに5％の利息をつける）を支払うという条件にして、公開市場で販売する。これが債券だ。

債券を買った投資家は、それを1年間保有し続けて1・05ドルを受け取るか、株式が流通市場で取引されるのと同じように、他の投資家にその債券を売ることができる。

債券で不思議なことが起こる瞬間

債券が証券化されて流通市場で取引されるようになると、**不思議なこと**が起こる。

ウェルズとアマゾンが当初、条件交渉した際、おもな変数は利率だった。

アマゾンは4％、ウェルズは6％を望み、最終的に5％で落ち着いた。

しかし、その債券の購入を検討している投資家にとって、5％という数字は重要ではない。この債券は、誰であれ1年後にそれを持っている人に1・05ドルを支払うというアマゾンからの約束だ。流通市場では、債券保有者はアマゾンが元々いくら借りていたのか、その際の利率がいくらだったのかは気にしない。気にするのは、アマゾンが1年後に1・05ドルを支払ってくれるという約束の価値だけだ。この価値が、債券が売買される価格に反映される。もし、アマゾンが深刻な経営問題（サプライチェーンのトラブル、経営陣の交代、データ漏洩等）を抱えるようになれば、同社が1・05ドルを支払えなくなる可能性が高まるため、債券の評価は下がる。債券から得られる予定のキャッシュフローは変わっていないが、リスクと割引率が上昇したことで、**債券の現在価値が低下**するのだ。

ウェルズが交渉したときには1・00ドルの価値があったものが、数か月後にアマゾンが経営難に陥ったことで、債券の価値が0・90ドルに減る。

こうした事態が起こるリスクは、「信用リスク」または「デフォルトリスク」と呼ばれる。投資家の企業に対する評価が変わらなくても、債券価格は変化しうる。

金利が上がると良い投資先の選択肢が広がるため、1年後に1・05ドルを受け取る条件の債券を買い求める人は少なくなる。

たとえば、米国債を1ドルで買えば1年後に1・06ドルになって戻ってくるなら、投資家は1年後に1・05ドルを受け取るためにアマゾンに1・00ドルを払おうとは思わない。アマゾンが債務者としてどれほど堅実であっても、アメリカ政府に比べれば信用度が落ちる。その結果、アマゾン債の価格は1・00ドルを割り込むだろう。

一方、金利が下がればアマゾンが約束している1年後に1・05ドルという条件が魅力的に見え（アメリカ政府は「1年後に1・05ドル以下」という条件を提示するようになるため）、アマゾン債の市場価格は1ドル以上に上昇するだろう。

このように金利変動によって債券価格が変動する可能性は、「金利リスク」と呼ばれる。アマゾンや市場全体の状況にかかわらず、満期が近づくにつれ、流通市場での債券価格は1・05ドルに近づいていく。ごく近い将来が対象なので貨幣の時間的価値が変化しにくく、短期間だとトラブルが起こる可能性も低くなるからだ。

明日1・05ドルを支払うというアマゾンの約束には、同社がよほどの窮地に陥っていない限り、1・05ドルの価値がある。

最重要ターム「利回り」の基本

債券の基本的な用語について説明しよう。

債券保有者に期間の終わりに支払われる金額は、「額面」または「額面金額」と呼ばれる。この例では、額面は1・00ドルだ。当初交渉された利率は「表面利率」と呼ばれる（この例では5％）。ほとんどの債券の償還期間は1年以上あり、発行体はその途中で利払いを行う。償還期間は1年で、年末に0・05ドルの利払いが1回だけある。

債券の償還期日（元本の返済期限）は「満期」と呼ばれる。つまり、アマゾンは年末に元金1・00ドルと利息0・05ドルを債権者に返済する。

しかし、最も重要な用語は「**利回り**（イールド）」である。利回りとは、債券を市場価格で購入した場合に得られる実質的な年利率のことだ。アマゾンの例では、満期1年前にこの債券を1・00ドルで購入すると1年後に1・05ドルが得られるので、利回りは5％だ。

しかし、この債券を満期から半年前に1・00ドルで購入すると、利回りは10％になる。半年で5％のリターン（1・00ドル→1・05ドル）、つまり年率換算で10％のリターンが得られるからだ。債券の利回りは、債券の市場価格に基づいて日々変化している。

これは、発行体による支払い条件が市場にとってどの程度魅力的であるかを示している。

一般的に（常にではないが）、債券市場と株式市場は**逆方向**に動く。

株式市場が好調なときはリターンが低くなるが、安定している債券は売れにくくなる。そのため債券価格は下がり、利回りが上がって、リスク調整後の債券リターンが株式リターンに拮抗するようになる。この株式と債券の関係を理解するには、ある程度の訓練が必要だ。

このメカニズムを理解する最善策は、実際に債券を購入し、その価格（と利回り）を長期的に追跡することだ。政府も債券を発行している。

債券市場の大半は、アメリカ政府が主要な発行体である国債で構成されている。

米国債の大半は財務省が100ドル単位で発行し、4週間から30年までの様々な満期がある（満期までの期間が短い債券は「短期国債」、長い債券は「長期国債」と呼ばれるが、機能的には基本的に同じである)。

財務省は毎週新たな債券を発行し、投資家への入札に基づいて金利を設定する。いったん証券として市場に出回ると、社債と同じように一定の利払いが発生し、市場が決めた価格で取引される。

米長期国債の特筆すべき利点は、**利息が州の所得税から免除**されることである。債券は企業に投資するための代替の方法であり、**政府に投資するための唯一の方法**である。株式よりリスクが低く、リターンが予測しやすく、基本的に、満期まで保有すれば損をするリスクはほとんどない。ただしその代償として、リターンが低く、価値が上昇する余地は少ない。発行体がどんなに成功していても、定められた以上の支払いは得られない。

債券保有者が企業から受け取るのは、債券に印刷された金額だけである。債券に支払った以上の追加の利益は株主に渡る。リスクは常に、報酬と対になっているのだ。

不動産は「資産クラスの皇帝」

アメリカでは、不動産は資産クラスの皇帝だ。

個々の物件価格は上下するかもしれないが、長期的に見れば極めて手堅い投資になる。

土地(と建物)は収入を生み出し(賃貸、開発、自分で使う等)、一定のターミナルバリュー(売却価格）もほぼ確実に期待できる（需要が供給を上回っているため）。

さらに、不動産を保有すると、様々な税制上の優遇措置を受けられる。資金的な余裕のある投資家にとって、不動産はこれ以上ないほど優れた長期投資の対象と言えるだろう。しかし、どんな投資でもそうだが、不動産投資にも**落とし穴**がある。具体的には2つある。

1つ目は、他の投資に比べて**流動性が低い**こと。不動産は買い手を見つけるのが難しく、取引コストも高い。土地を買うときは、たいてい赤字でのスタートになる。仲介業者や不動産査定業者、時には測量士、そして様々な政府機関に支払いをしなければならないからだ。さらに、土地を売るときにも、各種の支払いが発生する。

2つ目は、**所有するだけでお金がかかる**こと（固定資産税や保険、メンテナンス費用等）。未整備の土地でも維持費がかかることがある。これはフェンスやセキュリティ、防火・洪水対策、前所有者が廃棄物を投棄していた場合のリスクなどだ。

しかしその一方で、石油や金が見つかるかもしれないというメリットもある。つまり不動産は素晴らしい投資対象になりうるが、資本主義システムにおける他の素晴らしい投資と同様、儲けるためには多くの資金が必要となる。

また、不動産投資には、何年もかけて物件の購入費用を支払っていく資金力に加え、所有権をキープする流動性のある現金も必要になる。

あなたが億万長者の不動産王でないと仮定すると、必然的に不動産投資の方法は限られてくる。ほとんどの人にとって、最も重要な不動産投資は自宅の購入だ。自宅が投資ポートフォリオ内の最大の資産という読者も多いだろう。大多数の人にとって、家は人生最大の買い物になり、住宅ローンは人生最大のローンになり、毎月の家計の中で最大の出費になる。住宅購入は、私たちの生活を安定させる基盤になりうるため、経済的自立への大きな足がかりとみなされることが多い。そのため、アメリカをはじめとする多くの国では、住宅所有を促す税制や経済政策がある。

持ち家か、賃貸かの結論

現在では、持ち家と賃貸のメリットとデメリットを比較する議論が増えている。

また、家を買うことが賢明ではない状況があるのも事実だ。

しかし私は基本的に、**住宅購入を経済的自立を実現するための計画の中心に据える**ことを強くお勧めする。

これまでと同様、住宅所有に関しても、私のアドバイスは「**経済的**側面」と「**個人的**側面」という2側面に関するものになる。まず、経済的側面から見ていこう。

歴史的に、アメリカでは居住用不動産は長期投資の良い対象だった。

住宅の価値を他の投資と比べるのは、税制の違いや不動産所有のコストとメリット（例：固定資産税を支払わなければならない、家賃を支払わなくてもすむ）、不動産の地域性の高さなどの要因を加味しなければならないため、簡単ではない。

地域的な条件が良く（天候や他の自然環境、雇用が多い）、土地価格が上昇し続けている、由緒ある地域の住宅は、良い不動産物件だと言える。

逆に、辺鄙な場所にある、まだ入居者が少ない新興分譲地に建てられた若い世帯向けの小型住宅が低価格なのは、それなりの理由がある。

アメリカでは、２００８年に住宅価格が暴落したことで、郊外地域の不動産物件に投資していた多くの家族が経済的に大打撃を被った。しかし長期的に見れば、不動産は他の資産クラスにはない税制上の優遇を受けられるし、信頼性も高い。

アメリカでは基本的に居住用の住宅を売却する場合、売却益は25万ドル（夫婦の場合は50万ドル）まで非課税になり（さらに住宅にかけた改修費を差し引くことで、売却益の金額を減らせる）、それ以上は譲渡所得税率で課税される。つまり、40万ドルで家を購入して5年後に50万ドルで売却した場合、売却益は10万ドルなので所得税はかからない。投資用の不動産物件（つまり自分は住んでいない）にも、専用の納税猶予や税制優遇措置が適用される。

住宅の初回購入者や低中所得者向けのアメリカ政府や州の制度も多数あり、頭金に充てる資金をIRAや401（k）などの個人退職金口座から（多くはないが）引き出せる場合もある。

住宅所有の経済的メリットは、物件の価格が上昇するだけではない。それはあなたが住むことのできる唯一の投資資産である。あなたはどこかに住まなければならない。ミレニアル世代は、家賃の高い都市部では収入の50%以上を家賃に支払っている。持ち家に住んで家賃を節約しても、代わりに固定資産税や保険、維持費が必要になる。初めて家を買う人の多くは、家を所有することでどれくらいコストがかかるかを軽く見積もっている。とはいえ、よほど運が悪かったり愚かだったりしない限り、それまでの家賃以上に家の維持費が必要になることはない。

家を買う際には、住宅ローンを組む人がほとんどだ。金利の支払いはかなりの額になる。アメリカでは2010年代を通じて低金利だったので、住宅購入の魅力は増した。金利はパンデミック後に上昇したものの、1970年代のように住宅ローン金利が2桁台になることはなさそうだ。

住宅ローンは「有担保」のローンであるため（つまり借り手が返済できなくなったら銀行はその住宅を差し押さえたり売却したりできる）、貸し手のリスクが低く、その分、他の消費者ローンに比べて金利が低い。住宅ローンを組まずに一括払いで住宅を購入する資金的余裕があっても、必ずしもそれが得策とは言えない。一括払いだと、その資金を他の投資に回せなくなるからだ。

投資では常に「機会費用」を考えよう

投資では常に**機会費用**について考えるべきだ。

住宅ローンで支払う金利が他の投資で得られる利回りよりも小さいなら、あえて住宅ローンを組むことが経済的に健全な選択になるだろう。アメリカの税制も住宅購入に大きな特典を与えている。しかし、そのメリットは近年縮小している。

1913年にアメリカで所得税が導入されて以来、住宅所有者は住宅ローンの金利部分を所得税の控除対象にすることが認められてきた。しかし税制が変更されたため、一部の住宅所有者にしか該当しなくなった。

2017年の税制改革法（別名「トランプ減税」）では、「基礎控除」が倍増された（6000ドルから1万2000ドル、夫婦の場合はその倍）。

その関係で、多額の住宅ローンを組んでいるか他の控除がない限り、住宅ローン控除を受けるメリットが薄くなった。その影響は劇的で、法改正前には納税者の21％が住宅ローン控除を受けていたのに対し、改正後の2018年には8％に減った。[101]

世帯収入が10万～20万ドルの納税者に限定すると、住宅ローン控除を受けた人の割合は61％から21％に激減している。

住宅ローン控除の変更を強調したのは、これまでアメリカでは約100年にわたって、この控除が住宅購入の大きな決め手の1つになってきたからだ。

その歴史は、友人や家族から聞く住宅購入に関するアドバイスや、2017年以前の住宅関連の出版物の内容に反映されている（2018年以降の出版物でも当てはまるものは多い）。「法改正後でも、自分は住宅ローン控除の恩恵を受けられる」という読者もいるかもしれない。確信が持てるならいいが、たとえば身近な誰かがそうだと言ったからといって何でも鵜呑みにするのはよくない。税法は頻繁に変わるので、住宅購入前には、現在のルールが自分にどう当てはまるのかしっかりと調べよう。専門家による税務関連のアドバイスを受けることを検討してもいいだろう。

制約はフォーカスを促進する

とはいえ、住宅ローン控除は家を買う最大の理由ではないし、家を持つことには多くの人に経済的メリットをもたらす。それに加え、住宅保有には資産運用における**個人的側面**でもメリットがある。住宅ローンを支払うことは、一種の「**強制的な貯金**」である。つまり、ローンを返済することに強く動機づけられ、実際に返済していく確率が高い。毎月の収入から1000ドルを長期投資用のファンドに回すのは簡単にできることではない。だが、住宅ローンを抱えていれば、毎月銀行に支払いをせざるをえない。

これにより、家の価値は少しずつ自分のものになっていく。住宅を保有することは、経済的自立や安定にコミットすることである。住宅は資産としての流動性が低い。つまり、簡単に売ることができない。そのため家を買うと、その地域に根を下ろそうとするし、（おそらくは）その時点の仕事に本腰を入れて取り組もうとする。それは、資産形成という面からはメリットになる。**制約があることで、フォーカスが促される。**

柔軟性が高く、目の前に様々な選択肢がある状態より、フォーカスしているときのほうが早く目的地にたどり着ける。第3章「お金と時間の法則」で述べたように、人は変わる。腰を据え、根を下ろし、安定を重視するようになると、人生は変わっていく。

今は家が自由の妨げになっているように思えても、10年後には**避難場所**のように感じる可能性が高い。若い人は、1か月前にアパートの大家に連絡すれば引っ越しできるようなくらしを、一生続けられるとは限らないことを覚えておいてほしい。

不動産投資の落とし穴を回避するコツ

こうした個人的側面にも、経済的側面と同様、**落とし穴**がある。

根を下ろすのは素晴らしいことだ。だが、引っ越したくなったら大変だ。

家を売るのは不動産相場がいいときでも高くつくし、相場が悪いときに売らざるをえなくなったら悲惨なことになりかねない。いったん家を買うと、簡単には身動きが取れなくなるので、仕事の機会や生活の質の向上をあきらめなければならない場合も出てくるだろう（家を賃貸に出せば、この問題を解決し、かつ市場環境によってはお金を稼ぐこともできる。ただしリスクはあるし、慎重に管理しなければならない）。

それに家にはメンテナンスが必要だし、税金もかかる。補修やリフォームには、思っている以上のお金がかかると思っておいたほうがいい。

不動産投資の対象は、マイホーム以外にもある。投資用不動産を直接所有することは、収入を資本に換え、経済的自立を築くための優れた方法になりうる。

問題は、手間暇がかかることだ。不動産は「パッシブ」な所得とみなされているが、その管理はかなり**アクティブ**だ。第2章「フォーカスの法則」で、投資用の不動産物件を所有した私自身の経験を述べたときに触れたが、不動産物件を持つことは副業（あるいは本業）を始めるのに近い。

もしあなたが几帳面で、細部に目が届き、不動産業者とうまくつき合え、手先が器用で、テナントとの賃貸契約上の交渉で負けないタフさがあり、地域の不動産市場に精通し、その市場に人脈を持ち、何よりこれらの仕事に十分に取り組める時間的余裕があるなら、賃貸または転売用の不動産物件を購入することを真剣に検討してもいいだろう。

ただし、**まずは小さく始めて、少しずつ規模を大きくしていく**こと。

また、不動産投資は金融会社を通じても行える。

不動産投資信託（ＲＥＩＴ《リート》）は、多くの場合、上場している不動産持株会社であり、世界中の不動産を所有している民間グループが非常に多く存在する。

ショッピングモールやオフィスビルのような単体の開発を支援するために設立された小規模なコンソーシアムから数十億ドルの資産を持つ多国籍持株会社まで、様々な組織がある。上場ＲＥＩＴは規制が厳しく安全性が高いが、民間の不動産投資では投資家による十分な調査や分析が必要になる。しかし一般的には、これらの投資は不動産投資というより株式投資に近い。つまりあなたは、たまたま不動産（ソフトウェアやスニーカーではなく）に投資している経営陣やビジネスモデルに投資することになる。

マイナーな投資先はどうか――コモディティ、通貨、デリバティブ

他のマイナーな投資先として、経済活動から離れた場所に位置する資産クラスがある。

コモディティと通貨はどちらも実物資産である。

コモディティとは石油や金、トウモロコシなどの原材料であり、通貨は貨幣である。

一般的に、これらは流動性の高い市場で売買される。コモディティ価格は現実世界の動き

に大きく影響される。たとえば天候は、天然ガスや多くの農産物の価格に大きな影響を与える。

製造業の製造手法に世界的な変化が起こると、原材料価格にも変化が生じる。通貨の価格は、それを使用する国の経済状況、特に金利を反映する傾向がある。

金利が高いほど、その通貨への投資が大きなリターンを生み出すため、投資先として魅力的になる。

最も有名なビットコインをはじめとする暗号通貨は、資産クラスとしての暗号通貨に対する市場のセンチメント（市場参加者の心理）に大きく左右されながら取引されており、歴史を通じて非常に変動性が大きい。

暗号通貨が今後、政府発行の通貨と並んで、安定した永続的な交換手段や価値の貯蔵手段としての地位を確立する可能性はあるが、２０２３年時点では、技術的にも社会的にもまだ大きなハードルが残っている。

これらの資産に投資していても、通常は原資産に直接触れることはない。その代わり、対象資産の将来の価格変動リスクをとらえるように設計された「デリバティブ証券」で取引することになる。

「先物」はコモディティに基づくデリバティブ証券であり、株式を対象としたものは「オプション」と呼ばれる。これらに投資することは、実質的に将来の値動きに賭けることに等しい。

デリバティブは、金融市場において興味深い役割を担っている。リスクを減らすことと増やすことの両方の手段になるからだ。

この取引の主目的は、企業や投資家が特定市場のリスクにさらされるのを「ヘッジ（回避）」することだ。典型例は、大豆農家や金採掘業者のような商品の生産者が行う取引だ。

生産者の生計はその商品価格に依存しており、この価格が大幅に下がれば壊滅的な打撃を受けかねない。この種のリスクにさらされている企業は、デリバティブを用いて、望むものとは逆の結果にレバレッジを効かせて賭けられる。そうすると、価格が自分にとって不利に動いたとしても、デリバティブ取引による利益で事業運営コストを相殺できる。

金採掘業者は金価格の下落に賭けることで、金価格の変動リスクをヘッジでき、大量の金を購入する企業は金価格の上昇に賭けることで同じくリスクをヘッジできる。

これは本質的に**保険**なのである。

同様に、複数国で事業を展開していて、従業員にはドルで給料を支払っているが、商品の大半をユーロで支払う顧客に販売している企業は、通貨価格の変動リスクにさらされている。たとえば、ドルがユーロに対して大幅に上昇すると困ることになる（売上で得た1ユーロで、給料を支払うために必要なドルを買える量が少なくなる）。

そこで、ドルが上がることに賭けて、リスクヘッジする。

とはいえ市場では、誰かがこれらの反対側に賭けをしなければならない。

それを引き受けているのが、リスクを取ることでハイリターンが狙える機会を探している、市場に大量にいる純粋な金融プレーヤーだ。

ギャンブルは投資ではない

デリバティブはかなり複雑になることがあり、極端なものは「エキゾチック」と呼ばれる。エキゾチックデリバティブは、２００８年の世界金融危機の引き金になった。

当時、「債務担保証券」と呼ばれるデリバティブ商品を、その仕組みをよく理解せずに販売していた銀行は、住宅市場の下落によって数十億ドルの損失を抱えることになった。

個人投資家が取引する可能性の高いデリバティブ証券は、株式オプションである（雇用主から報酬として受け取る「ストックオプション」とは別物なので注意すること）。

この取引では、特定の期間内に特定の価格（「権利行使価格」と呼ばれる）で特定の株式を購入または売却するオプション（権利）を購入する。

前述のように、株式を買うオプションは「コールオプション」（基本的に株価が上がることに賭ける）、特定の期間内に特定の価格で特定の株式を売るオプションは「プットオプション」（基本的に株価が下がることに賭ける）と呼ばれる。

オプション取引はレバレッジを効かせられるので、個人投資家にとって魅力的である。数百ドルのコールオプションは、短期間で数千ドルの利益を生み出せる。だがその一方で、契約の種類によっては初期投資をはるかに上回る莫大な損失を被る可能性もある。

投資では、投じた以上のお金を失うことはめったにないが、それが当てはまるのがオプション取引である。オプション市場やデリバティブ市場は、高度な知識を持つフルタイムの投資家が牛耳っている。

市場の細部を熟知するこうしたトレーダーたちは、個別のオプション契約で利益を得ようとするのではなく、異なる条件の複数の契約を結びつけ、「ストラドル」「ストラングル」「アイアンバタフライ」と空想的な名称の戦略を駆使して投資を行う。

市場では、個別のオプション契約をしている個人投資家は、こうした大物に簡単に飲み込まれてしまう雑魚のような存在だ。

個人投資家でも、リスクヘッジのために機関投資家と同じようにデリバティブを利用できることがある。たとえば、住んでいる国と働いている国が違う場合、為替リスクにさらされる可能性がある。

また、勤務先から報酬として得ている株式の流動性が低いために業界や地域が抱える大きなリスクにさらされる可能性や、他の投資が重大な金利リスクにさらされる可能性もある。このような状況では、デリバティブ取引を保険として使える。

レバレッジをかけて少額投資することで、潜在的な損失から身を守るのだ。

私も、長期保有したかった大規模な個別銘柄から収入源を得るために、オプション取引を使ったことがある。

市場参加者が、投資活動の微調整のためにストックオプションを含むデリバティブを利用する方法は無数にある。しかし、個人投資家が行う1回限りのオプション取引は、厳密な意味での投資ではなく、ギャンブルになる。ギャンブルは楽しい気晴らしになることもあれば、致命的な中毒になることもあるが、いずれにしても**投資ではない。**

第3のバケツには「ファンド」を入れなさい

個人投資家に関連する金融資産の最後のカテゴリーは、資産クラスというより、他の資産クラスにアクセスする手段である。

そして、それはあなたがこれらの資産クラスにアクセスするための主要な手段になるべきものだ。

そう、**あなたの第3のバケツ、つまり経済的自立を実現させるための資金は、おもに「ファンド」に投資すべきだ。**

ファンドの説明を資産クラスのセクションの最後に持ってきたのは、これが他の資産クラスを投資対象にしていることもあるし、最初に各資産クラスについて学ぶことで、金融システムを全体的に理解してもらいたかったという意味合いも大きい。

とはいえ、現実的に長期投資の目的を達成するために、ファンドが最も重要なカテゴリーであるのは間違いない。

ファンドにはいくつかのバリエーションがあるが、その基本的なモデルは、プロの投資家チームが小口投資家の資金をプールし、公表された投資戦略に従ってまとまった金額を運用するというものである。

ファンドの仕組みは、購入方法、手数料の種類、投資方法によって異なる。

歴史ある代表的なファンドモデルは**投資信託**である。

最近では、上場投資信託（ETF）がこのプロセスを合理化し、1つの証券を通じて多様な投資ポートフォリオにアクセスするコスト効率の良い方法を提供している。

ETFは売買が容易なだけでなく、投資信託より税制面で有利な場合もある。

投資信託の取引では、パッシブに運用していても、課税所得が発生するファンド株があるからだ。ファンドには様々な取引戦略がある。

「アクティブ運用ファンド」は一般的に複雑で、ソフトウェアではなく人間による分析に依存しており、手数料が高いため、できれば**個人投資家は避けるべき**である。

「パッシブ運用ファンド」はソフトウェアのアルゴリズムに基づいて運用されている。最もシンプルなのはS&P500のような人気の株式指数に連動したものだ。無数の投資会社が、非常に低い手数料でS&P500ETFを提供している。最も有名なのはETFの元祖であるSPDR（スパイダー。ティッカーシンボル：SPY）で、1993年以来、S&P500に連動する証券を販売している。

他にも、他の指数に連動するETF（例：上場株式のほぼすべてを網羅する「ラッセル3000指数」）や、様々な取引戦略を追求するETF、通貨やコモディティに投資するETFなどがある。どのファンドにも手数料がかかるが、その仕組みは多層的で、比較分析するのは簡単ではない。投資信託の手数料体系はETFの手数料より複雑になりがちで、これもETFに有利な点である。

「経費率」に注意しよう

私たちが何よりも注目したい数字は**経費率**である。

投資家にとって、経費率を低く抑えることは重要であり、**1%をはるかに下回っている**ことが望ましい。

投資信託は売買や他のサービスに手数料がかかることがあるが、ETFは株式と同じように取引されるため、最近では手数料が一切かからないことが多い。

最近のイノベーションに、「ロボアドバイザー」ファンドがある。

これは、専用口座に資金を預けると、投資会社がアルゴリズムに従って運用してくれるものだ。手数料は一般的に非常に低いが、長期的に見れば**複利の力**でかなりの額に膨らんでいく。それに基本的にロボアドバイザーがしているのは、あなたのお金をETFや投資信託に割り当てるだけだ。本書をここまで読み進めてきた人なら、おそらくロボアドバイザーに手数料を払わずにETFを購入したほうがいいと考えられるだけの、投資について基本的な知識を得ているはずだ。

先にバリュエーションの説明をした際、FFレート（リスクフリーレート）の仕組みに触れた（→342ページ）。これは、あらゆる投資に対して求めるべき基本的なリターンになる。

つまり、普通預金口座に預けるより大きなリターンがなければ、投資とは言えない。

もし、FFレートが投資全体のベンチマークになるなら、S&P500ETFは長期投資のベンチマークになるべきだ。

8〜11%のリターンを得る実証済の方法

普通預金口座と同等のリターンでは、資産は築けない。

投資でリターンを多く得るには、リスクを負わなければならない。

S&P500のリターンを基準にすることは、投資家として十分なリターンを得るための実証済の方法である（S&P500の平均リターンは、1957年の創設以来だと約11％、過去20年間だと8％である）[102]。短期的にはS&P500への投資はリスクが高い。

今年の住宅ローンの返済に必要な1万ドルを、S&P500に突っ込んではいけない。リスクフリーの普通預金口座は、こうした資金を預けておくためにある。

しかし、ロングマネー、すなわちインフレに打ち勝ち、将来の資産を築くためのマネーを運用する際は、**S&P500ETF**がベンチマークになる。

代替の投資をする際は、S&P500を基準にし、リスクとリターンの観点から検討しよう。その投資から8％以上の利回りが期待できる場合、どれくらいならリスクを上乗せできるだろうか？

長期投資のポテンシャルを高めるには、リスクを取るべき場合もある。

高い利回りが期待できない場合は、安全性にも注目しよう。

数十年先ではなく、中期的に必要になりそうな資金は、安全性を重視した運用が求められる。長期的な運用では、それよりリスクを取った運用をすべきだろう。

「100－年齢」ルールとは？

長期投資用の資産をいくつもの資産クラスに配分する様々なアプローチがある。エコノミストはありとあらゆる方法について議論してきたが、ファイナンシャルアドバイザーは一般的に、若いうちはおもに企業株に投資し、資産の一部は低リスクの資産クラス（社債等）に投資し、老後が近づくにつれ、低リスクの投資に資産を振り分けることを勧めている。その1つが **「100－年齢」ルール**だ。

これはポートフォリオのうち株式のような高リスク資産の保有比率を100から年齢を引いた数にして、残りは債券などの低リスク資産で運用するというものだ（35歳なら長期投資の65%を株式、35%を債券で運用する）。とはいえ、逆の考え方もある。

たとえば、2005年に経済学者のロバート・シラー（後に株価分析でノーベル経済学賞受賞）が複数の投資戦略を分析したところ、圧倒的にパフォーマンスが優れていたのは100%株式で運用するアプローチであり、保守的な運用をすればリターンが下がるだけであることがわかった[103]。

もし、あなたが将来的に高収入が期待できるキャリアを歩んでいて、予備費を計画的に貯められているなら、若いうちはリスクに振った長期投資をお勧めする。すなわち、高成長株への投資割合を増やし、債券のような低リスク投資は少なめにしたり、まったく保有しなかったりすることだ。

4　長年の投資経験者から最後のアドバイス

逆張りを意識せよ

誰もが同じような行動をしていると、愚かな結果となり、損をする。みんなが右に行っているときは、左に目を向けるべきだ。

最初は、あるセクターにお金が集中することで、市場が形成される。人を惹きつけるには、ある程度の資本が必要だ。

しかし、すぐに投入される資金が増えるほど参入価格も上がり、リターンは下がる。

誰もがマイアミでコンドミニアムを購入したり、学資ローンのためにお金を借りられたりすると、コンドミニアムや教育の価格は上がり（インフレ）、リターンは減る。

学資ローンの場合、払えば払うほど学位の価値が下がる。

この80年間、大学の学位がもたらす投資収益率（ROI）は莫大だった。

しかし、私を含む大学教員たちは過去数十年もの間、「責任を減らしながら報酬を増やすにはどうすればいいだろう？」と考え続けてきた。

教員が好待遇を求め、それに伴い授業料が値上がったことで、学位がもたらす投資収益率は減っていった。過剰投資によってリターンが激減した結果、大卒者の約3分の1は学資ローンを返済できなくなっている。

自分の感情を信じるな

普通貯金口座よりリスクの高いものに投資していれば、資産が値下がりする日は必ずくる。それは不可避だと、過剰反応しないようにしよう。

取るべきリスク幅は、損失に対する許容度があなたにどれだけあるかによって決まる。損失を被ったら、そこから学ぼう。まずは自分自身について学ぶこと。

精神的な打撃はどれほど大きかったか？　立ち直るのにどれくらい時間がかかったか？

それは、あなたがアクティブ投資にどれくらい向いているかの指標になる。

自分の戦略についても学ぼう。

億万長者の投資家レイ・ダリオには、自らの損失から学ぶという徹底した姿勢がある。

彼の著書『PRINCIPLES（プリンシプルズ）人生と仕事の原則』（日本経済新聞出版）は、自らの間違いを厳密に分析し、そこから学ぶことをテーマにした600ページ近い大著だ。

ダリオは、自らの意思決定プロセスを詳細に書き留めておきながら後で見直し、どこで間違ったのか、将来同じ間違いを繰り返さないためにはどうすればいいか理解することを読者に熱心に勧めている。

「最もよくある間違いは、問題を1回限りのものとして処理してしまうことだ。そうではなく、問題は機械の作動状況を診断し、改善するために活用しなければならない。徹底した正確な診断には時間がかかるが、将来に大きな利益をもたらす」[104]

私にはレイのような緻密さはないが、投資やビジネスでの判断、人間関係のどこで間違ったのかをじっくり時間をかけて考えたとき、それが必ず「大きな配当」をもたらしてくれるのを知っている。

これは投資がうまくいっているときにも当てはまる。積極的に利益を確定させよう。ミーム株を当てたのであれ、スタートアップが上場したのであれ、投資が大当たりして資産が増えたら、その一定部分を換金して、他の資産に分散投資しよう。

心理的な抵抗はあるはずだ。昨日勝った人は、明日も勝てると信じたくなるからだ。しかし、**重力と「平均への回帰」は金融界の鉄則**である。

家を抵当に入れて会社の株を買い、超富裕層になった起業家の成功談の裏には、同じことをして破産した何百人もの起業家がいることを忘れてはならない。

私はレッドエンベロープ（1997年に自分で起業した会社）に資産の大半をつぎ込んだせいで、40歳のときに自己破産しかけた。

利益は確定させよう。それはあなたが稼いだお金だ。

そして、自分は間違っていないと信じよう。

デイトレードはするな

アクティブ投資と、ギャンブルに近いデイトレードの間にある境界線は薄いが、一度越えてしまえば、境界線がはっきりわかる。

強気相場では、大勢の投資家が**運と才能、ドーパミンと投資を混同**する。

そんな経験をした人も多いはずだ。

デイトレード市場は、中毒に陥った投資家に喜んでサービスを提供してくる。

証券取引アプリの「ロビンフッド」で得た利益のスクリーンショットを嬉々として誰かに見せびらかすことは、糖尿病や高血圧と同じく、衝動を抑えきれなくなった人たちが陥る現代病の一種だ。トレード（それは「投資」とは違う）という言葉には、仕事をしたり、生産的な何かをしたりしているような響きがある。

だが、違う。それは**ギャンブル**だ。

しかも、ギャンブルよりオッズが悪く、カジノで提供されるような無料の飲み物もない。

アクティブ投資をする個人トレーダーのうち、2年間の投資期間で資産を増やしたのは全体のわずか3％しかいなかったという結果を示した調査もある。[105] 最近では、パンデミックで自宅に閉じ込められた何百万もの人々（おもに若い男性）の間でデイトレードが大流行した。彼らは「ロビンフッド」などのドーパミンを誘発する甘い菓子のような投資アプリを発見し、1日24時間、ボラティリティの高い暗号通貨の取引に麻薬のように浸った。

デイトレーダーの大半は、許容可能な損害しか被っていない。だが、かなりの損失を出す者も少なくない。若い男性はリスクに積極的であるため、特に餌食になりやすい。デイトレーダーの10人に9人は男性で、[106] ギャンブルをする若い男性の14％は依存症になる（女性は3％）。[107] たいていの人がアルコール依存症にならずにお酒を飲めるように、私たちのほとんどは依存症にならずにギャンブルができる。「ほとんど」の人は、だ。

有利な場所に「移動」せよ

最も重要な資源（時間）を、大きなリターンを得られる市場に割り当てると、あなたが自由に使える強力な資産形成ツールになる（特に、若いうちは）。

アメリカ経済が過去2世紀にわたってどの国の経済よりも速く、安定して成長してきた大きな理由は、「**移動すること**」がこの国の人々のDNAに刻まれているからだ。開拓時代に人々を西部へ誘った「若者よ、西に行け」という言葉がそれを象徴している。

人は年を重ねるにつれて根を下ろし、身動きが取りにくくなる。それに比べて若い人は身軽なので、その利点を活かそう。また年齢を問わず、視野を広く持ってチャンスを探しておくこと。税率が高い州から低い州に移動することには、人生を変えるほどの節税効果がある。フロリダやテキサス、ワシントンなどの州には所得税がない（ワシントンは最近譲渡所得税を制定したが、控除額は大きい）。所得税以外にも考慮すべきことはある。州政府がサービスを提供するにはそのための資金が必要なので、所得税が低い州では売上税や固定資産税が高くなることが多い。

とはいえ、負担する税の総額は州によってかなりの違いがあり、収入や支出の状況によってはその差が相当大きくなる可能性がある。

ニューヨークやカリフォルニアのように税金が高いことで有名な州から引っ越すと、毎年総所得の10％以上を節約できる。

一定の収入を維持し、節税分をきちんと投資できれば、長期的な投資目標への道を歩める。当然ながら、どこに住むかには税金以外にも経済的な影響があり、個人的な影響も大きい。とはいえ、雇用のチャンスや住宅価格などの要因で移住を検討する場合には、税金面の影響も考慮しよう。

第4章のまとめ

◆収入を資本に換える

資本とは、価値を生み出すためにあなたが「働かせる」お金のことだ。
投資とは、その価値を得るために資本を提供することだ。
富は収入だけではなく、投資によって達成される。

◆経済システムについて学ぶ

個々の企業の経営状況からFRBによる金利動向まで、経済システムは私たち全員に影響を与えている。経済システムを理解することは、あらゆる場面におけるあなたの意思決定に役立つものになる。

◆アップサイド（利益を得る可能性）を最大化するのではなく、リターンを最大化するために分散投資する

目標は、複利の力を活用し、安定した長期的な利益を生み出すこと。

そのためには、最高のリターンが得られそうな投資先1つに全資金を集中させるのではなく、様々な投資先に資金を分散させることだ。

◆お金は時間を交換する手段である

時間こそが私たちの基本的な資産である。

私たちはそれを売ってお金に換え、そのお金を使って他人の時間の成果を買う。

投資をするときは、投資するお金と同じように、投資に費やす時間を大切にしよう。

何かを買うときは、その価格と同じお金を稼ぐにはどれくらい働かなければならないかという観点からコストを考えてみよう。

◆リスクはリターンの対価である

リスクとは確率の尺度であり、お金を得たり失ったりする可能性である。

リスクのない投資はない。潜在的なリターンはリスクレベルに見合ったものであることを理解しておくこと。

◆価値は確率と時間に基づいて返ってくる

現在手にしているお金は、明日得られるはずのお金より価値がある。

明日得られるはずのお金は、1年後に得られるはずのお金より価値がある。

信頼できる資金源から得られるはずのお金は、未知または信頼できない資金源から得られるはずのお金より価値がある。

◆主としてパッシブ、分散型、低コストの株式・投資信託に投資する
パッシブな分散投資と透明性のあるリスクを提供する上場投資信託（ETF）は、個人投資家にとって最良の友になる。

◆資金の一部をアクティブ投資に回す
投資資金として貯めた最初の1万ドルのうちの2割は、アクティブ投資に回すことをお勧めする。個別株を売買し、コモディティでポジションを取り、市場で「遊んで」みよう。

実践によって学びが得られるし、勝負感覚もつかめる。

投資金額や手数料、利益、損失、税金を細かく記録しよう。

◆人生の適切な時期に住宅を購入する
不動産は「資産クラスの皇帝」だ。

ほとんどの人にとって、不動産投資はマイホームの購入になる。

家を買えば強制的に貯金ができるし、日々価値を得られる投資になり、あなたの投資ポートフォリオにとっての錨《いかり》になる。

ただし、錨は出航したいときには足かせになる。住宅所有は第一にライフステージの決断であり、第二に投資の決断になる。

◆手数料に注意する

金融市場は手数料で運営されている。

あなたが資金をある場所から別の場所へ移動するたびに、少しずつ手数料が取られていく。

手数料に関する規定は、取引契約書に小さな文字で書かれ、誤解を招くほど小さな数字に基づいて計算されるのが一般的だ。手数料が積み重なると、リターンが減ってしまう。

◆感情に流されない

感情には価値があり、優れた意思決定に不可欠だ。

しかし、投資は強い感情をかき立て、成功のために欠かせない冷静な計算の妨げになることがある。

◆デイトレードをしてはいけない

日常的に株の取引がしたいなら、それをフルタイムの仕事にしよう。

自分の才能に合っていれば、それは素晴らしいキャリアになるだろう。
しかし、趣味でやるなら、はまりすぎてはいけない。
お金だけでなく、時間というもっと価値のあるものを失うことになる。

エピローグ
人生で一番大切なもの

人生で意味のあることは、すべて他人との関わりがある。

人を支え、愛する能力。誰かに愛されたいという思い。

たった一人では、大きなことは何も成し遂げられない。


母が3度目のガンと診断されたとき、私たち家族はついに「そのとき」がきたと悟った。

天国に旅立つ前の最後の1週間、彼女はひどく寒がり、震えていた。

どんなに部屋の温度を上げても、どんなに毛布をかけても、震えていた。

最後に、私は本能的に母を腕に抱いた。

夕食が終わる前に眠ってしまった子どもを、父親が抱くように。

彼女の震えは収まった。

ガンに冒され、わずか36キロまで体重が減った女性は、息子の腕の中にしか温もりを見出せなかった。

私はこのとき初めて、長い間成功を追い求めて生きてきたことに意味があったと思った。

私は大人の男だった。誰かが頼りにできる一人前の人間だった。


先週末、私は息子に週末を捧げた。

「何でも好きなことをやっていいぞ」と。

私は息子のリクエストに応え、一緒にロンドンに飛び、サッカーチームのチェルシーの試合を観戦し、バタシー発電所モールとコールドロップモールでたっぷり時間をすごした。

子どもと一緒にショッピングモールに行くことがどんなものかは、ご想像のとおりだ。

ナイキのフットボール・スパイクを買い、ジェラートの列に並び、バタシー駅の最上階まで行く「煙突リフト」に乗った。

そう、子どもとは、周囲の景色を見渡せる「頂上」のある建物に入ると、そこに行かなければ気がすまない生き物なのだ。


私が母の世話をし、息子（ミドルネームに母の名を持つ）を甘やかせられるのは、人間性と父性本能の賜物だ。

そして私がこうした本能を存分に発揮できるのは、経済的自立を得ているからだ。

私は母が見知らぬ人に囲まれたまぶしい照明の下ではなく、自宅で息を引き取ることができるよう、仕事を休み、かなりの労力とお金をかけて準備した。

もちろん、お金がなくても自分が思い描くように親や子どもに接することはできる。

だが、ある程度の経済力があれば、資本主義社会の大きなストレスに煩わされることなく、今を生きられるようになる。


そのために、まずは人がお金を払ってくれるような得意な仕事を見つけ、一生懸命、本当に一生懸命にそれに打ち込もう。

家計の収支を黒字にし、残ったお金を投資し、資本の小隊をつくろう。

やがてそれは師団となり、あなたが寝ている間に、あなたとあなたの愛する人たちのために戦ってくれる軍隊になる。

予期せぬ出来事が起きても乗り切っていけるよう、分散投資すること。

そして、長期的な視点を持つこと――「時間は自分が思っているよりも速く進む」ことを認識できる知恵を持とう。

これらのすべては、あなたをより早く、人生で一番大切なものへと導いてくれる。

そしてその一番大切なもの――愛する人たち――と一緒に、今この瞬間にいられるようにしてくれる。

それがすべてだ。
人生はとても豊かだ。

スコット

謝辞

本も富と同じように、一人ではつくれない。
「偉大なことは、他人の力を借りることで初めて実現できる」と認識し、まわりの取引先を大切にし、人間関係を育むために資本（お金と時間）を使うことは、あなたの人生にとってとてつもない力になる。「Prof G Media」のチーム全員の協力がなければ、本書は実現しなかった。直接制作に関わった人たちの名前を挙げてみる。

エグゼクティブ・プロデューサー：ジェイソン・スタヴァース
　　キャサリン・ディロン

調査と原稿チェック：エド・エルソン
　　クレア・ミラー
　　キャロライン・シャグリン
　　ミア・シルヴェリオ

グラフィックデザイン：オリヴィア・リーニー・ホール

私は最初に『the four GAFA 四騎士が創り変えた世界』（東洋経済新報社）の企画の売り込みをして以来、ずっと同じエージェント、出版社、編集者で著書を書いてきた。

彼らの名前は以下のとおりだ。

ジム・レヴァイン

エイドリアン・ザックハイム

ニキ・パパドプロス

また、本書の制作期間全体を通じて思慮に富んだアドバイスをしてくれた、親友のトッド・ベンソン、ニューヨーク大学スターン経営大学院の同僚であるサブリナ・ハウエル教授、ベア・マウンテン・キャピタルのジョー・デイと、カバーアートを担当してくれたタイラー・コムリーにも感謝する。

第4章では、私が13歳のときに親身になって投資のことを教えてくれた証券会社の従業員、サイ・コードナーの話をした。メンターほど貴重な存在はいない。

実践的なアドバイスやサポートだけでなく、人間的なつながりを与えてくれるからだ。

サイに初めて株を買う手助けをしてもらってから40年後の今も、サイと自分が決して座ることのない木陰に木を植えてくれた他の多くの人たちのおかげで、私は充実した人生を送れている。

私が享受してきたあらゆる恩恵の中で、多くのメンターに恵まれたことほど価値あるものはない。サイはその最初の人だった。

デービッド・アーカー教授は、私がブランド戦略会社を立ち上げるきっかけを与え、その成功に貢献してくれた。

ウォーレン・ヘルマンは、私を初めて企業の役員に引き上げてくれ、自分が話すべきタイミングと人の話に耳を傾けるタイミングを見極める術を教えてくれた。

パット・コノリーは、私が立ち上げたばかりのプロフェット社を信じ、1990年代当時に彼が在籍していたウィリアムズ・ソノマ社との契約を締結してくれた。

このリストは現在に至るまで続いている。

本書を、私が経済的自立を築き、良き市民、良き父親であることに集中できるよう助けてくれた多くの人たちに捧げる。

訳者おわりに

本書は、2024年4月にアメリカで刊行され、たちまちベストセラーとなった『The Algebra of Wealth: A Simple Formula for Financial Security』（富の代数：経済的自立のためのシンプルな公式）の待望の邦訳である。

著者はニューヨーク大学スターン経営大学院教授で、起業家としての経験も豊富なスコット・ギャロウェイ。初の著書である『the four GAFA 四騎士が創り変えた世界』（渡会圭子訳、東洋経済新報社）がベストセラーとなったことで、ご存じの方も多いことだろう。

本書のテーマはタイトルのとおり、「富（経済的自立）」、すなわち「受動的所得（資産運用の利回り）が消費支出（生活費）を上回る状態」を得るための法則を提示することだ。

そのために提唱されるのは、「フォーカス＋（ストイシズム×時間×分散投資）」という方程式。具体的には、仕事に熱心に取り組んで収入を高め（フォーカス）、無駄遣いを減らして節度ある生活をし（ストイシズム）、複利の力を活かして長期的な投資を行い（時間）、複数の対象に投資をすることでリスクを減らす（分散投資）ということだ。

長年、大学院教授として教壇に立ち、ポッドキャストやブログなどで情報発信をしてきた著者は、この方程式の各要素を、自身の豊富な経験や知見を盛り込みながら説明する。

本書でも紹介されているように、過去20年間、アメリカの代表的な株価指数であるS&P500は8％以上の平均利回りで推移してきた。これは投資資金がこの20年間で5倍以上に増えたことを意味する。アメリカではこうした経済成長の下で、投資によって大きな資産を手に入れる人が増えた。その結果、過去にはなかった新しい価値観が生まれてくるのも当然だと言える。その代表例が、「FIRE（Financial Independence, Retire Early＝経済的自立、早期退職）」だろう。現在日本でも新NISAなどの税制優遇制度が始まったことで投資ブームが起きており、今後、同じような価値観が広まっていくことが考えられる。ただし著者が提唱しているのは、単に経済的自立を達成することではない。職業人生を充実させ、人格を磨き、投資をして資産を築く。その結果として真の豊かさと幅広い選択肢を手に入れることこそが、新しい時代の成功と幸福のカギだと説いているのだ。これは著者個人の考えであると同時に、彼が豊富な知見や多くの人々との対話から描き出した、世界最先端のマネー戦略、人生戦略だと言えるだろう。

著者は「ニーズは高いが競争率が低い業界や職種に目をつけ、その仕事に全力で取り組めば、技量が上がってやりがいが増え、人から感謝・評価され、収入も上がり、その仕事に情熱を持てるようになる。しかも、ライバルは少ない」とアドバイスする。過当競争の世界に入っていくのではなく、需要と供給のバランスの取れた職業を選んで努力すれば、引く手あまたの人材になれるのである。これはあらゆる年代の人が知っておくべき真実だ。

また、ストイシズム（ストア派哲学）で重んじられている「勇気」「知恵」「正義」「自制」という4つの美徳を実践することで、様々な誘惑に打ち勝ちやすくなるという。これらの美徳は、資産形成に役立つだけではなく、より良い人生を生きるためにも極めて重要なものだ（ストイシズムは近年、アメリカのビジネスパーソンの間で大人気になっており、今後、日本でもますます注目を集めるようになるだろう）。

著者が主張しているように、富を築くのに、とてつもない高収入も、爪に火を点《とも》すような節約も必要ない。明確な目標の下で頑張って収入を上げ、貯蓄・投資に回せば、多くの人が資産を築ける時代が到来しているのだ。

たとえば今25歳の人が6％の利回りで毎月5万円投資すれば、30年後（ちょうど新ＮＩＳＡの投資枠である１８００万円を使い切る額だ）、55歳のときには資産は約５０００万円に増えている。十分に人生の選択肢を広げられる額ではないだろうか。

しかも、その過程で職業人としての技量を高めてきたため、経済的自立を達成した後も社会から必要とされ、自らの能力を活かして世の中に貢献することができる。

また、人格を磨く訓練を積んできたことで、幸福度や人間関係面でも大きなメリットが得られているだろう。もちろん、やりたいことがあるなら仕事を辞めて好きなだけそれに打ち込めばいい。

この本が伝えようとしているメッセージの意味はとてつもなく大きい。

フォーカス、ストイシズム、複利、分散投資の力を知っているかどうかで、人生は大きく変わる。本書は従来の「学校を出て就職し、定年まで働いて老後は年金生活をする」といった日本社会に広く一般的だった考え方には当てはまらない、新しい人生観、職業観を提示しているのだ。

人生は長く、何が起きるかはわからない。20年後、30年後の自分がどんな生き方を望んでいるかも未知数だ。だからこそ、人生の選択肢を増やすことを可能にする富を持つことには価値がある。また著者が述べているように、富とは究極的に、愛する人とすごす時間を増やすためのものでもある。

日本語版の制作は、ダイヤモンド社書籍編集局第三編集部編集長の寺田庸二氏の情熱的な指揮の下で行われた。「原著のメッセージを最大限に伝え、読者の人生を変えうるような本をつくる」という制作チームの熱い思いが、読者のみなさんが少しでも充実した、幸福な人生を送ることにつながれば幸いである。

児島 修

参考文献

私たちのチームは本書で、富を築くために必要なことを網羅しようと試みた。それは単なる数学の問題や最適なライフハックではなく、**全人格的なプロジェクト**だ。とはいえ、本書で取り上げたすべてのトピックには、さらに探求すべきことがある。次に挙げる本は、私たちの考えを洗練させるのに役立った。ぜひこれらの本を読んで、さらに深く学んでいただきたい。

ストイシズムとライフスキル

『全面改訂版 はじめてのGTD ストレスフリーの整理術』（デビッド・アレン著、田口元監訳、二見書房）
Allen, David. *Getting Things Done*, revised edition. New York: Penguin Books, 2015.

Cipolla, Carlo M. *The Basic Laws of Human Stupidity*. New York: Doubleday, 2021.（未邦訳）

『ジェームズ・クリアー式 複利で伸びる1つの習慣』（ジェームズ・クリアー著、牛原眞弓訳、パンローリング）
Clear, James. *Atomic Habits*. New York: Avery, 2018.

『完訳7つの習慣　普及版』（スティーブン・R・コヴィー著、フランクリン・コヴィー・ジャパン訳、キングベアー出版）
Covey, Stephen R. *The 7 Habits of Highly Effective People.* New York, Free Press, 1989.

『PRINCIPLES（プリンシプルズ）人生と仕事の原則』（レイ・ダリオ著、斎藤聖美訳、日本経済新聞出版）
Dalio, Ray. *Principles.* New York: Simon & Schuster, 2017.

『習慣の力〔新版〕』（チャールズ・デュヒッグ著、渡会圭子訳、早川書房）
Duhigg, Charles. *The Power of Habit.* New York: Random House, 2012.

『苦境（ピンチ）を好機（チャンス）にかえる法則』（ライアン・ホリデイ著、金井啓太訳、パンローリング）
Holiday, Ryan. *The Obstacle Is the Way.* New York: Portfolio, 2014.

Kotler, Steven. *The Art of Impossible.* New York: Harper Wave, 2021.（未邦訳）

フォーカスとキャリアプランニング

『あなたのパラシュートは何色？——職探しとキャリア・チェンジのための最強実践マニュアル』（リチャード・N・ボウルズ著、花田知恵訳、翔泳社）
Bolles, Richard N. *What Color Is Your Parachute? 2022.* New York: Ten Speed Press, 2021.

『スタンフォード式 人生デザイン講座』（ビル・バーネット&デイヴ・エヴァンス著、千葉敏生訳、早川書房）
Burnett, Bill, and Dave Evans. *Designing Your Life.* New York: Knopf, 2016.

『ギグ・エコノミー——人生100年時代を幸せに暮らす最強の働き方』（ダイアン・マルケイ著、門脇弘典訳、日経BP）
Mulcahy, Diane. *The Gig Economy.* New York: AMACOM, 2016.

『今いる場所で突き抜けろ！——強みに気づいて自由に働く4つのルール』（カル・ニューポート著、廣津留真理訳、ダイヤモンド社）
Newport, Cal. *So Good They Can't Ignore You.* New York: Grand Central Publishing, 2012.

『新装版 あなたの天職がわかる16の性格』（ポール・D・ティーガー／バーバラ・バロン著、栗木さつき訳、主婦の友社）
Tieger, Paul D., Barbara Barron-Tieger, and Kelly Tieger. *Do What You Are*. New York: Little, Brown and Company, 1992.

ファイナンシャルプランニングと投資

Aliche, Tiffany. *Get Good with Money*. New York: Rodale Books, 2021.（未邦訳）

『企業に何十億ドルものバリュエーションが付く理由――企業価値評価における定性分析と定量分析』（アスワス・ダモダラン著、長尾慎太郎監修、藤原玄訳、パンローリング）
Damodaran, Aswath. *Narrative and Numbers*. New York: Columbia University Press, 2017.

『賢明なる投資家――割安株の見つけ方とバリュー投資を成功させる方法』（ベンジャミン・グレアム著、土光篤洋監修、増沢和美・新美美葉訳、パンローリング）
Graham, Benjamin. *The Intelligent Investor*. New York: Harper & Row, 1949.

『グリーンブラットのイベントドリブン投資法』（ジョエル・グリーンブラット著、奥脇省三訳、パンローリング）
Greenblatt, Joel. *You Can Be a Stock Market Genius*. New York: Simon & Schuster, 1997.

『サイコロジー・オブ・マネー――一生お金に困らない「富」のマインドセット』（モーガン・ハウセル著、児島修訳、ダイヤモンド社）
Housel, Morgan. *The Psychology of Money*. Hampshire, UK: Harriman House, 2020.

『ウォール街のランダム・ウォーカー〈原著第13版〉――株式投資の不滅の真理』（バートン・マルキール著、井手正介訳、日本経済新聞出版）
Malkiel, Burton G. *A Random Walk Down Wall Street*, 13th edition. New York: W. W. Norton & Company, 2023.

『世界のエリートが学ぶマクロ経済入門――ハーバード・ビジネス・スクール教授の実践講座』（デヴィッド・モス著、久保恵美子訳、日本経済新聞出版）
Moss, David. *A Concise Guide to Macroeconomics*. Boston: Harvard Business School Press, 2007.

Orman, Suze. *The 9 Steps to Financial Freedom.* New York: Crown Publishers, 1997.（未邦訳）

Ramsey, Dave. *The Total Money Makeover: A Proven Plan for Financial Fitness.* Nashville, TN: Thomas Nelson, 2003.（未邦訳）

『世界のエリート投資家は何を考えているのか——「黄金のポートフォリオ」のつくり方』（アンソニー・ロビンズ著、山崎元解説、鈴木雅子訳、三笠書房）
Robbins, Tony. *Money, Master the Game.* New York: Simon & Schuster, 2014.

[101] Ben Casselman and Jim Tankersley, "As Mortgage- Interest Deduction Vanishes, Housing Market Offers a Shrug," *New York Times*, August 4, 2019, www.nytimes.com/2019/08/04/business/economy/mortgage-interest-deduction-tax.html.

[102] J. B. Maverick, "S&P 500 Average Return," Investopedia, May 24, 2023, www.investopedia.com/ask/answers/042415/what-average-annual-return-sp-500.asp.

[103] Robert J. Schiller, "The Life-Cycle Personal Accounts Proposal for Social Security: An Evaluation," National Bureau of Economic Research, May 2005, www.nber.org/papers/w11300. *See also* Dale Kintzel, "Portfolio Theory, Life-Cycle Investing, and Retirement Income," Social Security Administration Policy Brief No. 2007-02.

[104] Ray Dalio, *Principles* (New York: Simon and Schuster, 2017).

[105] Fernando Chague, R. De-Losso, and B. Giovannetti, "Day Trading for a Living?" June 11, 2020, papers.ssrn.com/sol3/papers.cfm?abstract_id=3423101.

[106] "Day Trader Demographics and Statistics in the US," *Zippia*, www.zippia.com/day-trader-jobs/demographics, accessed June 2023.

[107] Gloria Wong et al., "Examining Gender Differences for Gambling Engagement and Gambling Problems Among Emerging Adults," *Journal of Gambling Studies* 29, no. 2 (June 2013): 171-89, doi.org/10.1007/s10899-012-9305-1.

[82] Leona Tam and Utpal M. Dholakia, "The Effects of Time Frames on Personal Savings Estimates, Saving Behavior, and Financial Decision Making," SSRN (August 2008), doi.org/10.2139/ssrn.1265095.

[83] Carmen Reinicke, "56% of Americans Can't Cover a $1,000 Emergency Expense with Savings," CNBC.com, January 19, 2022, www.cnbc.com/2022/01/19/56percent-of-americans-cant-cover-a-1000-emergency-expense-with-savings.html.

[84] "What Is Credit Counseling," Consumer Financial Protection Bureau, www.consumerfinance.gov/ask-cfpb/what-is-credit-counseling-en-1451.

[85] George Loewenstein, T. Donoghue, and M. Rabin, "Projection Bias in Predicting Future Utility," *Quarterly Journal of Economics* 118, no. 4 (November 2003): 1209-48, doi.org/10.1162/003355303322552784.

[86] Brent Orwell, "The Age of Re-retirement: Retirees and the Gig Economy," American Enterprise Institute, August 3, 2021, www.aei.org/poverty-studies/workforce/the-age-of-re-retirement-retirees-and-the-gig-economy.

[87] "The Nation's Retirement System: A Comprehensive Re-Evaluation Is Needed to Better Promote Future Retirement Security," U.S. Government Accountability Office, October 18, 2017, www.gao.gov/products/gao-18-111sp.

[88] Morgan Housel, *The Psychology of Money* (Hampshire, UK: Harriman House, 2020), 127-28.

第4章　分散投資の法則

[89] Warren Buffett, Berkshire Hathaway Letter to Shareholders 2017, www.berkshirehathaway.com/letters/2017ltr.pdf.

[90] Mark Perry, "The SP 500 Index Out-Performed Hedge Funds over the Last 10 Years. And It Wasn't Even Close," American Enterprise Institute, January 7, 2021, www.aei.org/carpe-diem/the-sp-500-index-out-performed-hedge-funds-over-the-last-10-years-and-it-wasnt-even-close.

[91] Raphael Auer et al., "Crypto Trading and Bitcoin Prices: Evidence from a New Database of Retail Adoption," BIS Working Papers, No. 1049, November 2022, www.bis.org/publ/work1049.htm.

[92] Burton Malkiel, *A Random Walk Down Wall Street* (New York: W. W. Norton & Company, 2023), 180.

[93] Malkiel, *A Random Walk Down Wall Street*, 176.

[94] Brian Wimmer et al., "The Bumpy Road to Outperformance," Vanguard Research, July 2013, static.vgcontent.info/crp/intl/auw/docs/literature/research/bumpy-road-to-outperformance-TLRV.pdf.

[95] Robert L. Heilbroner, "The Wealth of Nations," *Encyclopedia Britannica*, www.britannica.com/topic/the-Wealth-of-Nations, accessed June 2023.

[96] Fabrizio Romano, "Cristiano Ronaldo Completes Deal to Join Saudi Arabian Club Al Nassr," *Guardian*, December 30, 2022, www.theguardian.com/football/2022/dec/30/cristiano-ronaldo-al-nassr-saudi-arabia.

[97] "Debt to the Penny," FiscalData.Treasury.Gov, fiscaldata.treasury.gov/datasets/debt-to-the-penny/debt-to-the-penny, accessed April 7, 2023.

[98] "Did Benjamin Graham Ever Say That 'The Market Is a Weighing Machine'?" *Investing.Ideas's Blog*, Seeking Alpha, July 14, 2020, seekingalpha.com/instablog/50345280-investing-ideas/5471002-benjamin-graham-ever-say-market-is-weighing-machine.

[99] Dina Gachman, "Andy Warhol on Business, Celebrity and Life," *Forbes*, August 6, 2013, www.forbes.com/sites/dinagachman/2013/08/06/andy-warhol-on-business-celebrity-and-life.

[100] Warren Buffett, Chairman's Letter, February 28, 2001, www.berkshirehathaway.com/2000ar/2000letter.html.

[62] Don Reid, "The Gambler," by Don Schlitz, performed by Kenny Rogers, United Artists, 1978.

[63] Annie Duke, *Quit: The Power of Knowing When to Walk Away* (New York: Portfolio, 2022).

[64] David J. Epstein, *Range: Why Generalists Triumph in a Specialized World* (New York: Riverhead Books, 2021).

[65] "Wage Growth Tracker," Federal Reserve Bank of Atlanta, www.atlantafed.org/chcs/wage-growth-tracker, accessed June 2023.

[66] Craig Copeland, "Trends in Employee Tenure, 1983-2018," *Issue Brief no. 474*, Employee Benefit Research Institute, February 28, 2019, www.ebri.org/content/trends-in-employee-tenure-1983-2018.

[67] Bureau of Labor Statistics, "Employee Tenure in 2022," U.S. Department of Labor, September 22, 2022, www.bls.gov/news.release/tenure.nr0.htm.

[68] Cate Chapman, "Job Hopping Is the Gen Z Way," LinkedIn News, March 29, 2022, www.linkedin.com/news/story/job-hopping-is-the-gen-z-way-5743786.

[69] Sang Eun Woo, "A Study of Ghiselli's Hobo Syndrome," *Journal of Vocational Behavior* 79, no. 2 (2011): 461-69, doi.org/10.1016/j.jvb.2011.02.003.

[70] Lisa Quast, "How Becoming a Mentor Can Boost Your Career," *Forbes*, October 31, 2012, www.forbes.com/sites/lisaquast/2011/10/31/how-becoming-a-mentor-can-boost-your-career.

[71] James Bennet, "The Bloomberg Way," *Atlantic*, November 2012, www.theatlantic.com/magazine/archive/2012/11/the-bloomberg-way/309136.

[72] Ilana Kowarski and Cole Claybourn, "Find MBAs That Lead to Employment, High Salaries," *US News & World Report*, April 25, 2023, www.usnews.com/education/best-graduate-schools/top-business-schools/articles/mba-salary-jobs.

[73] Ramsey, *Total Money Makeover*, 107.

第3章　お金と時間の法則

[74] Delmore Schwartz, "Calmly We Walk Through This April's Day," *Selected Poems (1938-1958): Summer Knowledge* (New York: New Directions Publishing Corporation, 1967).

[75] Brittany Tausen, "Thinking About Time: Identifying Prospective Temporal Illusions and Their Consequences," *Cognitive Research: Principles and Implications* 7, no. 16 (February 2022), doi.org/10.1186/s41235-022-00368-8.

[76] Tausen, "Thinking About Time."

[77] Daniel J. Walters and Philip Fernbach, "Investor Memory of Past Performance Is Positively Biased and Predicts Overconfidence," *PNAS* 118, no. 36 (September 2, 2021), www.pnas.org/doi/10.1073/pnas.2026680118.

[78] Alex Bryson and George MacKerron, "Are You Happy While You Work?" *Economic Journal* 127, no. 599 (February 2017), doi.org/10.1111/ecoj.12269.

[79] Though Drucker strongly believed in measuring results, there's no evidence he ever actually said this. See Paul Zak, "Measurement Myopia," Drucker Institute, September 4, 2013, www.drucker.institute/thedx/measurement-myopia.

[80] Ray Charles Howard et al., "Understanding and Neutralizing the Expense Prediction Bias: The Role of Accessibility, Typicality, and Skewness," *Journal of Marketing Research* 59, no. 2 (December 6, 2021), doi.org/10.1177/00222437211068025.

[81] Adam Alter and Abigail Sussman, "The Exception Is the Rule: Underestimating and Overspending on Exceptional Expenses," *Journal of Consumer Research* 39, no. 4 (December 1, 2012), doi.org/10.1086/665833.

Science 54, no. 1 (January 1, 2008): 167-79, doi.org/10.1287/mnsc.1070.0761.

[45] Bill Burnett, "Bill Burnett on Transforming Your Work Life," *Literary Hub*, November 1, 2021, YouTube video, 37:11, www.youtube.com/watch?v=af8adeD9uMM.

[46] Mariana Mazzucato, *The Entrepreneurial State: Debunking Public vs. Private Sector Myths* (London: Anthem Press, 2013).

[47] U.S. Bureau of Labor Statistics, Business Employment Dynamics, www.bls.gov/bdm/us_age_naics_00_table7.txt.

[48] Joshua Young, "Journalism Is 'Most Regretted' Major for College Grads," Post Millennial, November 14, 2022, thepostmillennial.com/journalism-is-most-regretted-major-for-college-grads.

[49] Derrick Bryson Taylor, "A Cobra Appeared Mid-Flight. The Pilot's Quick Thinking Saved Lives," *New York Times*, April 7, 2023, www.nytimes.com/2023/04/07/world/africa/snake-plane-cobra-pilot.html.

[50] Kathryn Kobe and Richard Schwinn, "Small Businesses Generate 44 Percent of U.S. Economic Activity," U.S. Small Business Administration Office of Advocacy, January 30, 2019, advocacy.sba.gov/2019/01/30/small-businesses-generate-44-percent-of-u-s-economic-activity.

[51] Anthony Breitzman and Patrick Thomas, "Analysis of Small Business Innovation in Green Technologies," U.S. Small Business Administration Office of Advocacy, October 1, 2011, advocacy.sba.gov/2011/10/01/analysis-of-small-business-innovation-in-green-technologies.

[52] "Electricians: Occupational Outlook Handbook," U.S. Bureau of Labor Statistics, May 15, 2023, www.bls.gov/ooh/construction-and-extraction/electricians.htm.

[53] Judy Wohlt, "Plumber Shortage Costing Economy Billions of Dollars," *Ripple Effect: The Voice of Plumbing Manufacturers International* 25, no. 8 (August 2, 2022), issuu.com/pmi-news/docs/2022-august-ripple-effect/s/16499947.

[54] Ryan Golden, "Construction's Career Crisis: Recruiters Target Young Workers Driving the Great Resignation," Construction Dive, October 25, 2021, www.constructiondive.com/news/construction-recruiters-aim-to-capitalize-on-young-workers-driving-great-resignation/608507.

[55] Pierre-Alexandre Balland et al., "Complex Economic Activities Concentrate in Large Cities," *Nature Human Behavior* 4 (January 2020), doi.org10.1038/s41562-019-0803-3.

[56] "Urban Development," World Bank, October 6, 2022, www.worldbank.org/en/topic/urbandevelopment/overview, accessed August 2023.

[57] Aaron Drapkin, "41% of Execs Say Remote Employees Less Likely to Be Promoted," Tech.Co, April 13, 2022, tech.co/news/41-execs-remote-employees-less-likely-promoted; "Homeworking Hours, Rewards and Opportunities in the UK: 2011 to 2020," Office for National Statistics, April 19, 2021, www.ons.gov.uk/employmentandlabourmarket/peopleinwork/labourproductivity/articles/homeworkinghoursrewardsandopportunitiesintheuk2011to2020/2021-04-19.

[58] Dave Ramsey, *The Total Money Makeover Journal* (Nashville, TN: Nelson Books, 2013), 93.

[59] James Clear, *Atomic Habits* (New York: Avery, 2018), 24.

[60] Jennifer Bashant, "Developing Grit in Our Students: Why Grit Is Such a Desirable Trait, and Practical Strategies for Teachers and Schools," *Journal for Leadership and Instruction* 13, no. 2 (Fall 2014): 14-17, eric.ed.gov/?id=EJ1081394.

[61] Steven Kotler, *The Art of Impossible: A Peak Performance Primer* (New York: HarperCollins, 2023), 72; see also Mae-Hyang Hwang and JeeEun Karin Nam, "Enhancing Grit: Possibility and Intervention Strategies," in *Multidisciplinary Perspectives on Grit*, eds: Llewellyn Ellardus van Zyl, Chantal Olckers, and Leoni van der Vaart (New York: Springer Nature, 2021), 77-93, link.springer.com/chapter/10.1007/978-3-030-57389-8_5.

(HOS)," *SSM—Population Health* 12 (August 2020): 100642, doi.org/10.1016/j.ssmph.2020.100642; Lyman Stone, "Does Getting Married Really Make You Happier?" Institute for Family Studies (February 7, 2022), ifstudies.org/blog/does-getting-married-really-make-you-happier.

[31] Zagorsky, "Marriage and Divorce's Impact on Wealth."

[32] Taylor Orth, "How and Why Do American Couples Argue?" YouGov, June 1, 2022, today.yougov.com/society/articles/42707-how-and-why-do-american-couples-argue?.

[33] "Relationship Intimacy Being Crushed by Financial Tension: AICPA Survey," AICPA & CIMA, February 4, 2021, www.aicpa-cima.com/news/article/relationship-intimacy-being-crushed-by-financial-tension-aicpa-survey.

[34] Nathan Yau, "Divorce Rates and Income," FlowingData, May 4, 2021, flowingdata.com/2021/05/04/divorce-rates-and-income.

第2章　フォーカスの法則

[35] Thomas C. Corley, "I Spent 5 Years Analyzing How Rich People Get Rich—and Found There Are Generally 4 Paths to Wealth," *Business Insider*, September 3, 2019, www.businessinsider.com/personal-finance/how-people-get-rich-paths-to-wealth.

[36] Bill Burnett and Dave Evans, *Designing Your Life: How to Build a Well-Lived, Joyful Life* (New York: Alfred A. Knopf, 2016), xxiv-iv.

[37] Sapna Cheryan and Therese Anne Mortejo, "The Most Common Graduation Advice Tends to Backfire," *New York Times*, May 22, 2023, nytimes.com/2023/05/22/opinion/stem-women-gender-disparity.html.

[38] Oliver E. Williams, L. Lacasa, and V. Latora, "Quantifying and Predicting Success in Show Business," *Nature Communications* 10, no. 2256 (June 2019): doi.org/10.1038/s41467-019-10213-0; Mark Mulligan, "The Death of the Long Tail: The Superstar Music Economy," July 14, 2014, www.midiaresearch.com/reports/the-death-of-the-long-tail; "Survey Report: A Study on the Financial State of Visual Artists Today," The Creative Independent, 2018, thecreativeindependent.com/artist-survey; Mathias Bärtl, "YouTube Channels, Uploads and Views," *Convergence: The International Journal of Research into New Media Technologies* 24, no. 1 (January 2018): 16-32, doi.org/10.1177/1354856517736979; Todd C. Frankel, "Why Almost No One Is Making a Living on YouTube," *Washington Post*, March 2, 2018, www.washingtonpost.com/news/the-switch/wp/2018/03/02/why-almost-no-one-is-making-a-living-on-youtube.

[39] Yi Zhang, M. Salm, and A. V. Soest, "The Effect of Training on Workers' Perceived Job Match Quality," *Empirical Economics* 60, no. 3 (May 2021), 2477-98, doi.org/10.1007/s00181-020-01833-3.

[40] Steven Kotler, *The Art of Impossible: A Peak Performance Primer* (New York: HarperCollins, 2021), 157.

[41] Adam Grant, "MBTI, If You Want Me Back, You Need to Change Too," Medium, November 17, 2015, medium.com/@AdamMGrant/mbti-if-you-want-me-back-you-need-to-change-too-c7f1a7b6970; Tomas Chamorro-Premuzic, "Strengths-Based Coaching Can Actually Weaken You," *Harvard Business Review*, January 4, 2016, hbr.org/2016/01/strengths-based-coaching-can-actually-weaken-you.

[42] Bostjan Antoncic et al., "The Big Five Personality-Entrepreneurship Relationship: Evidence from Slovenia," *Journal of Small Business Management* 53, no. 3 (2015): 819-41, doi.org/10.1111/jsbm.12089.

[43] C. Nieß and T. Biemann, "The Role of Risk Propensity in Predicting Self-Employment," *Journal of Applied Psychology* 99, no. 5 (September 2014): 1000-9, doi.org/10.1037/a0035992.

[44] Nicos Nicolaou et al., "Is the Tendency to Engage in Entrepreneurship Genetic?" *Management*

Per Year," *Proceedings of the National Academy of Sciences of the United States of America* 118, no. 4 (2021): e2016976118, www.pnas.org/doi/full/10.1073/pnas.2016976118; Matthew A. Killingsworth, Daniel Kahneman, and Barbara Mellers, "Income and Emotional Well-Being: A Conflict Resolved," *Proceedings of the National Academy of Sciences of the United States of America* 120, no. 10 (March 2023): e2208661120, www.pnas.org/doi/full/10.1073/pnas.2208661120. *See also* Aimee Picchi, "One Study Said Happiness Peaked at $75,000 in Income. Now, Economists Say It's Higher—by a Lot," CBS News Money Watch, March 10, 2023, www.cbsnews.com/news/money-happiness-study-daniel-kahneman-500000-versus-75000 (summarizing 2023 paper).

[17] Espen Røysamb et al., "Genetics, Personality and Wellbeing: A Twin Study of Traits, Facets, and Life Satisfaction," *Scientific Reports* 8, no. 1 (August 17, 2018): doi.org/10.1038/s41598-018-29881-x.

[18] Karl Pillemer, "The Most Surprising Regret of the Very Old—and How You Can Avoid It," *HuffPost*, April 4, 2013, huffpost.com/entry/how-to-stop-worrying-reduce-stress_b_2989589.

[19] Ryan Holiday, *The Obstacle Is the Way* (New York: Portfolio, 2014), 22.

[20] Maryam Etemadi et al., "A Review of the Importance of Physical Fitness to Company Performance and Productivity," *American Journal of Applied Sciences* 13, no. 11 (November 2016): 1104-18, doi.org/10.3844/ajassp.2016.1104.1118.

[21] Ayse Yemiscigil and Ivo Vlaev, "The Bidirectional Relationship between Sense of Purpose in Life and Physical Activity: A Longitudinal Study," *Journal of Behavioral Medicine* 44, no. 5 (April 23, 2021): 715-25, doi.org/10.1007/s10865-021-00220-2.

[22] Ben Singh et al., "Effectiveness of Physical Activity Interventions for Improving Depression, Anxiety and Distress: An Overview of Systematic Reviews," *British Journal of Sports Medicine* 57 (February 16, 2023): 1203-09, doi.org/10.1136/bjsports-2022-106195.

[23] Steven Kotler, *The Art of Impossible: A Peak Performance Primer* (New York: Harper Wave, 2023), 47.

[24] Regarding flexibility, see: Thalita B. Leite et al., "Effects of Different Number of Sets of Resistance Training on Flexibility," *International Journal of Exercise Science* 10, no. 3 (September 1, 2017): 354-64. For other benefits, see: Suzette Lohmeyer, "Weight Training Isn't Such a Heavy Lift. Here Are 7 Reasons Why You Should Try It," NPR, September 26, 2021, www.npr.org/sections/health-shots/2021/09/26/1040577137/how-to-weight-training-getting-started-tips.

[25] Rollin McCraty et al., "The Impact of a New Emotional Self-Management Program on Stress, Emotions, Heart Rate Variability, DHEA and Cortisol," *Integrative Physiological and Behavioral Science* 33, no. 2 (April 1998): 151-70, doi.org/10.1007/bf02688660; Kathryn E. Buchanan and Anat Bardi, "Acts of Kindness and Acts of Novelty Affect Life Satisfaction," *Journal of Social Psychology* 150, no. 3 (May-June 2010): 235-37, doi.org/10.1080/00224540903365554; Ashley V. Whillans et al., "Is Spending Money on Others Good for Your Heart?" *Health Psychology* 35, no. 6 (June 2016), 574-83, doi.org/10.1037/hea0000332.

[26] Yao-Hua Law, "Why You Eat More When You're in Company," BBC Future, May 16, 2018, www.bbc.com/future/article/20180430-why-you-eat-more-when-youre-in-company.

[27] Nicola McGuigan, J. Mackinson, and A. Whiten, "From Over-Imitation to Super-Copying: Adults Imitate Causally Irrelevant Aspects of Tool Use with Higher Fidelity than Young Children," *British Journal of Psychology* 102, no. 1 (February 2011): 1-18, doi.org/10.1348/000712610x493115.

[28] Ad Council, "New Survey Finds Millennials Rely on Friends' Financial Habits to Determine Their Own," PR Newswire, October 30, 2013, www.prnewswire.com/news-releases/new-survey-finds-millennials-rely-on-friends-financial-habits-to-determine-their-own-229841261.html.

[29] Jay L. Zagorsky, "Marriage and Divorce's Impact on Wealth," *Journal of Sociology* 41, no. 4 (December 2005): 406-24, doi.org/10.1177/1440783305058478.

[30] Life expectancy: Haomiao Jia and Erica I. Lubetkin, "Life Expectancy and Active Life Expectancy by Marital Status Among Older U.S. Adults: Results from the U.S. Medicare Health Outcome Survey

原注

プロローグ　一生「お金」を吸い寄せる「富の方程式」とは？

[1] Sheryl Crow and Jeff Trott, "Soak Up the Sun," *C'mon, C'mon*, A&M Records, 2002.

[2] Bob Dylan, "It's Alright, Ma (I'm Only Bleeding)," *Bringing It All Back Home*, Columbia Records, 1965.

[3] Eylul Tekin, "A Timeline of Affordability: How Have Home Prices and Household Incomes Changed Since 1960?" Clever, August 7, 2022, listwithclever.com/research/home-price-v-income-historical-study.

[4] Ronda Kaysen, "'It's Never Our Time': First-Time Home Buyers Face a Brutal Market," *New York Times*, November 11, 2022, www.nytimes.com/2022/11/11/realestate/first-time-buyers-housing-market.html.

[5] Erika Giovanetti, "Medical Debt Is the Leading Cause of Bankruptcy, Data Shows: How to Reduce Your Hospital Bills," Fox Business, October 25, 2021, www.foxbusiness.com/personal-finance/medical-debt-bankruptcy-hospital-bill-forgiveness.

[6] Janet Adamy and Paul Overberg, "Affluent Americans Still Say 'I Do.' More in the Middle Class Don't," *Wall Street Journal*, March 8, 2020, www.wsj.com/articles/affluent-americans-still-say-i-do-its-the-middle-class-that-does-not-11583691336.

[7] "The American Dream Is Fading," Opportunity Insights, Harvard University, opportunityinsights.org/national_trends, accessed August 31, 2023.

[8] "How the Young Spend Their Money," *Economist*, January 16, 2023, www.economist.com/business/2023/01/16/how-the-young-spend-their-money.

[9] Gary W. Evans, "Childhood Poverty and Blood Pressure Reactivity to and Recovery from an Acute Stressor in Late Adolescence: The Mediating Role of Family Conflict," *Psychosomatic Medicine* 75, no. 7 (2013): 691-700.

第１章　お金とストイシズム

[10] John Gathergood, "Self-Control, Financial Literacy and Consumer Over-Indebtedness," *Journal of Economic Psychology* 33, no. 3 (June 2012): 590-602, doi.org/10.1016/j.joep.2011.11.006.

[11] Stephen R. Covey, *The 7 Habits of Highly Effective People: Powerful Lessons in Personal Change*, 30th anniversary edition (New York: Simon & Schuster, 2020), 18-19.

[12] Long Ge et al., "Comparison of Dietary Macronutrient Patterns of 14 Popular Named Dietary Programmes for Weight and Cardiovascular Risk Factor Reduction in Adults: Systematic Review and Network Meta-Analysis of Randomised Trials," *BMJ* (April 1, 2020): 696, doi.org/10.1136/bmj.m696.

[13] James Clear, *Atomic Habits: An Easy & Proven Way to Build Good Habits & Break Bad Ones* (New York: Avery, 2018), 36.

[14] Philip Brickman et al., "Lottery Winners and Accident Victims: Is Happiness Relative?" *Journal of Personality and Social Psychology* 36, no. 8 (August 1978): 917-27, doi.org/10.1037/0022-3514.36.8.917.

[15] Erik Lindqvist et al., "Long-Run Effects of Lottery Wealth on Psychological Well-Being," *Review of Economic Studies* 87, no. 6 (November 2020): 2703-26, doi.org/10.1093/restud/rdaa006.

[16] Daniel Kahneman and Angus Deaton, "High Income Improves Evaluation of Life but Not Emotional Well-Being," *Proceedings of the National Academy of Sciences of the United States of America* 107, no. 38 (September 2010): 16489-93, www.pnas.org/doi/full/10.1073/pnas.1011492107; Matthew A. Killingsworth, "Experienced Well-Being Rises with Income, Even Above $75,000

［著者］
スコット・ギャロウェイ (Scott Galloway)
ニューヨーク大学スターン経営大学院教授。MBAコースで20年以上、ブランド戦略とデジタルマーケティングを教えている。連続起業家（シリアル・アントレプレナー）としてL2、レッドエンベロープ、プロフェットなど９つの会社を起業。2012年、クレイトン・クリステンセン(『イノベーションのジレンマ』著者)、リンダ・グラットン(『LIFE SHIFT(ライフ・シフト)』著者）らとともに「世界最高のビジネススクール教授50人」に選出。
著書に『the four GAFA 四騎士が創り変えた世界』『GAFA next stage ガーファ ネクストステージ ―― 四騎士＋Xの次なる支配戦略』『ニューヨーク大学人気講義 HAPPINESS（ハピネス）―― GAFA時代の人生戦略』(いずれも渡会圭子訳、東洋経済新報社)などがある。特にデビュー作『the four GAFA 四騎士が創り変えた世界』は日本で15万部のベストセラーになり、「ビジネス書大賞2019 読者賞」「読者が選ぶビジネス書グランプリ2019 総合第１位」の２冠を達成。日本でGAFAという言葉を定着させた。
ニューヨーク・タイムズ・カンパニー、アーバン・アウトフィッターズ、カリフォルニア大学バークレー校 ハース・スクール・オブ・ビジネスの取締役・理事。ポッドキャスト「The Prof G Pod」「Pivot」、ニュースレター「No Mercy/No Malice」、YouTubeチャンネル「The Prof G Show」には合わせて数百万人の登録者がいる。

［訳者］
児島 修（こじま・おさむ）
英日翻訳者。立命館大学文学部卒（心理学専攻）。訳書に『DIE WITH ZERO 人生が豊かになりすぎる究極のルール』『サイコロジー・オブ・マネー ―― 一生お金に困らない「富」のマインドセット』『JUST KEEP BUYING 自動的に富が増え続ける「お金」と「時間」の法則』『成功者がしている100の習慣』（以上ダイヤモンド社）などがある。

THE ALGEBRA OF WEALTH
一生「お金」を吸い寄せる 富の方程式

2024年12月３日　第１刷発行
2024年12月19日　第２刷発行

著　者――――スコット・ギャロウェイ
訳　者――――児島 修
発行所――――ダイヤモンド社
〒150-8409　東京都渋谷区神宮前6-12-17
https://www.diamond.co.jp/
電話／03･5778･7233（編集）　03･5778･7240（販売）
装丁――――――吉田考宏
本文・図表デザイン―吉田考宏、古屋郁美
校正――――――宮川 咲
製作進行――――ダイヤモンド・グラフィック社
印刷――――――勇進印刷
製本――――――ブックアート
編集担当――――寺田庸二

ISBN 978-4-478-12099-6

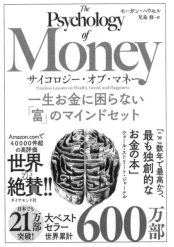